prometeo
libros

MATERIALISMO HISTÓRICO: INTERPRETACIONES Y CONTROVERSIAS

Ariel Petruccelli

Materialismo histórico:
interpretaciones y
controversias

prometeo
libros

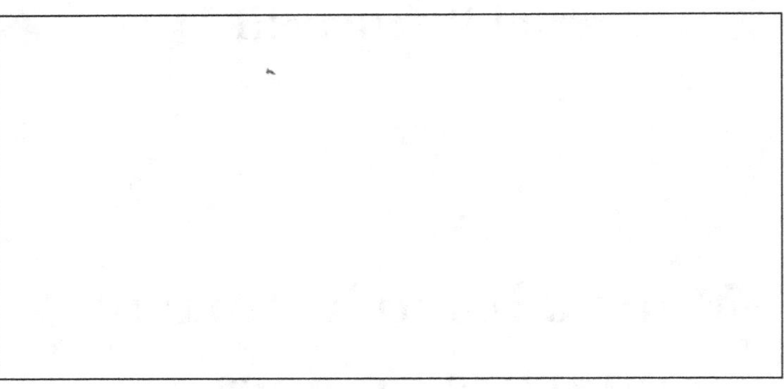

ÍNDICE

Prólogo

El presente estudio es, a un tiempo, una conclusión y una introducción. Es la culminación de un prolongado esfuerzo por desarrollar y sistematizar una interpretación del materialismo histórico basada en la primacía de las relaciones de producción, contrapuesta por igual a las interpretaciones ortodoxas que conceden la primacía al desarrollo universal de las fuerzas productivas, cuanto a las concepciones voluntaristas y en buena medida idealistas que hacen hincapié en la lucha política de clases. El primer fruto de este intento fue *Ensayo sobre la teoría marxista de la historia*,[1] una obra en la que el empeño está concentrado en una re-conceptualización de las categorías marxistas de fuerzas productivas y relaciones de producción, basada tanto en un estudio exhaustivo de la obra de Marx como en el análisis y la crítica de las conceptualizaciones dominantes. En aquel trabajo la obra de Gerald Cohen, *La teoría de la historia de Karl Marx: una defensa*, constituyó una referencia ineludible, tanto para discutir y criticar su elogiada estructura conceptual cuanto para invalidar su interpretación tecnológica del materialismo histórico (que en verdad es la expresión más sofisticada de una concepción ortodoxa). Pero la primera tarea —esto es, la discusión de las categorías— concentró con creces el mayor espacio y el más sostenido esfuerzo, mientras que la segunda —la elaboración de una interpretación general alternativa— fue abordada más escuetamente. Con este libro me propuse concluir esa

---

[1] A. Petruccelli, *Ensayo sobre la teoría marxista de la historia*, Buenos Aires, El Cielo por Asalto, 1998.

segunda tarea apenas esbozada en el ensayo anterior. Las presentes páginas contienen, pues, una discusión intra-marxista en la que se procura elaborar una crítica a ciertas concepciones dominantes (en particular las deterministas tecnológicas) y desarrollar una interpretación alternativa que creo se halla en la base de muchas obras de la historiografía marxista —entre las que, a mi juicio, se cuentan las mejores—, pero que no parece haber sido adecuadamente expuesta en términos teóricos.

Pero este libro es, sobre todo, la introducción a un estudio considerablemente más extenso, cuya finalidad es explorar las encrucijadas ante las que se encuentra el materialismo histórico en el panorama intelectual contemporáneo. Aunque legítimo en sí mismo, este escrito forma parte de un proyecto intelectual más vasto y arriesgado: evaluar y analizar qué tiene para decir el materialismo histórico ante los desafíos divergentes planteados por las diversas vertientes intelectuales que han dominado el campo en los últimos años. La tarea consiste en una exploración y un diálogo crítico con la sociología histórica de autores como Giddens y Mann; el giro lingüístico en filosofía y sus derivas anti-realistas, anti-representacionistas y anti-objetivistas; la nueva "filosofía narrativista de la historia" impulsada por White y Ankersmit; los desarrollos de la historia pos-social; o la supuesta alternativa encarnada por el posmarxismo de Laclau y Mouffe. De todo esto me ocupo en *El marxismo en la encrucijada*.[2] Aquí la misión es otra. Consiste en la tarea preliminar de identificar y sistematizar una determinada interpretación de la teoría marxista de la historia, exponiéndola de la mejor forma posible. Sólo ulteriormente se podrá poner en tensión esta teoría con sus rivales contemporáneas.

La travesía recorrida en ambas obras demandó unos doce años de trabajo. Las deudas intelectuales contraídas en ese lapso, obvia-

---

[2] A. Petruccelli, *El marxismo en la encrucijada*, Buenos Aires, Prometeo, 2010.

mente, son demasiado numerosas como para poder dejar debida constancia de todas ellas; aunque las más importantes serán detalladas en *El marxismo en la encrucijada*. No quisiera dar por culminado este breve prólogo, sin embargo, sin mencionar al espacio colectivo sin cuya existencia es posible que estas páginas jamás hubieran sido escritas. En medio de lo que Omar Acha ha definido como un desierto intelectual, el círculo *El Fracaso* ha sido el pequeño e ignoto oasis de la estepa patagónica –tierra de ancestrales luchas y de nuevas resistencias– en el que un puñado de aventureras y aventureros intentamos aunar política y poesía, acción y reflexión, marxismo y posmodernismo, ironía y revolución, humor y seriedad, multiculturalismo y universalismo, ciencia y utopía.

Walvg kvyen, 2009 xipantu mew,
Newken waria, Wajmapu ñi Puel mew[3]

---

[3] Luna de los Primeros Frutos del Verano de 2009, Ciudad de Neuquen, en el Este del Territorio Mapuche.

I. En las huellas del materialismo histórico

La concepción materialista de la historia ha ocupado un lugar central en las discusiones sobre Marx y el marxismo. Si sus partidarios solemos decir que el materialismo histórico es una ciencia de la historia, sus detractores acostumbran calificarla de pseudociencia. Pero Marx mismo no escribió ninguna obra sistemática en la que expusiera su concepción. Podría suponerse que este vacío favorecería la pluralidad de interpretaciones; y si bien es cierto que las hubo variadas y contrapuestas, también es verdad que rápidamente se estableció una suerte de "consenso ortodoxo", curiosamente compartido por partidarios y adversarios: la lectura del materialismo histórico en clave tecnológica. Durante mucho tiempo hubo un acuerdo prácticamente unánime respecto de que el Prefacio a la *Contribución a la crítica de la Economía Política* (1859) constituía la exposición más acabada —si bien somera— del materialismo histórico. Tomando como base este escrito, los siguientes puntos fueron considerados notas fundamentales de la teoría marxista de la historia:

1. La concepción que supone que el entero proceso histórico está orientado por una *tendencia universal* al *desarrollo* de las *fuerzas productivas*, las cuales, al entrar en *contradicción* con las *relaciones de producción* que les habían servido como marco de desarrollo hasta ese momento, tienden a producir el *derrumbamiento* de esas relaciones ya ineficaces, y su reemplazo por otras.

2. La distinción entre una *base* (económica) y una *superestructura* (jurídico-política e ideológica) y la atribución de una indiscutible prioridad explicativa a la primera.

3. La tesis de que *el ser social determina la conciencia social.*

4. El establecimiento de una serie de *etapas* por las que atravesaría el desarrollo social; etapas concebidas como sucesivos modos de producción, a saber, antiguo, esclavista, feudal, capitalista y socialista.

La teoría esbozada en el Prefacio –aunque en particular la combinación de los puntos 1 y 4– tiene todos los atributos de las filosofías substantivas de la historia: se ocupa de la entera aventura humana, pasada, presente y futura; al tiempo que presume que la historia conduce teleológicamente hacia una meta definida.[4] Estas características dan un sentido de *inevitabilidad* al triunfo del socialismo (objetivo político del marxismo revolucionario), que parece colocarlo más allá de los deseos, acciones, motivaciones y luchas de los hombres y las mujeres.

Algunos marxistas, intentando matizar el férreo determinismo tecnológico del Prefacio, alegaron que debía ser complementado y/o contrastado con lo que Marx y Engels afirmaron en 1848 en el *Manifiesto del Partido Comunista*: "la historia (escrita) de la humanidad es la historia de la lucha de clases". Y aunque no faltaron quienes se inclinaron a priorizar abiertamente la lucha de clases, por lo general lo hicieron sin desautorizar expresamente al célebre escrito de 1859. Otros pensaron, en fin, que el Prefacio y el *Manifiesto* constituían algo así como las dos almas del marxismo: la determinista y la voluntarista. El problema, desde luego, consistía en establecer

---

[4] A. Danto, *Historia y narración*, Barcelona, Paidós, 1989, p. 29; M. Mandelbaum, *The Anatomy of Historical Knowledge*, Baltimore, John Hopkins University Press, 1977; G. W. F. Hegel, *Filosofía de la historia*, "Introducción", Buenos Aires, Claridad, 2008. El problema de la existencia de una filosofía sustantiva de la historia en Marx se aborda más extensamente en *El marxismo en la encrucijada*.

si las dos almas se excluían o se complementaban mutuamente; y en todo caso en cómo articularlas teóricamente.

En el marxismo ha existido siempre una tensión formidable entre una *concepción determinista* que concibe el desarrollo histórico como un proceso "natural", objetivo, y una inclaudicable *voluntad política* que ha incitado a millones de hombres y mujeres a realizar los mayores sacrificios en pos de un objetivo revolucionario. En los mismos escritos de Marx es posible encontrar tanto formulaciones que destacan el carácter "objetivo" del proceso, cuanto escritos en los que el acento es colocado en el accionar "subjetivo" de los actores individuales o colectivos. No faltaron quienes vieron en esta tensión una contradicción flagrante, una evidente falta de coherencia en la teoría. En un añejo y afamado escrito, George Plejanov —el "padre del marxismo ruso"— salió al cruce, precisamente, de aquellos que sostenían que el carácter determinista, necesario, inevitable, que la teoría marxista atribuía al socialismo, era incompatible con el activismo político propio de los revolucionarios.

La acusación de "quietismo" fue una de las primeras críticas que recibieron los partidarios de concepciones materialistas y/o deterministas del mundo. Los críticos alegaban que teorías de esta clase, al negar la libertad y pregonar el fatalismo, conducían inevitablemente a un descalabro moral de la personalidad que se traducía en una actitud "quietista" que incapacitaba a los sujetos para actuar con valor y decisión.[5] ¿Qué sentido tiene —se preguntaban— hacer los mayores esfuerzos personales por lo que habrá de ocurrir de cualquier manera?, ¿no es más razonable sentarse cómoda y tran-

---

[5] K. Popper, *La miseria del historicismo*, Madrid, Alianza-Taurus, 1961, p. 65, ha formulado una acusación semejante. Una crítica pertinente de estos argumentos popperianos, coincidente por lo demás con la respuesta de Plejanov a los críticos de su tiempo del "determinismo", se encuentra en B. Taylor Wilkins, *¿Tiene la historia algún sentido? Una crítica a la filosofía de la historia de Popper*, México, FCE, 1983 (1978), pp. 103-108.

quilamente a esperar el advenimiento de lo inevitable? Plejanov contestó a estas críticas de manera clara y concisa:

> la historia demuestra que incluso el fatalismo no sólo no impide siempre la acción enérgica en la actividad práctica, sino, por el contrario, en determinadas épocas ha sido *la base psicológica indispensable de dicha acción*. Recordemos, por ejemplo, que los puritanos, por su energía, superaron a todos los demás partidos de la Inglaterra del siglo XVII, y que los adeptos de Mahoma sometieron en un corto plazo un enorme territorio desde la India hasta España.[6]

La contundencia de estas líneas es indiscutible. La existencia misma del movimiento revolucionario marxista es una prueba de que "determinismo" y "activismo" no se excluyen necesariamente, e inclusive que el primero puede ser la base psicológica de la extrema manifestación del segundo. Pero entendámonos: determinismo y activismo pueden muy bien no excluirse en la práctica, vale decir, puede muy bien suceder que una concepción filosóficamente deter-minista —e inclusive fatalista—[7] se constituya en la base psicológica o política de un fuerte activismo. Pero aceptar esto no es lo mismo que creer que se han reconciliado *teóricamente* ambos polos.

Plejanov mostró que no hay nada extraño en el hecho de que la creencia en la inevitabilidad del triunfo del socialismo impulse a los sujetos a luchar por él. Pero esto no elimina otro problema: al margen de los efectos que esta creencia tuviera, permanece

---

[6] G. Plejanov, "El papel del individuo en la historia", en *Obras Escogidas* (en dos tomos), Buenos Aires, Quetzal, 1964, tomo I, p. 432. Existe una edición más reciente *El papel del individuo en la historia*, México, Grijalbo, 1984, pp. 11-12.

[7] Una concepción determinista presupone que, dadas *ciertas* condiciones iniciales, determinado resultado es ineludible. El fatalismo, en cambio, cree que algo habrá de suceder cualquiera sean las condiciones iniciales. James observó alguna vez que muchos de los más grandes hombres de acción fueron fatalistas. Napoleón, por ejemplo, creía en su estrella.

inconmovible el interrogante acerca de su veracidad. El triunfo del socialismo, ¿es verdaderamente inevitable? Y si en verdad lo fuera, ¿qué papel desempeñan las ideas en su conquista? Hay tres posibilidades: a) que las creencias no tengan la menor importancia (las cosas sucederán sea lo que sea lo que los sujetos crean); b) que la presencia de ciertas ideas sea indispensable para el triunfo del socialismo (como afirmaba Plejanov), pero que tales creencias estén completamente determinadas por el contexto: cuando se den las circunstancias aparecerán inevitablemente. Tanto en un caso como en el otro es ilusorio hablar de algún tipo de libertad humana: las creencias y las acciones estarían completamente determinadas heterónomamente. Los sujetos serían marionetas gobernadas por fuerzas impersonales: lo que Hegel llamaba la astucia de la razón. Siendo las cosas así, la lucha de clases ocuparía sólo en apariencia el primer plano: tendría un final preestablecido escrito por el verdadero motor del curso histórico, el desarrollo de las fuerzas productivas. La concepción expuesta en el Prefacio culminaría engullendo a las tesis del *Manifiesto*. La inevitabilidad del socialismo queda asegurada (en teoría), pero al precio de una radical desubjetivación.

La alternativa "c" es la posibilidad de conceder a la lucha de clases un margen de "indeterminación" con respecto al desarrollo de las fuerzas productivas; asumir que las creencias y las acciones de los agentes o sujetos no sólo influyen en el proceso macro-histórico, sino que además su sentido e importancia no puede ser establecido de antemano. Esto mantiene vigente algún grado de libertad o autodeterminación subjetiva. Pero la consecuencia es que ya no resulta posible postular el carácter inevitable de ningún desarrollo histórico-social. Y además abre un interrogante: si la lucha de clases es el principio motor del desarrollo histórico, ¿no significa esto que la política (manifestación sublime de la lucha de clases) tiene una influencia mayor que la economía? ¿Y no entraña esto un desplazamiento hacia posiciones idealistas? Estas preguntas remiten de manera directa a las fuerzas motrices del proceso histórico.

En efecto, todas las discusiones sobre la pertinencia o no de la teoría del desarrollo de las fuerzas productivas se hallan relacionadas con dos de los interrogantes cruciales del materialismo histórico y de cualquier teoría social: ¿cuál es la clave de la dinámica socio-histórica?, y ¿cuál es la relación entre las estructuras y los sujetos o, lo que es lo mismo, qué lugar ocupa la acción humana? Desde luego, los partidarios del determinismo tecnológico consideran que la respuesta al primer interrogante tiene nombre y apellido: el desarrollo de las fuerzas productivas; lo cual reduce el lugar de la acción subjetiva a un papel nulo, o poco menos. A la inversa, muchos de los críticos de la teoría determinista tecnológica han postulado que la clave del desarrollo histórico se encuentra en la acción humana. Para unos el motor de la historia son las fuerzas productivas, para otros la lucha de clases. También están, claro, aquellos que sostienen que el pensamiento de Marx contiene dialécticamente ambos aspectos, que el materialismo histórico es una teoría dual. Pero las interpretaciones deterministas tecnológicas han sido, de lejos, las más habituales. Aún hoy, para muchos, el materialismo histórico no es otra cosa que una teoría que postula que el desarrollo social está orientado exclusiva o principalmente por cierta tendencia inmanente de las fuerzas productivas a crecer. Y como se supone —y mucho hay de justo en ello— que el materialismo histórico constituye la base del pensamiento de Marx (es decir, contiene el conjunto de ideas rectoras generales que orientan sus investigaciones y estructuran su razonamiento), se impone la conclusión lógica de que rechazar la teoría de las fuerzas productivas equivale a rechazar el materialismo histórico y, al mismo tiempo, poner en cuestión al conjunto de la obra de Marx.

Habría que esperar hasta las últimas décadas del siglo XX para que algunos marxistas se atrevieran a recusar abiertamente las famosas tesis del Prefacio. Efectivamente, en los últimos años estas tesis han sido objeto de grandes debates. Se escribieron minuciosas obras tanto para negar como para reafirmar que Marx defendió una concepción determinista tecnológica como la expuesta en 1859, así como polemizando sobre la evidencia empírica que respalda o refuta una teoría tal. Gerald Cohen escribió la mejor defensa de la "tesis de la primacía de las fuerzas productivas" que se conozca, pero otros autores se inclinan a desestimarla. Como ha escrito Erik Olin Wright:

> Algunos marxistas han afirmado que la *teoría* marxista de la historia puede ser abandonada en cualquier momento sin poner en peligro el análisis de clase marxista. Desde este punto de vista, el marxismo proporciona una serie de *conceptos* generales con los que analizar el desarrollo histórico, pero no proporciona una teoría general de ese desarrollo.[8]

Personalmente me encuentro entre quienes piensan de este modo (que no es, por cierto, el caso de Wright). Más aún. Considero que Marx rechazó explícitamente a la teoría que alguna vez enunció en el Prefacio, y que sus escritos más minuciosos, así

---

[8] E. O. Wright, "La crítica de Giddens al marxismo", *Zona Abierta*, N° 31, Madrid, 1984. Uno de los autores que ha defendido esta posición es Etienne Balibar: "No hay ni puede haber *teoría general de los modos de producción*, en el sentido fuerte del término teoría; pues ello conduciría inevitablemente a una teoría del modo de producción «en general», una teoría idealista de la historia universal. Por definición, cada modo de producción es referido a una teoría específica… Pero tal teoría específica implica siempre una *problemática científica general* de los modos de producción y ante todo algunas definiciones generales". Ver "Plusvalía y clases sociales", en su *Cinco ensayos de materialismo histórico*, México, Fontamara 1984, pp. 120-121. En *Ensayo sobre la teoría marxista de la historia*, Buenos Aires, El Cielo por Asalto, 1998, expresé mi acuerdo con Balibar en este punto.

como los de sus últimos años, no convalidan ningún determinismo tecnológico y ninguna "teoría histórico-filosófica sobre la evolución general".[9] Igualmente, y este es el punto principal, estimo que la evidencia empírica actualmente disponible no avala una teoría semejante.

Las razones por las que muchos marxistas se muestran reacios a desprenderse totalmente de la teoría tecnologicista del desarrollo de las fuerzas productivas son de índole variada: van desde el rechazo conservador a cuestionar un texto del "maestro", hasta la sólida hipótesis de que sólo una base teórica semejante permitiría avalar la insistente centralidad que el materialismo histórico concede al análisis de clase. Esta última es precisamente la posición de Erik Olin Wright. El materialismo histórico —dice Wright— insiste en otorgar una prioridad explicativa al análisis de clase: postula que el análisis de la estructura y las relaciones entre las clases posee una importancia explicativa mayor que el estudio de cualquier otro fenómeno o estructura social. Es obvio, sin embargo, que las relaciones entre las clases no pueden explicarlo todo, ni siquiera todas las facetas de la dominación y la explotación. Las desigualdades y la explotación entre géneros, etnias y Estados no son reducibles a las relaciones entre clases; lo cual —prosigue Wright— constituye una de las críticas más sólidas de todas las formuladas por autores como Giddens al materialismo histórico. Ahora bien, muchos marxistas aceptarían de buen grado que las relaciones entre géneros, razas y Estados no pueden ser reducidas a relaciones de clase, pero insistirían en que del hecho de que siendo las relaciones de dominación y explotación basadas en la etnia, el sexo y el Estado irreductibles a las relaciones de clase, no se desprende que aquellas posean un estatus potencialmente equivalente al de estas últimas a la hora de

____

[9] Para un rechazo explícito a este tipo de teorías filosóficas ver la carta que Marx enviara al Consejo Editorial de *Otechestvennye Zapiski*, que reproduzco en III.1.

explicar procesos sociales a gran escala. En consecuencia, la centralidad del análisis de clase podría seguir siendo defendida de una manera atenuada, no reduccionista. Concebido como reduccionismo económico o clasista el marxismo sería claramente vulnerable a las críticas. Pero concebido como una teoría no-reduccionista podría continuar siendo legítimo defender la primacía del análisis de clase. ¿Pero cómo sería posible defender teóricamente la primacía no reduccionista de las clases? Wright cree que los marxistas han ofrecido tres tipos de respuestas.

La primera consiste en afirmar que la clase constituye el factor "con más impacto existencial en la subjetividad humana". Esto no significa

> que los individuos tengan necesariamente «conciencia de clase», en el sentido de que sean conscientes de su posición de clase y sus intereses de clase, sino simplemente que sus formas de conciencia social están configuradas del modo más sistemático posible por su posición de clase.[10]

Este argumento le parece por completo insatisfactorio. "Incluso en el caso del capitalismo –dice Wright– no es necesario que la clase tenga un carácter primario en todos los casos desde el punto de vista existencial". Es muy posible que la dominación racial o sexual configure de un modo más profundo las formas de conciencia de un grupo social oprimido.

La segunda respuesta afirma que

> las relaciones de clase, al estructurar el acceso a los recursos sociales de diverso tipo [...] determinan del modo más profundo los límites de la capacidad de acción de los diferentes grupos, incluyendo los grupos definidos por relaciones no clasistas [...] aun cuando los intereses o motivaciones de la lucha sean irreductibles a unos intereses de clase, las condiciones para servir

---

[10] E. O. Wright, «La crítica de Giddens al marxismo», p. 146.

con éxito estos intereses no clasistas están fundamentalmente estructuradas por las relaciones de clase.[11]

Esta argumentación parece más sólida; pero es igualmente vulnerable a algunas objeciones que a Wright le parecen insalvables:

> se podría afirmar que hay muchas condiciones necesarias para que la lucha tenga éxito, incluyendo factores ideológicos y políticos que no son en sí simples reflejos de las relaciones de control sobre el plusproducto (es decir, de las estructuras de clase) y que no hay razones imperiosas para preferir una de estas múltiples condiciones necesarias. Aunque podría darse el caso de que la transformación de la estructura de clases formara parte del proceso de liberación de los negros, lo cierto es que también la transformación de la conciencia racial es una condición necesaria para la transformación de la estructura de clases. Por consiguiente, es arbitrario asignar una posición privilegiada a una de estas «condiciones necesarias» y conceder una primacía general a la clase por encima de otras relaciones.[12]

Es el tercer argumento, sin embargo, el que a Wright le parece más sólido. Lo denomina dinámico, y consiste en lo siguiente:

> aunque las diferentes formas de dominación se condicionaran recíprocamente [...] sólo las relaciones de clase tienen una lógica interna de desarrollo, lógica que engendra tendencias sistemáticas hacia una trayectoria de transformaciones de la estructura de clase. Esta trayectoria tiene una dirección general [...] por la forma en que las relaciones de clase se articulan con el desarrollo de las fuerzas productivas.[13]

Este es para Wright el único argumento decisivo en favor de la prioridad del análisis de clase. "Las relaciones de clase —dice— tie-

---

[11] Ídem., p. 147.

[12] Ídem., p. 147.

[13] Ídem., pp. 147-148.

nen una primacía específica en la medida en que la dinámica que tiene sus raíces en las relaciones de clase imprime una dirección global a la trayectoria del cambio histórico". ¿Cuál es el origen de esta dinámica y de esta dirección? El desarrollo de las fuerzas productivas. Por consiguiente, existiría una estrecha unión entre la teoría tecnologicista que considera al desarrollo de las fuerzas de producción la clave del proceso histórico, y la insistencia en la prioridad que se debe conceder al análisis de clase. Y de ello se deriva un corolario fundamental: si se rechaza la teoría de la historia basada en el desarrollo de las fuerzas de producción,

> no hay entonces ninguna justificación general para el análisis de clase marxista en cuanto tal. Sin la teoría de la historia y sin una teoría general del análisis de clase, es difícil ver lo que queda como base teórica distintiva del marxismo.[14]

Hemos llegado, aquí, a uno de los nudos problemáticos fundamentales de la presente obra: ¿es verdad que sin la teoría del desarrollo de las fuerzas productivas no existe base alguna para el análisis de clase y, por ende, nada distintivo del materialismo histórico marxista? ¡No lo creo!, en los próximos capítulos sostendré que Marx efectivamente enunció una teoría determinista tecnológica en 1859, y que la misma es compatible con algunas otras afirmaciones suyas (y de su amigo Engels); pero que esa teoría –a la cual rechazó explícitamente hacia el final de su vida– no constituye ninguna pieza esencial de su pensamiento, además de resultar inconsistente con sus escritos más minuciosos y elaborados. La estrategia para justificar este posicionamiento ocupará cinco capítulos e incluirá una crítica tanto teórica como empírica a la tesis del desarrollo de las fuerzas productivas (capítulos II y III); la presentación de las pruebas documentales pertinentes para justificar la adhesión

---

[14] Ídem., pp. 164-165.

de Marx a la tesis de la primacía de las relaciones de producción (capítulo IV); y la siguiente lista de argumentos principales (capítulos V y VI): a) que la insistencia marxiana en el análisis de clase es una consecuencia derivada de un posicionamiento teórico más general y básico —a saber, la prioridad explicativa concedida a las relaciones de producción en el más amplio sentido de la palabra—; b) que esta insistencia ha sido en ocasiones exagerada, como consecuencia de simplificaciones dogmáticas; c) que es la prioridad explicativa concedida a las relaciones de producción lo distintivo del materialismo histórico, y no la teoría del desarrollo de las fuerzas productivas; d) que la prioridad imputada a las relaciones de producción no depende del desarrollo de las fuerzas productivas; y e) que la interpretación del materialismo histórico como una teoría que concede primacía a las relaciones de producción permite dar mejores respuestas a los problemas planteados tanto a las concepciones que atribuyen la prioridad a las fuerzas productivas, como a las que priorizan la lucha de clases.

II. La primacía de las fuerzas productivas: una crítica

1. La primacía de las fuerzas productivas según Gerald Cohen

Los siglos XIX y XX estuvieron imbuidos de la idea de *progreso*. Pensadores de las más variadas escuelas y opiniones coincidían en que la historia es, en última instancia, el desarrollo progresivo e intrínseco de la humanidad. El hilo conductor de este desarrollo podía ser el aumento de la libertad, el crecimiento de las capacidades productivas, la expansión demográfica, el desarrollo de los conocimientos o el incremento del comercio. Pero pensar la historia en clave progresivista fue lo corriente en los dos últimos siglos. Sin embargo, no debemos olvidar que los hombres de la mayor parte de las sociedades y civilizaciones de la antigüedad solían pensar en términos circulares.[15] El cambio era considerado pernicioso y dañino. El ideal era la conservación de las viejas normas y relaciones, consideradas característicamente como "naturales". Los

---

[15] La concepción circular del tiempo continúa férreamente arraigada en el imaginario popular, a pesar de dos milenios de cristianismo (con su concepción lineal del tiempo), y de varios siglos de capitalismo inusitadamente transformador (para no hablar de las décadas de socialismo revolucionario). Que a fin de cuentas la "historia siempre se repite" es una de las ideas más recurrentes y firmes con la que los profesores de historia debemos lidiar. Esta concepción circular, sin embargo, muchas veces se ve acompañada por fuertes aspiraciones de progreso (individual o colectivo); lo cual no hace sino confirmar que la coherencia no es un atributo indispensable de las ideologías.

reformadores de la antigüedad justificaban sus acciones en términos de "restauración" del orden natural de las cosas. El ideal no era el cambio, sino la permanencia. Procesos profundamente revolucionarios eran concebidos –intelectualmente– como un "retorno" a los "viejos buenos tiempos"; exactamente a la inversa que en el siglo XX, en el que la exaltación del cambio como valor positivo llevó a que muchos procesos levemente reformistas utilizaran un lenguaje revolucionario.

La ingenuamente optimista creencia en un progreso indefinido (y sin contradicciones) ha sufrido fuertes sacudones en las últimas décadas, es verdad. Pero para el hombre moderno el desarrollo incesante de las fuerzas productivas se presenta como una realidad cotidiana. Por eso es relativamente sencillo creer que el crecimiento permanente de la tecnología que caracteriza a las economías capitalistas es también la norma en otros tipos de sociedad. Igualmente, es fácil pensar que el ideal de *progreso* que –golpeado y todo– aun continua permeando nuestras representaciones, debía ser compartido por los antiguos. Por ello no es ocioso insistir en la profunda ruptura que supone el desarrollo capitalista con respecto a "lo que había antes". Marx era perfectamente consciente de esta ruptura, y por eso escribió que, comparados con el capitalismo, todos los anteriores modos de producción son esencialmente conservadores.[16] ¿Significa esto que en la antigüedad las fuerzas de producción permanecían estancadas? No exactamente. Es evidente que, antes de la irrupción del modo capitalista de producción, existieron importantes e inclusive revolucionarias transformaciones. Pero ningún modo de producción anterior disponía de mecanismos internos que impulsaran sistemática e irresistiblemente el desarrollo productivo. Esto parece ser una especificidad capitalista.

---

[16] K. Marx, *El Capital*, México, Siglo XXI, (8 volúmenes, 1983-1991), Tomo I, Vol. 2, p. 592.

Las interpretaciones corrientes del materialismo histórico, sin embargo, hacen hincapié en el desarrollo *universal* de las fuerzas productivas, tomando como base las tesis expuestas por Marx en el Prefacio de 1859. Y no se trata solamente de las interpretaciones "vulgares". Muchos de los más sofisticados y reconocidos intelectuales marxistas contemporáneos –como Cohen, Elster y Wright– han sostenido que el materialismo histórico es una teoría tecnológica; y algunos de ellos han defendido esta interpretación.[17]

La defensa más sofisticada de las tesis del Prefacio se encuentra en la obra de Gerald Cohen. Es precisamente este autor quien ha introducido la noción de "primacía de las fuerzas productivas", a la cual define de la siguiente manera:

> La tesis de la primacía es que la naturaleza de un conjunto de relaciones de producción se explica por el nivel de desarrollo de las fuerzas productivas que abarca dicho conjunto (en mayor medida que al contrario).[18]

---

[17] El parecer de Wright ya fue expuesto, y el de Cohen lo será a continuación; aquí cito únicamente la interpretación de Elster, para quien: "El materialismo histórico no es simplemente una teoría que otorga un lugar privilegiado a los factores económicos. Es, más precisamente, una forma de determinismo tecnológico. El ascenso y caída de los sucesivos regímenes de propiedad se explican por su tendencia a promover o trabar el cambio técnico". J. Elster, *Una introducción a Karl Marx*, México, Siglo XXI, 1992 (1986), pp. 110-111. Hay que señalar, sin embargo, que a diferencia de Cohen y Wright, Elster piensa que este determinismo tecnológico no es defendible. A su juicio constituye una de las partes "muertas" del legado de Marx, e indica que el propio Marx escribió el "obituario de la teoría general [...] al decidir consistentemente no adoptarla en sus propios escritos históricos". Ídem, p. 201. Estoy de acuerdo con Elster en que Marx no adoptó una concepción tecnológica en sus escritos más extensos. Pero disiento con él cuando afirma que la concepción marxiana de la historia era tecnologicista. Este punto será desarrollado en el Capítulo III.

[18] G. Cohen, *La teoría de la historia de Karl Marx, una defensa*, Madrid, Siglo XXI, 1986, p. 148 (*Karl Marx's Theory of History*, Clarendon Press, Oxford, 1978, p.

La *tesis de la primacía* se encuentra asociada a una segunda tesis, o *tesis del desarrollo*. La tesis del desarrollo postula que existe una tendencia *universal* hacia el incremento de las capacidades productivas humanas. Las dos afirmaciones fundamentales del materialismo histórico, en la interpretación de Cohen, serían pues las siguientes:

(a) Las fuerzas productivas tienden a desarrollarse a lo largo de la historia (tesis del desarrollo).

(b) La naturaleza de las relaciones de producción de una sociedad se explica por el nivel de desarrollo de las fuerzas productivas (tesis de la primacía propiamente dicha).

Cohen señala que la tesis (a) dice algo más y algo menos que la tesis (a`):

(a`) Las fuerzas productivas *se han* desarrollado a lo largo de la historia.

(a) dice algo más y algo menos que (a`) porque (a) expone una *tendencia* universal al desarrollo. Las fuerzas productivas podrían haberse desarrollado por una multitud de razones inconexas, que bastarían para establecer (a`), pero no (a), que requiere que el hecho del desarrollo sea intrínseco a la naturaleza de las fuerzas productivas. Por el contrario, (a) no implica que las fuerzas productivas se desarrollen siempre, ni tampoco que no declinen nunca: las circunstancias pueden frustrar la materialización de la tendencia que (a) les atribuye. Mientras que la tesis (a`) no puede ser puesta en duda, la tesis (a) es objeto de controversias. Una cosa es constatar que, a escala mundial, las fuerzas productivas se han desarrollado a lo largo del tiempo. Otra cosa es demostrar que existe una tendencia *universal*, más o menos válida para todas

---

134). De aquí en más se citará entre paréntesis, luego de la paginación de la edición castellana, la correspondiente a la edición en inglés.

las épocas y sociedades, que promueve un incesante desarrollo productivo. Volveré sobre esto.

Sobre la base de las tesis (a) y (b) Cohen reconstruye las principales afirmaciones del materialismo histórico en los siguientes cuatro puntos:

> A. El nivel de desarrollo de las fuerzas productivas de una sociedad explica la naturaleza de su estructura económica, y
>
> B. su estructura económica explica la naturaleza de su superestructura.
>
> C. La estructura económica de una sociedad promueve el desarrollo de las fuerzas productivas, y
>
> D. la superestructura de una sociedad estabiliza su estructura económica.[19]

Para cualquier conjunto de relaciones de producción –arguye Cohen– existe un grado de desarrollo de las fuerzas productivas abarcadas por dichas relaciones que es suficiente para que tenga lugar un cambio en ellas, y –en virtud de (a)– este desarrollo tiende a producirse. Cuando la estructura económica deja de ser funcional para el acrecentamiento de las fuerzas productivas, se inicia un período de revolución social que debe culminar con el establecimiento de nuevas relaciones productivas, capaces de relanzar el desarrollo –temporalmente detenido o aminorado– de las fuerzas de producción. Concomitantemente, se producirán cambios en la superestructura, destinados a adecuarla a las nuevas relaciones de producción.

Hay dos características de la concepción de Cohen que me parecen esenciales, y que la diferencian de las exposiciones más tradicionales y sencillas del determinismo tecnológico marxista. La *primera* es la diferenciación entre (a) y (aʻ); esto es, entre la

---

[19] G. Cohen, "Réplica a «Marxismo, funcionalismo y teoría de juegos» de Elster", *Zona abierta*, 33, 1984, pp. 70-71.

tesis que establece la existencia de una tendencia universal hacia el desarrollo y la constatación empírica "las fuerzas productivas se han desarrollado". Esta distinción obliga a Cohen a exponer explícitamente una *teoría* de las causas del desarrollo universal de las fuerzas de producción. Este punto reviste gran importancia. Antes de Cohen las exposiciones tecnologicistas del materialismo histórico consideraban al desarrollo de las fuerzas productivas como una verdad evidente de suyo; tan evidente que no era ni siquiera necesario explicar su existencia. Esto daba lugar a una paradoja: como alguna vez señalara Pierre Dockès, "el materialismo mecanicista, que lo «cifra» todo en el desarrollo de las fuerzas productivas, determinante de la historia «en última instancia», deja inexplicado este desarrollo. ¡Prodigiosa distracción!".[20] Gerald Cohen no se hace el distraído, y propone una explicación para llenar este vacío. Para ser justos con él hay que decir que, más que una explicación hecha y derecha, su objetivo es más limitado, aunque no por ello menos importante:

> aducir algunas razones para pensar que estas tesis [de la primacía y del desarrollo] son ciertas. Sólo algunas razones, que causarán diferente impresión a los diferentes lectores.[21]

En las páginas siguientes expondré una buena cantidad de razones por las que pienso que ambas tesis son falsas.

La *segunda* característica es que la concepción de Cohen no supone que la prioridad determinante de las fuerzas productivas exija que el desarrollo de éstas sea cronológicamente *anterior* a la transformación de las relaciones de producción. Esta posibilidad, como resulta obvio, viola el principio causal de la *anterioridad* de

---

[20] P. Dockès, *La liberación medieval*, México, FCE, 1984, p. 34.

[21] G. Cohen, *La Teoría* ..., p. 166 (150). En las líneas finales de esta misma página reconoce que su defensa de la tesis del desarrollo "no es concluyente, pero puede tener cierta importancia".

las causas respecto de los efectos. Cohen sortea este inconveniente introduciendo la polémica modalidad *funcional* de explicación. [22]

Las explicaciones funcionales –aquellas que explican los fenómenos sociales en términos de sus consecuencias beneficiosas para alguien o algo– no gozan en modo alguno de una aceptación generalizada. Son muchas las críticas formuladas en su contra. No es casual, por ello, que el libro de Cohen contuviera una defensa explícita y extensa de esta modalidad explicativa, ni que su edición haya desatado un prolongado debate al respecto. El crítico más tenaz de las explicaciones funcionales en general y de los argumentos de Cohen en particular ha sido Jon Elster. A lo largo de una considerable cantidad de escritos ha mostrado una intransigente hostilidad contra las explicaciones funcionales utilizadas en historia o sociología (les reconoce una aplicación limitada en biología). Sus críticas, sin embargo, pueden ser desagregadas en dos niveles: a) los cuestionamientos a trabajos concretos de investigadores sociales (especialmente marxistas) que recurren a explicaciones funcionales, las cuales pueden ser erróneas o estar falsamente sustentadas, sin que ello invalide la posibilidad, en principio, de utilizar explicaciones funcionales sólidas; y b) la condena teórica y metodológica, por razones de principio, a esta modalidad explicativa. Como el propio Cohen reconoce, las críticas de Elster a las explicaciones funcionales empleadas por muchos marxistas suelen ser válidas. Pero sus protestas principistas en contra de las explicaciones funcionales en general parecen exageradas. ¿Cuáles son las razones por las que rechaza las explicaciones funcionales?

---

[22] En términos estrictos la causalidad no exige la anterioridad de las causas respecto de sus efectos: contempla también la posibilidad de la simultaneidad entre unas y otros. Pero la explicación funcional va más lejos, puesto que no se propone explicar el *origen* de una práctica, una creencia, un organismo o una institución, sino su *pervivencia*. Y desde luego, las causas del origen pueden ser profundamente distintas de las que explican la pervivencia.

Fundamentalmente son tres: 1°) postular una teleología sin actor proponente, difícilmente falsable; 2°) confundir la atribución a A con la explicación funcional de A, sin reparar en que las consecuencias beneficiosas podrían ser accidentales, o que tanto A como sus funciones benéficas podrían ser efecto de una tercera variable; 3°) que un hecho nunca quedará explicado por sus consecuencias a menos que podamos señalar una conexión retroactiva causal entre las consecuencias y los hechos que las producirán. Estas críticas son importantes, pero pueden ser respondidas. A la primera se puede responder que la explicación puede incorporar microfundamentos que la tornen falsable. Con respecto a la segunda: se trata de un riesgo, nada más. Y en cuanto a la tercera, se puede convenir en que una explicación *completa* debería idealmente especificar conexiones retroactivas, pero como estas no siempre están disponibles, resulta sensato aceptar bosquejos de explicación o explicaciones parciales en términos funcionales.

Las críticas más virulentas en contra de las explicaciones funcionales —esto es, aquellas que insisten en que no es posible, bajo ningún punto de vista, utilizarlas— pueden ser descartadas. Bajo determinadas circunstancias y para ciertos fines puede ser legítimo, necesario y/o conveniente utilizar explicaciones funcionales. Pero aquí es necesario recordar que estas explicaciones no se apoyan "en los efectos concretos de un hecho aislado, sino en la tendencia o disposición de una pauta de conducta o institución para producir dichos efectos; efectos que, sobre una magnitud temporal de largo alcance explican la permanencia de aquella institución o pauta".[23] Esto significa que lo que explican las explicaciones funcionales (valga la redundancia) no es la *aparición* de una pauta o una institución, sino su *pervivencia*. Igualmente, es preciso recordar que la

___

[23] A. de Francisco, «Marxismo analítico: teoría y método», *Zona Abierta*, N° 48-49, 1988, p. 236.

fórmula correcta de las explicaciones funcionales, suponiendo que tuviéramos una causa *e* y un efecto *f*, no es "ocurrió *e* porque ocurrió *f*" (lo que tendría el defecto fatal de presentar un hecho posterior como causa de un hecho anterior), ni tampoco "ocurrió *e* porque causó *f*": la fórmula correcta es "ocurrió *e* porque causaría *f*".[24] Las explicaciones funcionales son legítimas y posibles en las ciencias sociales, y el marxismo está autorizado para utilizarlas; pero no parece que sea la forma explicativa fundamental, ni que la misma (como se verá en I.7) permita avalar a la tesis de la primacía de las fuerzas productivas tal y como la expone Cohen. De momento no es necesario decir nada más sobre esto.[25]

2. La tesis del desarrollo

Todo el edificio teórico de Gerald Cohen está basado en la *primacía de las fuerzas productivas*. Sin embargo, la primacía propiamente dicha sólo puede ser justificada por la *tesis del desarrollo*. Esta tesis no es un socio menor de la tesis de la primacía: es su verdadero fundamento. Cohen es el primero en reconocerlo:

[24] G. Cohen, "Réplica a «Marxismo, funcionalismo y teoría de juegos» de Elster", *Zona Abierta*, N° 33, 1984, p. 67.

[25] He desarrollado más ampliamente mis pareceres al respecto en "Marxismo analítico: breve examen crítico", *Taller*, Vol. 4, N° 10, Buenos Aires, 1999. El lector interesado en las discusiones sobre la legitimidad de la explicación funcional puede consultar, además de los capítulos pertinentes de *La teoría de la historia de Karl Marx*, los siguientes textos: Paulette Dieterlen, *Marxismo analítico*, México, UNAM, 1995; Jon Elster, *El cambio tecnológico*, Barcelona, Gedisa, 1995, "Marxismo, funcionalismo y teoría de juegos. Alegato en favor del individualismo metodológico", *Zona Abierta*, N° 33, 1984 y "Nuevas reflexiones sobre funcionalismo y teoría de juegos", *Zona Abierta*, N° 43-44, 1987; Gerald Cohen, "Réplica a «Marxismo, funcionalismo y teoría de juegos», de Elster", *Zona Abierta*, N° 33, 1984; Philippe Van Parijs, "El marxismo funcionalista rehabilitado. Comentario sobre Elster", *Zona Abierta*, N° 33, 1984; Andrés de Francisco, "Marxismo analítico: teoría y método", *Zona Abierta*, N° 48-49, 1988 y *Sociología y cambio social*, Barcelona, Ariel, 1997, pp. 133-159.

Algunos marxistas que aceptan la primacía de las fuerzas productivas se contentan con identificarla con la coacción que éstas ejercen sobre las relaciones de producción. Pero esto no resulta satisfactorio, porque la coacción es simétrica. Si una tecnología desarrollada descarta la esclavitud, la esclavitud descarta una tecnología desarrollada. Para establecer la primacía de las fuerzas productivas, hay que añadir algo más a esta coacción.

La tesis del desarrollo (tesis (a)) proporciona el complemento necesario. Podemos ofrecer un argumento a favor de (b) sobre la base conjunta de (a) y el hecho de la coacción. La tesis (a) afirma que las fuerzas productivas están predispuestas a desarrollarse. Dadas las coacciones existentes, con un desarrollo suficiente de las fuerzas productivas, las antiguas relaciones de producción dejan de ser compatibles con ellas. Entonces, o bien cambiarán sin tardanza, junto con el desarrollo productivo, o bien… habrá una «contradicción» entre las fuerzas y las relaciones. Pero si existe una contradicción, ésta se resolverá mediante una alteración de las relaciones de producción, pues de otro modo dichas relaciones impedirían un mayor desarrollo productivo, que es imposible bloquear de forma indefinida de acuerdo con la tesis (a).[26]

Otros autores también han señalado que es la *tesis del desarrollo* la que concede a las fuerzas productivas un carácter primario. Quienes defienden la *tesis de la primacía de las fuerzas productivas* deben reconocer (como Cohen) que las relaciones de producción no son meros pacientes: ellas también actúan sobre las fuerzas productivas. Dicho brevemente: *fuerzas productivas y relaciones de producción se limitan e influencian unas a otras*. Si las cosas se limitaran a esta influencia bidireccional existiría una suerte de "empate" entre fuerzas y relaciones. Pero este "empate" se ve desequilibrado porque se supone que las fuerzas productivas poseen una tenden-

---

[26] G. Cohen, *La teoría…*, p. 175 (p. 158).

cia inmanente a crecer, característica que les otorga una cierta direccionalidad y dinamismo del que carecen las relaciones. E. O. Wright, por ejemplo, sostiene que

> hay una relación de limitación recíproca entre las fuerzas productivas y las relaciones de producción. Sin embargo... existe al menos un débil impulso a favor del desarrollo de las fuerzas productivas, y esto crea una asimetría dinámica en su interrelación.[27]

No hay duda alguna pues: *sin tesis del desarrollo no hay tesis de la primacía*. Para defender la tesis del desarrollo Cohen se vale de tres postulados básicos y de uno adicional. Los tres postulados básicos son los que siguen:

(c) Los seres humanos son en cierta medida *racionales*, por lo que saben como satisfacer ciertas necesidades imperiosas y están dispuestos a apoderarse de los medios para satisfacerlas, y a emplearlos.

---

[27] E. O. Wright, "La crítica de Giddens al marxismo", *Zona Abierta*, 31, 1984, p. 155. Eduardo Sartelli –quien defiende una primacía de las fuerzas productivas algo más débil que la de Cohen y se muestra partidario de aceptar una tesis del desarrollo que él llama "historizada", es decir, acondicionada a las relaciones de producción– también acepta que la defensa de la tesis de la primacía "es más floja" que la defensa de la tesis del desarrollo: a lo sumo puede afirmar que "es evidente que no todas las estructuras económicas son posibles con unas determinadas fuerzas productivas". En su opinión, la prueba de la validez de la tesis de la primacía estaría dada por: "1) la constatación de la coacción de las fp sobre las rp; 2) la tesis del desarrollo. *Por la primera se establece la vinculación entre ambas pero no la primacía. La segunda es la que lo hace*: en tanto las fp tienen una tendencia intrínseca a crecer, a la corta o a la larga entrarán en contradicción con las rp y, como los hombres tienen inteligencia y son racionales, preferirán cambiar la rp antes que perder las fp desarrolladas, porque ello les permite solucionar el problema de escasez". E. Sartelli, "Las fuerzas productivas como marco de necesidad y posibilidad. En torno a las tesis de Gerald Cohen y Robert Brenner", *Herramienta*, N° 11, 1999-2000, p. 151.

(d) La situación histórica de los hombres es una situación de *escasez*, es decir que, dadas sus necesidades y el carácter de la naturaleza externa, los hombres no pueden satisfacer sus necesidades a menos que empleen la mayor parte de su tiempo y energía en hacer algo que de otra forma no harían.

(e) Los hombres poseen una inteligencia de un tipo y un grado que les permite mejorar su situación.[28]

Cohen sugiere que, dada la racionalidad humana y la situación de escasez, cuando el conocimiento permite ampliar la productividad los hombres tenderían a aprovechar la oportunidad, porque no hacerlo sería *irracional*. Este razonamiento posee dos grandes lagunas, como el propio Cohen se encarga de indicar. La primera es que la situación de escasez no revela la magnitud de este problema para los seres humanos, y en consecuencia el interés que mostrarían en solucionarlo en comparación con otros problemas o intereses. La segunda es que no resulta evidente que lo que es racional para los individuos lo sea también para la sociedad. Por lo tanto, Cohen se ve obligado a reconocer que "nuestro argumento en favor de la tesis del desarrollo está incompleto".[29]

Para sortear estas dificultades y completar su argumento Cohen recurre a un cuarto postulado de carácter empírico: la observación de que "las sociedades rara vez reemplazan un conjunto de fuerzas productivas por otro inferior". Reconoce que hay algunas excepciones a esta generalización, pero estima que "carecen de consecuencias teóricas":

> Los desastres naturales pueden provocar una disminución de la fuerza productiva, pero no se debe esperar que la teoría de la historia se ocupe de ellos. No puede tener en cuenta las convulsiones «aleatorias», aún cuando estas influyan en el curso de la

---

[28] G. Cohen, *La teoría...*, p. 168 (152).
[29] G. Cohen, *La teoría...*, p. 170 (153).

historia. […] la teoría de la historia debe contentarse con abarcar los casos *normales*.[30]

Más adelante tendré ocasión de cuestionar la validez empírica de esta generalización, de discutir si los casos de retroceso se deben simplemente a factores tan aleatorios como los desastres naturales, y si carecen de consecuencias teóricas. Pero ahora es imperioso seguir el hilo del argumento. Dando por buena la generalización que afirma que "las fuerzas productivas no ceden el paso a otras menos buenas en el curso normal de los acontecimientos", arriesga una explicación:

> La inercia es parte de la explicación. Existe un fuerte apego, en parte no razonado, a las fuerzas productivas heredadas, así como a casi todo lo que constituye la vida humana. La gente se adapta a aquello a lo que está acostumbrada. *Sin embargo las fuerzas productivas son reemplazadas con frecuencia por otras mejores.* Por consiguiente, la inercia resulta también insuficiente para explicar por sí sola la falta de regresión, frente al hecho de que hay a menudo un progreso visible.[31]

Como corolario, Cohen sostiene que las tesis (c), (d) y (e) —cuya capacidad explicativa se había visto sumamente debilitada al constatar la existencia de las dos grandes lagunas ya mencionadas— nos proporcionan una "explicación superior de la notable falta de regresión en la capacidad productiva", y de este modo contribuirían a explicar la discrepancia entre la rareza de la regresión y la frecuencia del progreso.

> En resumen: puesto que las premisas del argumento original ayudan a explicar la notable falta de regresión, hay buenas razo-

---

[30] G. Cohen, *La teoría...*, p. 170 (154).
[31] G. Cohen, *La teoría...*, p. 170 (154).

nes para usarlas como argumento en favor de la propensión al progreso planteada en la tesis del desarrollo.[32]

Este argumento no es consistente. Se halla enteramente basado en peticiones de principio de orden empírico: que las fuerzas productivas rara vez retroceden, y que a menudo se desarrollan. Cohen no logra, pues, salvar a la tesis del desarrollo, concebida como una tendencia universal sólo frustrada excepcionalmente. Su defensa se topa con gruesos inconvenientes a los que no puede sortear *teóricamente*, debiendo apelar a supuestas evidencias empíricas. ¿Qué tan sólidas son estas evidencias? En principio parecen bastante controvertidas. La tendencia al desarrollo no puede verificarse en innumerables casos; y durante la mayor parte de la historia de la humanidad la innovación productiva fue casi nula. También es arbitrario sostener que "rara vez las sociedades reemplazan un conjunto de fuerzas productivas por otro inferior".[33] Los casos de "retroceso" o de catástrofes productivas sin dudas no son mayoría, pero en modo alguno son una rareza ni se deben exclusivamente a causas "externas" al desenvolvimiento "normal" de una sociedad. En el apartado 6 se coteja la tesis del desarrollo con la evidencia empírica hoy en día disponible; y el 8 está dedicado a los casos de retroceso productivo. Pero aquí es necesario profundizar en el estudio de los fundamentos teóricos de la tesis del desarrollo, que a mi juicio son incluso menos sólidos de lo que piensa Cohen. Como se recordará, dicha tesis se afirma en dos pilares: las tesis (c) y (d). La primera tiene que ver con la naturaleza humana, caracterizada

---

[32] G. Cohen, *La teoría...*, p. 171 (154).

[33] Aunque aquí todo depende del significado que se le de a "rara vez". Mi impresión es que en Cohen implica que los retrocesos productivos fueron casi inexistentes, una clara excepción a la "regla", provocada casi seguramente por causas "externas". No tengo ninguna duda de que *el retroceso no es lo más habitual*, pero sí fue mucho más corriente de lo que parece presumir Cohen.

por la racionalidad. La segunda con la situación histórica de los hombres: supuestamente una situación de escasez. Comenzaré con la racionalidad.

3. Acerca de la *racionalidad*

Las invocaciones a la naturaleza humana gozan hoy de poco crédito. El sentido común académico insiste en el carácter histórico-cultural de todo lo que existe y acontece en las sociedades; y el marxismo ha tenido una influencia considerable en el afianzamiento de esta concepción.[34] Ello no obstante, y a pesar de lo que digan algunas leyendas, Marx fue consecuentemente un pensador racionalista, y toda su insistencia en la preponderancia de las relaciones histórico-sociales implicaba el reconocimiento de un sustrato biológico común a toda la especie humana.[35] Las necesidades humanas se satisfacen socialmente de formas diversas, y muchas son producto

---

[34] Hay importantes razones políticas que han llevado a muchos marxistas (y posmarxistas) a negar la existencia de una naturaleza humana. Pero la defensa de sus principios políticos no requiere de tal negación. Comparto plenamente la crítica de Cohen: "Negar que exista una naturaleza humana históricamente invariable es una tradición marxista. Este es un alegato que se hace frente a los conservadores que se fijan en un modelo de comportamiento histórico virulento (por lo general, desagradable), lo atribuyen a la naturaleza humana y sacan la conclusión de que ese modelo debe aparecer en toda sociedad o que sólo puede ser eliminado mediante una tiranía extrema. (Es contrario a la naturaleza humana que la gente no sea codiciosa, que no sea competitiva, que la democracia funcione, que prevalezca una verdadera igualdad, etc.) Pero no es necesario afirmar, como respuesta, que no existen rasgos permanentes en la naturaleza humana. Lo único que hay que negar es que ese rasgo concreto en el que hacen hincapié los conservadores sea uno de ellos". G. Cohen, *La teoría...*, p. 167 (151).

[35] El estudio más detallado en el que se muestra que el materialismo histórico de Marx descansa en el reconocimiento de la existencia de una naturaleza humana pertenece a Norman Geras, *Marx and Human Nature. Refutation of a Legend*, Londres, Verso, 1994.

del desarrollo histórico; pero algunas (como alimentarse, reproducirse o abrigarse) son universales. Con la racionalidad sucede algo parecido. Puede adoptar formas históricamente cambiantes, pero su condición de posibilidad se encuentra en la contextura física y en el cerebro del *homo sapiens sapiens*. Es perfectamente posible, pues, sostener desde una perspectiva marxista que la racionalidad forma parte de la naturaleza humana, por más que la idea de naturaleza humana posea hoy en día poco crédito.[36] Lleva toda la razón Gerald Cohen cuando sostiene que la racionalidad es un atributo de esta naturaleza, y no se equivoca cuando se niega a ceder a las exageraciones del sentido común intelectual contemporáneo. Parece imposible no coincidir con él cuando escribe que:

> existen rasgos duraderos en la naturaleza humana. El hombre es un mamífero, con una determinada constitución biológica, que apenas ha evolucionado en algunos aspectos fundamentales a lo largo de milenios de historia. Sin duda, un rasgo de su naturaleza de mamífero es que su magnífico cerebro le permite transformar su medio y transformarse a sí mismo de tal forma que existen límites en lo que se puede inferir acerca de la sociedad y la historia a partir de la biología. Pero son posibles ciertas inferencias [...] La afirmación de que la naturaleza humana cambia en la historia es cierta en un sentido muy importante de la expresión «naturaleza humana», pero también es cierto que existen atributos permanentes de la naturaleza humana en un sentido igualmente importante, quizás idéntico.[37]

Sin embargo, aún aceptando que la racionalidad es un *atributo* humano universal, los problemas que la misma presenta parecen demasiados como para que sea capaz de generar una *tendencia uni-*

---

[36] En *El marxismo en la encrucijada* defiendo una versión débil de la naturaleza humana, definida como "condición humana".

[37] G. Cohen, *La teoría...*, p. 167 (151).

versal como lo es el desarrollo de las fuerzas productivas. ¿Cuáles son los problemas que entraña la racionalidad?

Quienes han intentado proporcionar una definición de la racionalidad se han topado con grandes dificultades.[38] Aquí no haré ningún intento semejante. Me limito a exponer sucintamente algunos de los problemas que están en juego:

A.   La distancia entre la racionalidad individual y social.

B.   La diferencia entre racionalidad de los *fines* y la racionalidad de los *medios*. La racionalidad instrumental busca medios racionales para alcanzar determinados objetivos, pero suele dejar sin discusión la racionalidad (o falta de racionalidad) de los fines mismos. El aspecto racional de los fines puede ser evaluado, pero presenta una gran dificultad. Mientras que el valor instrumental de los medios puede ser determinado con relativa precisión, no sucede lo mismo con los fines, en la elección de los cuales suelen chocar valores divergentes.

C.   La diferencia entre el corto y el largo plazo. En ocasiones las decisiones especialmente racionales en el corto plazo pueden traer graves perjuicios en un plazo más largo.

D.   Los límites que la información disponible impone a la toma racional de decisiones. Con una información parcial o equivocada se pueden tomar decisiones perfectamente racionales pero absolutamente contraproducentes.

---

[38] Existe una literatura sumamente abundante respecto a la racionalidad. A título meramente indicativo quisiera destacar unos cuantos títulos que me han resultado especialmente útiles: L. Olivé (comp.), *Racionalidad. Ensayos sobre la racionalidad en ética y política, ciencia y tecnología*, México, Siglo XXI-UNAM, 1988; N. Rescher, *La racionalidad. Una indagación filosófica sobre la naturaleza y la justificación de la razón*, Madrid, Tecnos, 1988; O. Nudler y G. Klimovsky (comps.), *La racionalidad en debate*, Buenos Aires, CEAL, 1993, dos volúmenes; M. Olson, *La lógica de la acción colectiva*, México, Limusa, 1992 (1965); J. Elster, *El cambio tecnológico*, Barcelona, Gedisa, 1990, y *Tuercas y tornillos*, Barcelona, Gedisa, 1990.

Con la excepción del primero, Cohen no se ocupa de estos problemas. Adopta una concepción ingenua de la racionalidad que no parece diferir de la expuesta por los economistas neoclásicos, quienes influidos por las actitudes imperantes en los competitivos mercados capitalistas y por el comportamiento de los modernos empresarios tienden a reducir la racionalidad a la maximización de beneficios. Se trata de la famosa concepción del *homo económicus*. Sin embargo, se puede demostrar que la minimización de los riesgos, la maximización del tiempo libre o la búsqueda de un ingreso suficiente (sin procurar maximizarlo) pueden ser actitudes perfectamente racionales, incluso en el contexto de un mercado capitalista. ¡Y esto para no hablar de otros contextos históricos!

En consecuencia, no resulta en modo alguno evidente que sea el desarrollo de las capacidades productivas el único camino abierto a los hombres para solucionar los problemas sociales. Lo cual no significa, desde luego, que el desarrollo productivo no sea una vía adecuada para afrontar ciertos problemas, ni tampoco que la innovación tecnológica sea irracional o perniciosa a escala social (como sugieren ciertas corrientes ecologistas). Simplemente significa que habitualmente hay varias alternativas igualmente racionales para afrontar los problemas; que lo que se considera más o menos racional depende de manera directa del sistema histórico-social y de los valores en él imperantes; y que no siempre resulta posible conciliar la racionalidad individual (micro-racionalidad) con la racionalidad social (macro-racionalidad).

Por otra parte, el tipo de cálculo racional instrumental al que estamos habituados en nuestras sociedades es sencillamente imposible en otros contextos. Discutiendo sobre las características de la mentalidad "primitiva" y su supuesta "irracionalidad", Ernest Gellner destaca la sustancial diferencia que separa a las sociedades en las que existe una gran división y especialización del trabajo, lo cual determina que las actividades sean *unidiversificadas*, de aquellas formaciones sociales en las que no existe tal especialización. Esto entraña hondas consecuencias:

> las afirmaciones del hombre primitivo están tratadas como si él fuese el heredero y beneficiario, como nosotros, de una división del trabajo ordenada, consistente, sistematizada y compleja, dentro de la cual las diversas funciones y objetivos tienden a estar clara e inconfundiblemente separados. En *nuestra* sociedad, tal separación es inculcada sistemáticamente y muy apreciada, y la confusión de objetivos es reprobada. Sin embargo, el hombre primitivo no tiene necesidad de tales distinciones, el funcionamiento de su sociedad puede, efectivamente, depender de su ausencia.
>
> [...] Nosotros, los que hemos sido instruidos para adquirir una sutil sensibilidad hacia la diferencia de objetivos y funciones, debemos tener cuidado con proyectarla sobre todos los demás. Puede ser un logro excéntrico, quizás incluso patológico.[39]

Ahora bien, el cálculo racional instrumental sólo puede aplicarse en actividades de propósito único (*unidiversificadas*). En un contexto *multidiversificado*, en cambio, en el que los objetivos son varios e irreductibles a un denominador común, se torna imposible el cálculo de coste-beneficio. "En tales circunstancias —dice Gellner— un hombre puede vivir en conformidad con una *norma*, pero no puede servir a un claro *objetivo* único".[40] Todo esto tiene implicaciones de gran importancia analítica:

> [...] en una sociedad especializada, atomizada, grande y compleja, las actividades de propósito único pueden ser «racionales». Por tanto, esto significa que están regidas por un único objetivo y

---

[39] E. Gellner, *El arado, la espada y el libro*, Barcelona, Península, 1994 (1988), pp. 45-46.
[40] Ídem., p. 47.

> criterio, cuyo cumplimiento puede evaluarse con cierta precisión y objetividad. Su eficacia instrumental, la «racionalidad», puede determinarse. Un hombre haciendo una adquisición está interesado simplemente en comprar la mejor comodidad con el menor precio. No ocurre así en un contexto muy diversificado: un hombre comprando alguna cosa en una aldea vecina en una comunidad tribal está tratando no sólo con un vendedor, sino también con un pariente, colaborador, aliado o rival, un potencial proveedor de una novia para su hijo, un compañero del jurado, un participante en los rituales, un compañero en la defensa de la aldea, un compañero del consejo.
>
> Todas estas relaciones múltiples formarán parte de la operación económica e impedirán a ambas partes considerar solamente las ganancias y las pérdidas implicadas en esa operación, tomadas por separado. En este contexto muy diversificado, no tiene sentido preguntar sobre la conducta económica «racional», regida por la firme búsqueda del máximo beneficio.[41]

En contextos como los descriptos por Gellner no resulta posible realizar un acotado cálculo de costos y beneficios unidimensionales. La innovación tecnológica, pues, difícilmente pueda ser reducida —en tales circunstancias— a un simple cálculo fundado en una racionalidad instrumental. Esto no significa, sin embargo, que los individuos que habitan en tales contextos sean irracionales. No es necesario negar la racionalidad para poner en duda que la innovación tecnológica sea en todas las circunstancias, o *normalmente*, la principal vía elegida para solucionar problemas sociales. Puede o no serlo, lo cual depende más de los contextos que de un atributo transhistórico (la racionalidad). La innovación tecnológica es siempre una posibilidad abierta para las sociedades humanas, pero no una realidad permanente y universal, un destino.

---

[41] Ídem., p. 47.

Hay dos aspectos cuando menos curiosos en el empleo que Cohen hace de la racionalidad. El primero es que una tesis tan importante como lo es la *del desarrollo* posea una base indiscutiblemente *intencional*. Sobre todo si se tiene en cuenta que Cohen ha insistido hasta el cansancio en que las explicaciones del materialismo histórico son típicamente *funcionales*. La importancia de las explicaciones intencionales en la defensa de la tesis del desarrollo, sin embargo, está fuera de toda duda, puesto que la racionalidad de los hombres, su "inteligencia de un tipo y un grado" que les permite aprovechar las oportunidades, sólo puede ser aceptada convalidando las *explicaciones intencionales* a las que Cohen quiere remitir a un oscuro y secundario lugar. El segundo aspecto es que la concepción de la historia que atribuye a Marx nos remite *no* a las cambiantes circunstancias histórico-sociales (en las que él tanto insistió), sino a las *perennes características naturales de la racionalidad humana*. Con esto el desarrollo histórico no sólo se *naturaliza*, sino que también se torna *idealista*, a pesar de que ni una ni otra conclusión haya estado en las intenciones de Cohen.

Hace ya más de un siglo, Plejanov atribuyó a algunos críticos del marxismo de inclinaciones idealistas argumentos semejante a los que Cohen utiliza en su defensa de la teoría marxista de la historia. En un texto publicado en 1895, resumía de la siguiente manera lo que él consideraba una de las "objeciones a primera vista convincentes" formuladas en contra del materialismo histórico:

> Nadie impugna el importante valor de los instrumentos de trabajo, del enorme papel de las fuerzas productivas en el movimiento histórico de la humanidad [...] pero las herramientas de trabajo las inventa y las pone en acción el hombre. [...] Cada nuevo paso en el perfeccionamiento de los implementos del trabajo requiere nuevos esfuerzos de parte del intelecto humano. Estos últimos son la *causa*; el desarrollo de las fuerzas productivas el *efecto*.

> Quiere decir que el intelecto es el motor principal del progreso histórico, lo cual significa que han estado en lo justo los hombres que afirmaron que las opiniones gobiernan el mundo, o sea, la que gobierna es la razón humana.[42]

Plejanov, empero, encontraba a esta observación carente de fundamento. Para él la razón sólo podía dar sus frutos bajo la condición de que existiera un medio propicio. Y ese medio, en "La concepción monista de la historia", es fundamentalmente un medio geográfico:

> Así, pues, *sólo en virtud de ciertas peculiaridades especiales del medio geográfico, nuestros antepasados antropomórficos han podido elevarse al nivel del desarrollo intelectual, necesario para convertirse en "toolmaking animals". Y de un modo exactamente igual, sólo algunas particularidades de ese medio han dado un amplio margen para ponerse en acción y para el perfeccionamiento constante de esta nueva aptitud de "fabricación de herramientas".* En el proceso histórico de desarrollo de las fuerzas productivas, la aptitud del hombre para la "fabricación de herramientas", cabe ser considerada, ante todo, como una *magnitud constante*, mientras que las condiciones externas circundantes que han facilitado la puesta en acción de esta aptitud, como una magnitud *constantemente variable*.[43]

Plejanov salva el materialismo cayendo en un determinismo geográfico que carece de aval en las obras de Marx. ¿Y qué hay con Cohen? Parece evidente que no concede ninguna primacía o prioridad al medio geográfico o a las condiciones ambientales. Pero no es para nada claro cómo podría afrontar objeciones como las de Plejanov, en particular la acusación de que su enfoque es idealista.[44] Otra consecuencia de su posición —acaso imprevista—

---

[42] G. Plejanov, "La concepción monista de la historia", en *Obras Escogidas*, Buenos Aires, Quetzal, 2 tomos, 1964-65, tomo I, p. 99.

[43] Ídem., p. 101. El subrayado es del original.

[44] Cohen conoce este escrito de Plejanov, y remite a él como ejemplo de quienes sostienen que lo que es invariable (en este caso la racionalidad) no puede explicar

es que si la tesis del desarrollo se sustenta en las características de la naturaleza humana, entonces la base del materialismo histórico se desplaza de las *relaciones sociales* a las características *biológicas* (naturales) del *homo sapiens sapiens*.[45] Con esto se corre el riesgo de abrir una puerta demasiado generosa a las versiones más a-sociales del individualismo metodológico, puesto que son las características *no* culturales del individuo las que explican en última instancia el desarrollo histórico-social. Con todo, que la concepción de Cohen conceda soterradamente un lugar de privilegio a las explicaciones intencionales podría desde muchos puntos de vista ser considerado un punto a su favor, que matiza y complejiza las explicaciones funcionales dotándolas de indispensables microfundamentos. La necesidad de complementar las macroexplicaciones con microfundamentos me parece indiscutible.[46] Lo que le reprocharía a Cohen

---

el cambio. Esta crítica la sortea con desenvoltura, arguyendo que "una forma muy conocida de cocinar la carne es la aplicación constante de un elemento calentador a una temperatura constante. El mismo ejercicio, día tras día, puede convertir a un alfeñique en un atleta". *La teoría...*, p. 168 (152). Sin embargo, no se ocupa de las implicaciones idealistas que Plejanov señalaba que tienen las teorías que pretenden explicar el cambio social invocando la racionalidad.

[45] No hay indicio alguno de que Marx haya concedido una importancia significativa a las determinaciones biológicas para explicar el desarrollo histórico. Sin embargo, las influencias biologicistas en el pensamiento de algunos marxistas (en especial durante el siglo XIX) son innegables. El entusiasmo de Kautsky por la biología y por Darwin, por ejemplo, es evidente. En Argentina José Ingenieros desarrolló un marxismo teñido de biologicismo. Al respecto ver H. Tarcus, *Marx en la Argentina*, Buenos Aires, Siglo XXI, 2007, p. 425. Sobre los problemas planteados por el "darwinismo" en las ciencias sociales puede consultarse a Patrick Tort y colaboradores, "El darwinismo y las ciencias del hombre", *Herramienta*, N° 3, otoño 1997.

[46] Argumentos a favor de la necesidad de los microfundamentos, así como una crítica al individualismo metodológico en términos que comparto plenamente se encuentran en A. Levine, E. Sober y E. O. Wright, "Marxismo e individualismo metodológico", *Zona Abierta*, N° 41/42, 1986/87. Respecto al individualismo

es que la suya es una concepción a-histórica de la racionalidad, o para ser más preciso, una concepción menos histórica de lo conveniente. Una cosa es la universalidad de la racionalidad (que yo acepto); otra la historicidad contextual de sus objetivos, sus medios y sus manifestaciones. Los objetivos perseguidos difieren con los contextos, así como las maneras de satisfacerlos. Cohen acepta este punto, pero su argumento parece implicar que el núcleo universal se impondrá a la larga sobre las características contextuales: de allí que la tendencia al desarrollo sea universal. Mi argumento es que el peso de las características contextuales hace que el núcleo universal no pueda establecer ninguna tendencia histórica universalmente válida. Los desarrollos socioculturales se apoyan sobre un núcleo racional universal, pero son irreductibles a él. Una concepción radicalmente histórica —para la cual los criterios de racionalidad dependen de contextos sociales— puede incorporar la búsqueda de micro-fundamentos sin hacer concesiones —implícitas o explícitas— a las concepciones más a-sociales del individualismo metodológico.

4. Acerca de la escasez

Hay que analizar ahora a la que Cohen considera la situación histórica de la humanidad: la escasez. La categoría económica de

metodológico y el marxismo puede consultarse la bibliografía incluida en la nota N° 38, así como también a J. Elster, *Tuercas y tornillos. Una introducción a los conceptos básicos de las ciencias sociales*, Barcelona, Gedisa, 1996 (1989); J. Elster, *El cemento de la sociedad. Las paradojas del orden social*, Barcelona, Gedisa, 1992 (1989); J. Elster, *El cambio tecnológico. Investigaciones sobre la racionalidad y la transformación social*, Barcelona, Gedisa, 1992 (1983); A. Przeworski, "Marxismo y elección racional", *Zona Abierta*, N° 45, 1987; J. Roemer, "El marxismo de la «elección racional»: algunas cuestiones de método y contenido", *Zona Abierta*, N° 45, 1987. Para una comparación del individualismo metodológico de Elster con el de Weber consúltese Marina Farinetti, "¿De qué hablamos cuando hablamos de individualismo metodológico. Una discusión en torno a Weber y Elster", en F. Naishtat, *Max Weber y la cuestión del individualismo metodológico en las ciencias sociales*, Buenos Aires, Eudeba, 1998.

escasez fue incorporada al abanico de nociones teóricas por el *philosophe* italiano Galiani en la época de la Ilustración. La historia de este concepto no es compleja. Como nos recuerda Perry Anderson,

> (Galiani) formuló por primera vez el valor como una razón entre la utilidad y la escasez (*rarità*) en todo sistema económico; esta noción técnica de escasez pasó marginalmente a Ricardo, fue prácticamente ignorada por Marx y reapareció luego como una categoría fundamental de la economía neoclásica posterior a él.[47]

Dentro de la tradición marxista la escasez ha desempeñado un papel marginal. Antes de Cohen sólo había ocupado un lugar prominente en la obra de un único pensador marxista: Jean Paul Sartre. Pero no es probable que el analítico haya tomado este concepto de la obra del existencialista, puesto que ningún libro del filósofo francés es incluido en la bibliografía de *La teoría de la Historia de Karl Marx*. Pese a ello, no hay dudas de que la concepción de ambos sobre la escasez (o rareza[48], como habitualmente la denomina Sartre) es semejante. Aunque no utiliza esta terminología, la escasez es para Cohen lo que era para Sartre: el "motor pasivo de la historia".[49] Y para ambos la escasez es una realidad consustancial de la condición humana o, cuando menos, de la historia conocida. Pese a todo, existen algunas diferencias en la forma en que cada uno define a

---

[47] P. Anderson, *Consideraciones sobre el marxismo occidental*, México, Siglo XXI, 1991, pp. 106-107.

[48] Para evitar posibles malos entendidos conviene aclarar que Sartre llamaba "rareza" (*rareté*) a la escasez de algunos bienes. Sin embargo consideraba que esta "rareza" era todo lo contrario a un fenómeno "raro". La rareza sería una condición habitual de las sociedades humanas; la escasez, pues, sería recurrente, abundante, por así decirlo.

[49] J. P. Sartre, *Crítica de la razón dialéctica*, Libro I, Buenos Aires, Losada, 1995, p. 255. Aunque nunca la sometió a un examen teórico, cabe señalar que en *La revolución traicionada* Trotsky consideró que la escasez era una de las claves del surgimiento del estalinismo.

la escasez, aunque las razones y las implicancias de esta disparidad no son de por sí evidentes. Para Sartre escasez es sencillamente la existencia insuficiente de algunos bienes:

> En verdad —*escribe Sartre*—, la rareza como tensión y como campo de fuerzas es la expresión de un hecho cuantitativo (más o menos rigurosamente definido): tal sustancia natural o tal producto manufacturado existe en cantidad insuficiente, en un campo social determinado, *dado* el número de miembros de los grupos o de los habitantes de la región, porque *no hay bastante para todos*.[50]

Hay que señalar, para evitar un equívoco habitual, que no es esta una definición necesariamente a-histórica: los bienes escasos pueden variar profundamente de una sociedad a otra. Ello no obstante, es un hecho que Sartre consideraba que todas las sociedades humanas habían vivido en un contexto de escasez (aunque el contenido y la magnitud de la misma fuese cambiante). La noción de escasez de Cohen también intenta escapar a una definición a-histórica. Reconoce que la escasez adopta diferentes formas y magnitudes en las distintas sociedades, y que no se puede establecer una tabla de escasez válida para todos los tiempos y lugares: los bienes escasos, como las necesidades, varían mucho de una sociedad a otra. Pese a ello, y al igual que Sartre, considera a la escasez como una situación cuasi-natural, que ha acompañado la existencia del hombre en todas las sociedades conocidas. ¿Cómo define Cohen la escasez?

> He aquí —*ha escrito*— lo que entendemos por escasez: dadas las necesidades de los hombres y el carácter de la naturaleza externa, los hombres no pueden satisfacer sus necesidades a menos que empleen la mayor parte de su tiempo y sus energías en hacer algo que de otra forma no harían, dedicados a un trabajo que no es experimentado como un fin en sí. La necesidad humana, sea

---

[50] Ídem., p. 261.

cual fuere su contenido, históricamente diferente, rara vez es saciada por la naturaleza sola.[51]

A primera vista es una definición considerablemente distinta de la de Sartre. Mientras que para éste la escasez equivale a la incapacidad para satisfacer necesidades; Cohen, por el contrario, parece pensar en situaciones en las que están satisfechas todas las necesidades, aunque al costo de que la mayor parte de los hombres realicen durante la mayor parte del tiempo actividades que no son consideradas un fin en sí mismo. Se puede considerar, sin embargo, que su definición subsume a la noción sartreana de escasez: permite hablar de escasez tanto cuando las necesidades no alcanzan a ser plenamente satisfechas (caso en el que de todos modos es dable pensar que la mayor parte de las personas se verán obligadas a realizar tareas que no son "un fin en sí"), como cuando todas las necesidades son satisfechas al precio de que los hombres se vean obligados a ocupar la mayor parte de su tiempo en actividades ingratas.

Pero la definición de Cohen presenta algunos inconvenientes. La condición de que se empleen los mayores esfuerzos "en hacer algo que de otra manera no se haría" y que "no es experimentado como un fin en sí" es problemática. No resulta sencillo establecer qué es un fin y qué un medio. Comer es, indiscutiblemente, el medio por el que se satisface la necesidad (el fin) de alimentarse. Pero a su vez el acto de alimentarse puede ser considerado el medio que permite al individuo sobrevivir. Y aún, en ocasiones, el comer puede ser considerado un placer, y en consecuencia un fin en sí mismo. Para lo que aquí interesa lo decisivo es que el resbaladizo terreno de los "fines en sí mismos" presenta una serie de condiciones que ponen en cuestión la validez de concebir a la escasez como un dato objetivo y, además, transhistórico.

____

[51] G. Cohen, *La teoría…*, pp. 168-169 (152).

Es difícil, si no imposible, establecer si una persona se dedica a una tarea por obligación o por opción, o en qué medida considera una opción lo que más bien es una obligación. Si pudiera elegir sin ningún condicionamiento, es probable que algún campesino elija estudiar matemática o practicar la pesca con mosca antes que dedicarse de por vida a las labores agrícolas. Pero la situación en que se encuentran los hombres no es nunca la de una irrestricta libertad de elección. La imaginaria opción del campesino no es —en muchas ocasiones— una elección ni siquiera imaginable; y aún cuando lo fuera, la propia cultura campesina podría influir en la consideración del estudio como una tarea no conveniente o del "casteo" como una forma impráctica de sacar peces del agua. De todos modos, y por importante que esto pueda ser, no es lo fundamental. Lo verdaderamente importante es determinar quién establece qué es y qué no es un "fin en sí mismo".

La única respuesta apropiada a este interrogante es que son los individuos involucrados —y sólo ellos— los únicos capaces de evaluar si un trabajo es o no "un fin en sí". La consecuencia que se deriva de esto es sencilla pero muy importante: sólo es posible hablar de escasez cuando los individuos la reconocen, esto es, cuando consideran *subjetivamente* que cierta situación es una situación de escasez (porque deben gastar la mayor parte del tiempo en actividades que no son fines en sí mismos). Esta condición, desde luego, coloca a la noción de escasez más allá de toda definición *objetivista* que no tenga en cuenta las creencias de los sujetos involucrados (a diferencia, por ejemplo, de la concepción marxista de la explotación, la cual existe objetivamente lo sepan o no lo sepan, lo crean o no lo crean, los propios explotados).

Ahora bien, ya sea que adoptemos la definición de Cohen o la de Sartre, resulta indiscutible que la escasez (como la abundancia) depende directamente de las *necesidades*. Y las necesidades no son un dato transhistórico uniforme, como muy bien reconocen ambos autores. Las necesidades socialmente reconocidas varían considerablemente de un modo de vida a otro. Por lo tanto, la escasez no puede ser establecida mediante un mero cálculo de la cantidad de bienes que una sociedad determinada es capaz de producir: escasez o abundancia son nociones relativas, que dependen de cuáles sean las *necesidades socialmente reconocidas*. La escasez, pues, no guarda relación con la mera existencia cuantitativa de bienes, productos o servicios: tiene que ver con la demanda de los mismos.

Pero aquí resulta imperioso introducir una aclaración. La *demanda social* de bienes, productos o servicios no es idéntica a su *demanda mercantil*. Las personas han demandado bienes desde mucho antes que se forjaran las más elementales relaciones mercantiles: con o sin mercado, por su intermedio o sin él, los seres humanos tienen necesidades y procuran satisfacerlas. Por lo tanto, una cosa es la "demanda mercantil", determinada por la cantidad de personas, empresas o instituciones que poseen los medios de pago necesarios para adquirir un bien y que están dispuestas a hacerlo; y otra muy distinta es la demanda (sin adjetivos), determinada por la cantidad de individuos o instituciones que requieren de ciertos bienes, independientemente de si se los apropian por medios mercantiles o no, o si están dispuestos a pagar por ellos (o en condiciones de hacerlo). Las *necesidades socialmente reconocidas* no tienen por qué satisfacerse por intermedio del mercado; y no es extraño que queden lisa y llanamente insatisfechas.

El concepto de *necesidades socialmente reconocidas* es una noción que cabalga entre dos extremos: las necesidades *singulares* o individuales que no gozan de reconocimiento social, y las necesidades *objetivas* inherentes al funcionamiento de un sistema (las cuales pueden no ser reconocidas y, en ocasiones, ni tan siquiera conocidas). Por necesidades singulares o individuales entiendo a todo aquello que puede resultar de gran importancia para un individuo o algunos individuos, pero sin gozar del reconocimiento de la sociedad en su conjunto o de grupos significativos dentro de ella (como clases, etnias, movimientos sociales, etc.). Las necesidades individuales, a diferencia de las socialmente reconocidas, no generan ningún movimiento social (sea de carácter económico, cultural, político o una combinación de ellos) a nivel macrosocial. Es posible que para alguna persona sea una necesidad incluso obsesiva el disponer de un cuadro original de Picasso; pero no parece probable que se desarrolle un movimiento en demanda de "un Picasso original para todos" (demanda que, dicho sea de paso, sería imposible de satisfacer).[52] Por necesidades objetivas, por el contrario, entiendo a todos aquellos bienes cuya ausencia o escasez provocan importantes consecuencias sociales, independientemente de si son reconocidos como socialmente necesarios o si existe una demanda consciente de los mismos.

Hay quienes pueden pensar que hablar de "necesidades objetivas" constituye una recaída en una concepción naturalista de lo social, que desconoce el carácter histórico y cambiante del desarrollo humano tanto como la construcción social de las necesidades. Para quienes piensen de este modo, desde luego, la noción de escasez, entendida de esta manera objetivista, debe resultar enteramente pueril: la escasez de bienes que los individuos no demandan carece de importancia histórica. Pero ¿es realmente así? Decididamente no. Es obvio que la importancia social de muchos bienes o productos depende de la importancia socialmente otorgada a los mismos y, por ende, de su demanda. Para que haya escasez de automóviles o de condimentos debe haber una demanda; y para que exista tal de-

---

[52] Es indudable, con todo, que ciertas necesidades excéntricas e individuales en un contexto determinado pueden convertirse en necesidades socialmente reconocidas, e inclusive en necesidades básicas en otro contexto histórico. La provisión domiciliaria de agua potable o el sistema de cloacas son ejemplos claros.

manda dichos bienes deben gozar de cierto reconocimiento social. Esto es cierto. Pero también existen infinidad de bienes cuya escasez produce efectos sociales con independencia de la demanda o del reconocimiento (e inclusive el conocimiento) de su importancia. Veamos algunos ejemplos:

a) Pasado cierto límite, la agricultura requiere de algún tipo de fertilización. Si los hombres desconocen esta necesidad, o si conociéndola no son capaces de satisfacerla, la productividad agrícola decaerá, provocando hambre, migraciones, etc.

b) Los seres humanos requieren de una alimentación variada y equilibrada. Si no la obtienen (sea porque ignoran esta necesidad o porque no pueden satisfacerla) se hallarán más predispuestos a contraer enfermedades, su rendimiento físico e intelectual será inferior y su expectativa de vida se reducirá.

c) Todo sistema de dominación necesita una cuota de consenso de parte de los dominados. Si el consenso es escaso dicho sistema será vulnerable ante los embates externos y el descontento interno.

Existen tanto necesidades reconocidas como tales, cuanto necesidades no (re)conocidas; y la escasez puede ser de unas y de otras. Sin embargo, para que la escasez actúe como motivadora del desarrollo de las fuerzas productivas es indudable que debe ser reconocida como tal. En el modelo de Cohen el desarrollo de las fuerzas de producción no es la resultante inintencional del fenómeno de la escasez: es la consecuencia de la convergencia de una situación de escasez con la racionalidad característica de los seres humanos. La escasez proporciona la necesidad y/o la motivación de acrecentar la productividad; la racionalidad constituye el medio para lograrlo. Pero para que la *ratio* cumpla con este papel es imprescindible que los seres humanos reconozcan cierta situación como una situación de escasez; de lo contrario el modelo se derrumba. ¿Quién actuaría racionalmente para solucionar un "problema" que no percibe como tal? Por lo tanto, las necesidades cuya incompleta satisfacción determina una situación de escasez en el modelo de Cohen no pueden ser ni las necesidades *individuales* ni las necesidades *objetivas*: sólo pueden cumplir este papel las *necesidades socialmente reconocidas*.

Ahora bien, ¿ha sido efectivamente la situación histórica de los seres humanos una situación de escasez? ¿Hemos sido regularmente incapaces de satisfacer las necesidades socialmente reconocidas (o sólo hemos podido satisfacerlas al precio de dedicar la mayor parte de los esfuerzos colectivos en actividades ingratas)? Veamos.

5. La escasez en la historia

Cuando se plantea históricamente el problema de la escasez es imposible no remitirse a las sociedades "primitivas" de cazadores-recolectores. Muchos piensan que en virtud de su simpleza tecnológica estas sociedades serían las más afligidas por la escasez. Se las suele representar como sociedades que viven permanentemente en los límites de las posibilidades de su sistema, siempre al borde de la muerte por inanición. Durante mucho tiempo se creyó que los cazadores-recolectores viven (o vivían) en la penuria, atosigados por el fantasma y la realidad del hambre permanente u ocasional. Se pensaba que las poblaciones cazadoras-recolectoras son las peor alimentadas de todas las sociedades humanas. Las que más tiempo dedican a satisfacer sus necesidades básicas. Las que más horas-hombre invierten en trabajo. Las más expuestas a los vaivenes climáticos.

Esta imagen es por completo irreal. Los pueblos de cazadores-recolectores son capaces de producir u obtener todo lo que necesitan para satisfacer las "necesidades socialmente reconocidas" con una inversión en tiempo de trabajo asombrosamente baja, y poseen una dieta más abundante y equilibrada que la de los pueblos agrícolas primitivos con los que se los ha comparado. Según Maurice Godelier, quien sigue a Richard Lee,

> les bastaban cuatro horas de trabajo diario a los miembros adultos de las bandas de bosquimanos cazadores-recolectores del desierto de Kalahari para recoger o producir todos los recursos necesarios para satisfacer *las necesidades socialmente reconocidas* del conjunto de miembros de las bandas (incluido un gran número de ancianos y de niños pequeños que no participaban en el proceso de producción). Ante estos hechos, muy pronto habría de venirse abajo la visión de que los primitivos cazadores vivían al borde de la penuria y no disponían de tiempo libre para progresar hacia la civilización.[53]

No es mi intención idealizar a las sociedades de cazadores-recolectores, tentación en la que han caído algunos antropólogos como M. Sahlins.[54] Pero la imagen de unas sociedades "primitivas" sojuzgadas por el hambre debe ser abandonada. De hecho, la capacidad de muchas de ellas para satisfacer las necesidades socialmente reconocidas tal vez sea una de las causas de la exigua propensión al desarrollo tecnológico y al cambio social que las caracteriza. Por otra parte —y esto es fundamental— para un cazador primitivo la caza *no* es el medio odioso al que se ve obligado a dedicarse para no fallecer de hambre: es en realidad un fin mismo de su existencia

---

[53] M. Godelier, *Lo ideal y lo material*, Madrid, Taurus Humanidades, 1989, p. 60. Los trabajos de Lee son "La subsistencia de los bosquimanos ¡kung!. Un análisis de input-ouput", en J. R. Llobera, *Antropología económica: textos etnográficos*, Barcelona, Anagrama, pp. 35-64; "Population Growth and the Beginnings of Sedentary Life among the !Kung Bushmen", en B. Spooner (de.), *Population Growth*, Chicago, M. I. T. Press, 1972, pp. 329-342.

[54] M. Sahlins, *Economía de la Edad de Piedra*, Madrid, Akal, 1983 (1972). Para una crítica a las tesis de Sahlins véase E. Burch y L. Ellana (comps.), *Key issues in hunter-gatherer research*, Oxford, Berg, 1994.

y uno de sus máximos placeres. La escasez no es el estado *normal*, sino la condición *excepcional* entre los pueblos cazadores.[55] Y aquí hay que recordar que durante la mayor parte del tiempo que los seres humanos llevan viviendo ha sido la caza y la recolección —y no la agricultura o la industria— la actividad con la que garantizaron su subsistencia. Las sociedades agrícolas ocupan apenas la cuarta parte de la historia de los *homo sapiens sapiens*, y un fragmento insignificante de la historia de la humanidad si incluimos a nuestros ancestros homínidos.[56]

---

[55] En algún pasaje Marx parece reconocer este hecho: "Originariamente los dones espontáneos de la naturaleza son abundantes, o por lo menos sólo es menester apropiárselos. Desde un principio, asociación que surge naturalmente (familia) y su correspondiente división del trabajo y cooperación. Ya que, también en el origen, las necesidades son escasas. No se desarrollan sino con las fuerzas productivas". K. Marx, *Elementos fundamentales para la crítica de la Economía Política (Grundrisse) 1867-1858*, México, Siglo XXI, vol II, 1989, p. 121, nota.

[56] Existe una abundante literatura respecto de la vida de los cazadores-recolectores. Aquí alcanza con citar dos trabajos clásicos que atestiguan suficientemente bien la ausencia de escasez entre estos pueblos: M. Godelier, *Lo ideal y lo material*, Madrid, Taurus, 1989, y Mark N. Cohen, *La crisis alimentaria de la prehistoria*, Madrid, Alianza, 1987. Luego de 1990, sin embargo, muchos antropólogos han mostrado reticencia por las versiones más entusiastas respecto de la "opulencia" de estas sociedades, cuando menos para los casos contemporáneos. Ver entre otros los trabajos incluidos en la compilación de Burch y Ellana antes citada, y C. Reynoso, *Corrientes teóricas en antropología. Perspectivas desde el siglo XXI*, Buenos Aires, SB, 2008, pp. 135-136. Pero hay que tener en cuenta que los cazadores-recolectores contemporáneos mantienen un elevado grado de contacto con sociedades más "desarrolladas" y se han visto desplazados a la ocupación de áreas crecientemente marginales; pese a lo cual sus condiciones de vida no suelen ser peores que las de sus vecinos agricultores. Las condiciones de los cazadores-recolectores del paleolítico, desde luego, debieron ser infinitamente más favorables, por lo que la tesis de la ausencia de escasez es mucho más plausible en su caso. Pero un veredicto definitivo es dificultoso, por razones claramente expuestas por E. Gellner, *El arado, la espada y el libro*, Barcelona, Península, 1994 (1988), Cap. 1.

Cuando se compara a las modernas sociedades industriales con cualquiera de las civilizaciones agrícolas que las precedieron no cabe ninguna duda acerca de la abismal superioridad productiva de las primeras. Las sociedades industriales producen más alimentos con menos trabajo; y fabrican infinidad de nuevos bienes. Son capaces de ofrecer más y mejores productos que las civilizaciones agrícolas de la antigüedad. Han acrecentado la esperanza de vida y disminuido la mortalidad infantil. Son capaces de ofrecer una alimentación mucho más completa y variada. La producción de alimentos, que antiguamente constituía la mayor parte de la producción total de cualquier sociedad, tiende a descender en relación a la producción de otros bienes. En las sociedades industrialmente más desarrolladas un tres o un cinco por ciento de la mano de obra dedicada a las labores agrícolas es capaz de alimentar a toda la población, e inclusive de producir excedentes exportables. Estas cifras parecerían increíbles a cualquier habitante de una sociedad agrícola, en la que las labores directamente relacionadas con la agricultura ocupaban cerca del noventa por ciento de la mano de obra. Cualquier obrero moderno dispone de una cantidad de objetos que provocarían la envidia de reyes y emperadores antiguos: la radio, el automóvil, la televisión o la computadora personal se cuentan entre ellos.

Es verdad que las desigualdades inherentes a las sociedades capitalistas hacen que importantes sectores de la población carezcan de una alimentación adecuada; para no hablar de otras necesidades menos imperiosas pero igualmente básicas, como la vivienda, el vestido o la salud. Pero esto no menoscaba el hecho de que la capacidad tecnológica de las sociedades industriales permitiría —con otro sistema de distribución, con otra organización de la economía, con otras relaciones de producción— alimentar, vestir, otorgar viviendas dignas y proveer de salud adecuada a toda la población. Lo más irritante de la miseria en el capitalismo es que se trata de una miseria que es posible eliminar.

Ahora bien, la enorme superioridad productiva de las sociedades industriales era ya palmaria en los inicios mismos de la industrialización. El grado más elemental de desarrollo industrial es indiscutiblemente más alto que el de las más sofisticadas técnicas preindustriales. Se podrían nombrar algunas excepciones, pero esta afirmación es válida en términos generales. Los primeros barcos a vapor quizás fueran menos eficientes que los mejores veleros contemporáneos. Eran lentos y debían destinar un espacio considerable al transporte del carbón, que no podía ser ocupado por mercancías. También es posible que la calidad de algunos textiles industriales haya sido algo inferior a la de las telas fabricadas con métodos artesanales. Pero en todo caso la mecanización de la agricultura multiplicó varias veces los rindes cerealeros, el ferrocarril se convirtió en un medio de transporte infinitamente más rápido y poderoso que las carretas y diligencias, y los productos textiles eran fabricados a un costo tan bajo que ninguna producción artesanal podía competir con ellos. En su etapa más temprana y rudimentaria la industrialización se mostró capaz de aumentar vertiginosamente el volumen de la producción, producir nuevos bienes y reducir el tiempo de trabajo necesario para la producción de las mercancías. La superioridad productiva de la producción industrial era cristalinamente visible ya en su etapa inicial.

¿Sucede lo mismo si comparamos a las sociedades de cazadores-recolectores con las primeras sociedades agrícolas? ¿Es evidente la superioridad productiva de los pueblos que desarrollaron la agricultura inicial con respecto a las economías de caza y recolección?

Las más modernas investigaciones antropológicas indican que los cazadores-recolectores (o al menos buena parte de ellos) trabajan en promedio menos horas al año que los agricultores primitivos; poseen una dieta más variada y equilibrada; y son menos propensos a verse afectados por los desastres naturales o climáticos. El trabajo agrícola parece ser más fatigoso que la caza o la recolección; y no es ni siquiera evidente que haya que renunciar a la economía cazadora-recolectora para desarrollar el sedentarismo y obtener los beneficios de este modo de vida. Existen pruebas, además, de que muchos grupos cazadores-recolectores no perciben las ventajas que nosotros acostumbramos atribuir al sedentarismo: muchos pueblos renunciaron a esta forma de vida aun cuando disponían de la capacidad tecnológica para establecerse. Mark Nathan Cohen destaca que en muchos pueblos que practican una economía mixta la caza y la recolección entrañan actividades generalmente preferidas a las actividades agrícolas. La caza es habitualmente considerada una actividad menos ardua y más prestigiosa. G. P. Murdock se ha referido a este fenómeno denominándolo "mentalidad cazadora".[57]

La única ventaja evidente que posee la economía agrícola primitiva es la posibilidad de alimentar a una población considerablemente más numerosa, aunque a costa de una disminución en la calidad de la dieta.[58] Un buen número de trabajos especializados han concluido que la dieta de los cazadores-recolectores era y es más equilibrada que la de los agricultores o pastores especializados. Resumiendo esta literatura Michael Mann ha escrito:

> Los cazadores-recolectores satisfacen sus necesidades económicas y caloríficas mediante el trabajo intermitente, por término medio de tres a cinco horas por día. Frente a nuestra imagen del «hombre como cazador», su dieta puede derivarse en sólo un 35 por 100 de la caza, mientras que el 65 por 100 procede de la recolección, si bien es probable que el primer porcentaje fuera más alto en los climas más fríos. Sigue tratándose de un tema polémico, especialmente desde que en el decenio de 1970 las feministas se lanzaron encantadas sobre esas conclusiones para formular

---

[57] G. P. Murdock, "The current status of the world's hunting and gathering people", en Lee y De Vote (eds.)., *Man and Hunter*, Chicago, Aldine, 1968.
[58] M. N. Cohen, *La crisis alimentaria de la prehistoria*, pp. 40-52.

una etiqueta prehistórica alternativa, la de la mujer recolectora. Yo me satisfago con el término de «cazador-recolector». Pero es posible que la combinación de caza y recolección produzca una dieta más equilibrada y nutritiva que la de los agricultores o pastores especializados. Así, es posible que la transición a la agricultura y el pastoreo no haya producido una mayor prosperidad. Y algunos arqueólogos… apoyan en general la visión de la abundancia que sugieren los antropólogos.[59]

Hacia 1977 M. N. Cohen admitía que "se están acumulando muchos datos que sugieren de manera bastante uniforme que la dieta de las poblaciones cazadoras y recolectoras (fuera del ártico) puede ser perfectamente suficiente desde el punto de vista calórico, y al mismo tiempo más rica en variedad de alimentos, vitaminas, minerales y sobre todo proteínas, que la de las poblaciones agrícolas".[60] Cabe destacar que los pueblos agrícolas con los que han sido comparados son aquellos que disponen de las técnicas agrícolas más primitivas; es decir, técnicas semejantes a las que disponían los hombres del pleistoceno que abandonaron la caza-recolección y adoptaron la agricultura. Las civilizaciones agrícolas más desarrolladas poseían, es obvio, métodos de producción muy superiores. Pero no es en modo alguno evidente que los colonos romanos del siglo III o los campesinos chinos del siglo V estuvieran mejor alimentados que los primitivos agricultores del pleistoceno (o los modernos agricultores de "roza y quema"). La superioridad productiva de esas civilizaciones se veía contrarrestada, desde el punto de vista de los campesinos, por los impuestos y rentas que debían pagar al Estado y los terratenientes: una parte considerable de la producción no podía ser consumida por los productores

---

[59] M. Mann, *Las fuentes del poder social*, Madrid, Alianza, 1995, vol. I, pp. 70-71.

[60] M. N. Cohen, *La crisis alimentaria de la prehistoria*, p. 40.

directos. Los agricultores primitivos disponen de técnicas menos eficaces, pero en cambio no deben entregar parte alguna de la producción a ningún estamento superior. Las deficiencias alimenticias de estas poblaciones no se deben, pues, a una desigual apropiación de los productos sino a la incapacidad técnica para brindar una dieta de mayor calidad que la proporcionada por la caza y la recolección. Por consiguiente, yo estaría de acuerdo con M. N. Cohen cuando sostiene que la principal fuerza motriz para el desarrollo inicial de la agricultura fue la presión demográfica. En la transición a la producción agrícola cumplió un importante papel el fenómeno de la escasez; pero sólo fueron víctimas de éste aquellos pueblos que se vieron inmersos en un proceso de crecimiento demográfico no controlado. M. N. Cohen sugiere que en determinado momento esta fue una situación generalizada. Puede ser, pero no hay que olvidar que aquellas poblaciones que hallaron consciente o accidentalmente la manera de controlar la natalidad han continuado viviendo como cazadores-recolectores por milenios.

No hay base alguna, pues, para pensar que los seres humanos han vivido siempre bajo el acicate de la escasez. La realidad de las sociedades de cazadores-recolectores desmiente que la escasez haya sido una situación permanente para el hombre. El caso del capitalismo, por su parte, desmiente que sea la escasez el acicate de las innovaciones productivas: no es el hambre lo que mueve a los empresarios, ni se puede decir que los científicos que desarrollan las nuevas tecnologías y los nuevos productos consideran mayoritariamente que su actividad no es un fin en sí mismo. Tampoco es verdad que las situaciones de escasez deban favorecer necesariamente la innovación productiva: los problemas planteados por la escasez pueden favorecer a la guerra, la conquista, las migraciones o la decadencia, tanto como al desarrollo de las fuerzas productivas.

Quizás no sea en vano señalar algunas paradojas. Las tensiones sociales desatadas por la escasez de recursos parecen haber sido más notorias en las sociedades agrícolas que en las sociedades de cazadores-recolectores.[61] Y el ansia desenfrenada por consumir —bajo el supuesto de que lo que se tiene es siempre poco— resulta propia de las sociedades capitalistas industrializadas, las más inmensamente ricas en cantidad de recursos. Las sociedades de cazadores-recolectores —aquellas que menos bienes y recursos poseían y explotaban— han sido las más estables y las menos propensas al cambio y la innovación tecnológica. A la inversa, la sociedad capitalista, las más "rica" que hasta ahora se conozca, es la única que revoluciona a las fuerzas de producción de forma sistemática y permanente (y de hecho lo hace a un ritmo desenfrenado que puede conducir al planeta a una catástrofe ecológica). Más aún, el impresionante desarrollo tecnológico que caracteriza al capitalismo no se ve orientado por las presiones originadas por la escasez; más bien es al contrario: el desarrollo de la producción avanza creando nuevas necesidades sociales, total o parcialmente inexistentes antes de la invención de los nuevos productos y su familiarización para el público mediante la publicidad (de hecho el capitalismo es el único sistema económico en el que la oferta precede, y en buena medida crea, la demanda). Una de las aberraciones más grandes del capitalismo es que posee la capacidad de inundar el mercado de todo tipo de bienes superfluos, al mismo tiempo que se muestra incapaz de alimentar debidamente a toda la población. Según el criterio más burdamente objetivista (aquél que se limita a constatar la magnitud de la riqueza social) la sociedad que menos tiene es la

---

[61] "no hay datos que sugieran que esos períodos de tensión sean más frecuentes entre los cazadores-recolectores que entre los agricultores, y existen argumentos, tanto lógicos como empíricos, que sugieren, por el contrario, que la tensión periódica es una función más frecuente en la agricultura". M. N. Cohen, *La crisis...*, p. 41.

menos propensa al cambio; y la que más posee, la que más desarrolla a las fuerzas de producción. Si, por el contrario, tomamos en consideración la concepción de Cohen, tenemos que el caso de los cazadores-recolectores desmiente que la escasez haya sido una constante en la historia; y el capitalismo nos enfrenta ante la realidad de que el desarrollo de las fuerzas productivas no se halla orientado por la escasez: aunque la mayor parte de los hombres se vean obligados a ocupar la mayor parte de su tiempo y energías en actividades que no consideran un fin, no es ésta la situación de los empresarios y ejecutivos que dirigen la acumulación, ni la de los científicos que desarrollan las nuevas tecnologías.

¿Qué conclusiones se deben extraer del estudio emprendido de las dos condiciones que Cohen considera que se conjugan para explicar la tendencia al desarrollo de las fuerzas de producción? Entiendo que esencialmente dos. La primera es que la racionalidad, aunque uniformada por un puñado de principios universales, se manifiesta bajo diferentes modalidades histórico-sociales que establecen distintos objetivos y posibilidades. A la concepción de la racionalidad de Cohen se le pueden hacer las mismas objeciones que le caben al individualismo metodológico clásico y neoclásico. Para decirlo con las palabras de Adam Przeworsky, "las preferencias no son universales ni estables, sino que dependen de las condiciones y por tanto cambian a lo largo de la historia; el egoísmo es una mala descripción de las preferencias, al menos para algunas personas; y en ciertas condiciones no es posible una acción racional aun si los individuos son «racionales»".[62] La segunda conclusión es que la escasez, aunque importante en la historia, no ha sido exactamente universal.

---

[62] A. Przeworsky, "Marxismo y elección racional", *Zona Abierta*, N° 45, octubre / noviembre de 1987, pp. 104-105. Es posible que Cohen acepte total o parcialmente estas críticas al individualismo metodológico; pero no veo cómo se podría conciliar esta aceptación con la premisa de que la racionalidad universal (más la situación de escasez) explica el desarrollo de las fuerzas productivas.

La escasez se halla socialmente condicionada, y sus *manifestaciones* y su *influencia* varían profundamente. No existe base alguna para sostener que constituya una condición omnipresente en la historia. Como muestra la realidad de los pueblos cazadores-recolectores, la escasez no ha sido en modo alguno "la situación histórica de los hombres"[63]; y en aquellos casos en los que hace su aparición no hay nada que garantice que sea el desarrollo productivo lo único que permita afrontarla. La conjunción de estas dos conclusiones entiendo que explica suficientemente por qué no existe una tendencia universal al desarrollo de las fuerzas productivas. Pero puesto que después de todo los seres humanos somos racionales, y puesto que la escasez ha sido un fenómeno bastante extendido, quizá ello ayude a explicar por qué, mirada en su conjunto, la historia humana muestra una acumulación de fuerzas productivas; acumulación que no es el resultado de una tendencia universal, pero que tampoco puede ser explicada como la resultante de puros accidentes: después de todo el crecimiento de las fuerzas productivas se constata

---

Cuanto más históricamente se concibe a la racionalidad, menos sirve para explicar una tendencia universal.

[63] Obviamente, aquí por "situación histórica" se entiende a cualquier sociedad humana, sin tomar en cuenta la obsoleta distinción entre historia y prehistoria. Se podría argumentar, sin embargo, que la teoría de Cohen se aplica a la historia, mas no a la prehistoria. Pero no hay ningún indicio de que Cohen esté pensando en distinguir la historia de la prehistoria; y por supuesto no es ésta una distinción característica de Marx. El único lugar en el que Marx distinguió la historia de la prehistoria es el Prefacio a la *Contribución a la Crítica de la Economía Política*, donde señaló que con el fin del capitalismo acabaría la prehistoria de la humanidad. En *El origen de la familia, la propiedad privada y el estado*, F. Engels escribe entre comillas la palabra "prehistoria", y no da ninguna importancia a la distinción historia / pre-historia. En esta obra, siguiendo a Morgan, utiliza la distinción tripartita salvajismo / barbarie / civilización —ya en desuso incluso entre los marxistas. Al respecto ver M. Godelier, *Teoría marxista de las sociedades pre-capitalistas*, Barcelona, Laia, 1977.

(aunque sea a largo plazo) en muchísimas sociedades humanas, entre ellas las que han mostrado mayor capacidad expansiva. La explicación de la evolución productiva de la humanidad se debe situar en algún punto intermedio entre la tendencia universal y la mera contingencia.

6. La tesis del desarrollo ante la evidencia empírica

Hasta aquí se ha visto que la argumentación de Gerald Cohen en favor de la tesis del desarrollo es endeble. Pero antes de descartar dicha teoría es preciso someterla a contrastación con la evidencia empírica hoy en día disponible en los términos más generales. Para comenzar esta tarea me agrada citar a quien quizás sea el historiador marxista más importante e influyente: Eric Hobsbawm. Lo elijo no sólo por su prestigio historiográfico y su amplio dominio del material histórico, sino también porque en otros tiempos fue un explícito defensor de las tesis contenidas en el Prefacio de 1859.[64]

> El problema —*escribe Hobsbawm*— no es tanto por qué tiene que existir tal tendencia [al desarrollo de las fuerzas productivas], ya que es indiscutible que, a lo largo de la historia del mundo en conjunto, ha existido hasta el momento presente. El verdadero problema es que esta tendencia es patentemente no universal. Podemos encontrar una explicación convincente para muchos casos de sociedades que no muestran la citada tendencia, o en los cuales ésta parece detenerse en cierto punto, pero no es suficiente. Podemos afirmar que existe una tendencia general a progresar de la recolección a la producción de alimentos (donde ésta no sea imposible o innecesaria por razones ecológicas), pero no podemos afirmar que exista en el caso de los modernos avan-

---

[64] Llegó a considerarlo la muestra del materialismo histórico "en su aspecto más fértil". Ver E. Hobsbawm y K. Marx, *Formaciones económicas precapitalistas*, México, Siglo XXI, 1989, p. 10.

ces de la tecnología y la industrialización, que han conquistado el mundo desde una y sólo una base regional.[65]

Anthony Giddens –uno de los teóricos sociales más reconocidos en la actualidad– comparte esta visión en sus rasgos generales. Afirma que el desarrollo incesante de las fuerzas productivas propio del capitalismo carece de correlato en el pasado: la innovación tecnológica y el aumento de la productividad fue mucho más débil en las civilizaciones agrícolas, y casi inexistente en las sociedades paleolíticas. En su opinión, la historia de la humanidad puede representarse con bastante precisión de la manera siguiente:

Nadie puede decir con seguridad cuando apareció por primera vez el *homo sapiens*, pero es indudable que los seres humanos han vivido el grueso de su existencia en pequeñas sociedades de cazadores y recolectores. Durante la mayor parte de este período, existió una escasa propensión discernible con respecto a un cambio social o tecnológico: un «estado estable» sería una descripción más precisa. Por razones que siguen siendo en alto grado controvertibles, en cierto momento nacieron «civilizaciones» divididas en clases, primero en Mesopotamia, después en otros lugares. Pero el período de historia relativamente breve que corre desde entonces no se caracteriza por el ascenso continuo de una civilización; se acerca más a la imagen de Toynbee del ascenso y caída de civilizaciones y de sus relaciones conflictivas con jefaturas tribales. Este modelo culmina con el ascenso de una preeminencia global de occidente, fenómeno este que imprime a la «historia» un sello muy diferente de todo lo ocurrido antes, seccionado en un delgado período de dos o tres siglos. Más que ver en el mundo moderno una mayor acentuación de condiciones que existieron en sociedades divididas en clases, es mucho más esclarecedor verlo como la introducción de una cesura con el

____

[65] E. Hobsbawm, "Marx y la historia", en su *Sobre la historia*, Barcelona, Crítica, 1998, p. 169.

mundo tradicional, al que parece corroer y destruir de manera irrecuperable. El mundo moderno ha nacido más por una discontinuidad que por una continuidad con lo que ocurrió antes.[66]

En una dirección semejante, Michael Mann apunta:

mientras que la revolución Neolítica y la aparición de sociedades de rangos ocurrieron independientemente en muchos lugares (en todos los continentes, por lo general en varios lugares aparentemente no relacionados entre sí), la transición hacia la civilización, la estratificación y el Estado fue relativamente rara. El prehistoriador europeo Piggott ha declarado: «todo mi estudio del pasado me convence de que la aparición de lo que denominamos civilización es un acontecimiento de lo más anormal e impredecible, cuyas manifestaciones en el Viejo Mundo quizás se deban a fin de cuentas a una sola serie de circunstancias en una zona limitada de Asia occidental, hace cinco mil años».[67] ... sostendré que Piggott no hace sino exagerar levemente lo ocurrido: es posible que en Eurasia hubiera hasta cuatro conjuntos peculiares de circunstancias que generasen la civilización. En otras partes del mundo deberíamos añadir por lo menos dos más. Aunque no podemos ser precisos en cuanto al número total absoluto, probablemente sea inferior a diez.[68]

Si la imagen proporcionada por estos destacados autores es correcta, el panorama que se nos presenta sería el siguiente. Durante la mayor parte de la estadía del hombre sobre la tierra los seres humanos vivieron de la caza y la recolección, sin dar muestras de ninguna tendencia significativa a desarrollar las fuerzas de producción. Esto no significa que la situación fuera literal y

---

[66] A. Giddens, *La constitución de la sociedad,* Buenos Aires, Amorrortu, 1998, p. 266.

[67] S. Piggott, *Ancient Europe: from the beginning of Agriculture to Classicaluniquity*, Edimburgo University Press, p. 20.

[68] M. Mann, *Las fuentes del poder social*, vol. I, Madrid, Alianza, 1987, p. 65.

absolutamente de estancamiento; pero sí que el crecimiento era sumamente lento, existían pocos incentivos para la innovación tecnológica, por períodos muy prolongados no se observaban cambios significativos, y los obstáculos (geográficos, culturales, etc.) para la universalización de las innovaciones eran muchos. Hace aproximadamente diez mil años, sin embargo, algunos colectivos humanos consiguieron domesticar plantas y animales, en el proceso que se conoce como "revolución neolítica". Las causas de este desarrollo y la generalidad del mismo todavía son motivo de grandes discusiones. Parece fuera de dudas, pese a ello, que la transición del paleolítico al neolítico fue bastante generalizada; a pesar de lo cual muchos grupos humanos continuaron viviendo de la caza y la recolección. El tránsito al neolítico, pues, fue un proceso generalizado, pero no universal. A partir de aquí las sociedades agrícolas y pastoriles surgidas de esta "revolución" habrían avanzado por la vía de la diferenciación social interna: casi todas conocieron algún tipo de estratificación o sistemas de rango. Pero la evolución general no fue más allá: las clases sociales y el Estado sólo habrían surgido en contados casos y por motivos muy específicos.[69] Finalmente, el capitalismo y la industrialización habrían partido de una única base regional: el sistema feudal de Europa y, más específicamente, Inglaterra.

Esta interpretación del curso histórico, ¿es incompatible con las creencias de Marx? No necesariamente. Si bien hay textos que parecen implicar un desarrollo tecnológico universal que guiaría la evolución histórica; también hay pasajes suficientemente abundantes en los que se insiste en el carácter productivamente conservador de todos los modos de producción anteriores al capitalismo; y en la especificidad del desarrollo europeo occidental que desembocó

---

[69] Con todo, creo que Mann exagera el grado de singularidad o excepcionalidad de los llamados estados prístinos.

en el modo capitalista de producción. Con todo, no veo cómo se podría zanjar positivamente esta cuestión. Y ello no debido a las dificultades interpretativas y exegéticas de la obra de Marx, sino a algo mucho más básico e importante. Se trata de la imposibilidad de probar o refutar positivamente cualquiera de las siguientes tesis: a) el capitalismo sólo podría haber surgido del contexto económico-social que caracterizó a la Europa medieval; b) China o la India podrían haber llegado al capitalismo por sus propios medios, o bien desarrollar algún tipo de industrialización no-capitalista. Estas tesis son indemostrables por su carácter contrafactual; lo cual no las torna menos importantes y sugerentes. Buena parte de las explicaciones o interpretaciones que nos sintamos inclinados a dar sobre el curso histórico se verá condicionada por lo que pensemos sobre estas posibilidades.

Aunque las evidencias parecerían descartar definitivamente la tesis de la primacía de las fuerzas productivas al socavar su fundamento —la tesis del desarrollo—, debo decir que las mismas son menos concluyentes de lo que podría parecer a primera vista. Que el capitalismo haya surgido desde una única base regional no significa que sólo hubiera podido emerger allí. Sigue siendo legítimo pensar que, a la larga, hubiera podido (e incluso debido) surgir en otros sitios. Colocadas a un máximo nivel de temporalidad, en el plano de la filosofía de la historia más que de la historia positiva, las tesis de Cohen pueden conservar cierta plausibilidad. Pero para ello sería necesario demostrar que existe alguna correlación clara entre ciertas fuerzas productivas y determinadas relaciones de producción. ¿Es posible establecer una correlación de este tipo? Esto es lo que se indaga en la sección siguiente.

7. ¿Las fuerzas productivas explican el carácter de las relaciones de producción?

La tendencia al desarrollo de las fuerzas productivas no es universal. Esta sentencia parece indiscutible, y ello asesta un duro golpe a la tesis de la primacía de las fuerzas productivas. Como se recordará, sin la tendencia al desarrollo no es posible establecer ninguna primacía de las fuerzas productivas, debido a que la coacción entre fuerzas y relaciones es simétrica, y "si una tecnología desarrollada descarta la esclavitud, la esclavitud descarta una tecnología desarrollada".[70] Sin embargo la interpretación tecnológica aún podría continuar teniendo atractivo, sustentada en una *probabilidad muy extendida* de desarrollo, más que en una tendencia *universal*; y aplicada a plazos larguísimos de temporalidad.

Ahora bien, para que esta interpretación resulte aceptable dos condiciones son necesarias. La primera es que exista un vínculo estrecho entre ciertas fuerzas productivas y ciertas relaciones de producción, de modo que cuando el desarrollo de las primeras se produzca eventualmente, tales cambios entrañen una

---

[70] G. Cohen, *La teoría...*, p. 175 (158). Debo confesar, empero, que este argumento nunca me convenció del todo. Si la mirada se detiene en lo que las fuerzas y las relaciones *descartan*, quizás esta hipótesis sea cierta; pero las cosas cambian bastante si nos detenemos en lo que unas y otras *tienden a exigir*. En este plano —el de las exigencias más que las limitaciones—, no parece que sea necesario presuponer que las coacciones son simétricas. ¿Por qué razón unas u otras no podrían demandar más de lo que se ven demandadas? Aún cuando no exista una tendencia universal al desarrollo de las fuerzas productivas parece razonable postular que una vez que una nueva tecnología se ha desarrollado (por las razones que sea), la misma empuja a las relaciones de producción a adaptarse a sus exigencias; y en este sentido se puede decir que las explica. Simétricamente, si el desarrollo de las fuerzas productivas dependiera primordialmente de las relaciones de producción (antes que de accidentes fortuitos o de alguna tendencia universal), sería legítimo afirmar que éstas explican a aquél. En ninguno de los dos casos se trata estrictamente de una simetría.

modificación de las relaciones de producción. La segunda es que el desarrollo de las fuerzas productivas sea independiente de las relaciones de producción, sin lo cual la primacía podría verse invertida. Esto último será discutido en IV.2. Ahora es necesario analizar la primera condición mencionada. ¿Cuáles son los vínculos que unen a las fuerzas productivas con las relaciones de producción?

Podría pensarse que aquellas sociedades que no demuestren propensión alguna a desarrollar sus capacidades productivas tenderán a permanecer *estancadas* no sólo en cuanto a sus técnicas de producción sino también en lo que hace a sus relaciones sociales. Estaríamos en presencia de sociedades "frías" (para usar una expresión de Levi-Strauss), sustancialmente inmutables. En otras palabras: si no cambian las fuerzas de producción tampoco deben cambiar las relaciones, puesto que la "tesis de la primacía de las fuerzas productivas" supone que para cada estadio de su desarrollo debe existir un cierto tipo de relaciones de producción que le son inherentes. En las versiones más "crudas" del determinismo tecnológico a cada estadio determinado de desarrollo productivo corresponde un solo tipo de relaciones sociales (y sólo uno). En versiones más sofisticadas, como la de Cohen, se toleran algunos matices:

> Cuando decimos, con cierta vaguedad, que las fuerzas productivas explican el carácter de las relaciones de producción, queremos decir que explican ciertos rasgos de las relaciones, pero por supuesto no todos. Podrían explicar, por ejemplo, por qué una economía está basada en la servidumbre sin explicar la distribución precisa de los derechos entre señores y campesinos.[71]

---

[71] G. Cohen, *La teoría...*, p. 180 (p. 163).

Matices de este tenor otorgan al determinismo tecnológico alguna flexibilidad, pero al costo de la vacuidad explicativa.[72] Los tipos de relaciones de producción contemplados por Cohen son de una *generalidad* y una *abstracción* tan grandes que, a los efectos de comprender alguna formación social concreta, resultan o bien decididamente inútiles o bien superficiales. Cohen reconoce cuatro tipos de relaciones de producción y cuatro períodos fundamentales del desarrollo de las fuerzas productivas. Los cuatro tipos básicos de relaciones son los basados en el empleo de mano de obra esclava, proletaria, servil e independiente.[73] Las cuatro etapas del desarrollo productivo van de la ausencia de excedentes a un excedente masivo, pasando por dos etapas intermedias de excedentes moderados. Sin embargo no establece ninguna correlación entre sus formas fundamentales de relaciones de producción y las etapas del desarrollo productivo, que es lo que uno esperaría que hiciera para defender la tesis de la primacía de las fuerzas productivas. Su esquema es el siguiente:

Forma de la estructura económica	Fase del desarrollo productivo
Sociedad preclasista	No hay excedente
Sociedad precapitalista de clases	Hay algún excedente, pero menos que en la
Sociedad capitalista	Hay un excedente moderadamente alto, pero menos que en la
Sociedad poscapitalista	Hay un excedente masivo

---

[72] Es evidente que el esclavismo del siglo XIX fue profundamente distinto al del siglo V a. C.; que la servidumbre de los *ilotas* espartanos tenía muy poco que ver con la servidumbre medieval; que los arrendatarios de condición libre abundaron en sociedades tan disímiles entre sí como distantes en el tiempo; o que el trabajo asalariado en la Rusia soviética estaba inserto en una estructura económica no capitalista (aunque también, si se quiere, no socialista).

[73] G. Cohen, *La teoría…*, p. 71 (65).

Lo primero que impresiona del análisis de este cuadro es que el ámbito de incumbencia de las tesis de Cohen supone plazos larguísimos. Como apuntara Eduardo Sartelli:

> En general los críticos no advierten que Cohen no habla de todos los cambios históricos sino de cambios «epocales» y, dado su esquema de cuatro épocas, se trata de mutaciones muy generales y gigantescas (aunque varias veces el texto hace causa de cambios menores). Su "largo plazo" es verdaderamente largo: 4 millones de años para el primer cambio; del 4000 al 1700 (6.000) para el segundo y, quién sabe cuántos pero ya más de 300 para el tercero. En consecuencia, a esa escala se hace difícil negar la validez de las tesis de Cohen, que simplemente dicen que la gente no es tonta y que, a la corta o a la larga (a la muy larga, como se ve) resuelve sus problemas positivamente, sobre todo porque las condiciones (racionalidad y escasez) recortan las posibilidades de acción histórica. En consecuencia no se trata de negar estas verdades elementales, sino mostrar su inutilidad para una teoría de la historia.[74]

Efectivamente: la remisión al más largo de los plazos hace que las tesis de Cohen resulten inútiles para explicar la mayor parte de los cambios sociales concretos. Y la situación quizá sea aun más grave de lo que sugiere Sartelli, debido a que no parece posible establecer una correlación clara entre ciertas etapas tecnológicas y ciertas relaciones de producción. Esto se puede mostrar tanto por medio del análisis del cuadro precedente, cuanto por medio de la observación empírica. Son varias las observaciones críticas que aquí se pueden hacer.

En primer lugar no se sabe cuáles serían las relaciones de producción de las sociedades preclasistas: Cohen no dice una palabra sobre ellas. Pero en todo caso las evidencias han llevado a los

---

[74] E. Sartelli, "Las fuerzas productivas como marco de necesidad y posibilidad", Buenos Aires, *Herramienta*, N° 11, 1999-2000, pp. 165-166.

actuales investigadores a insistir en la diversidad, antes que en la homogeneidad, de estas formaciones sociales. En segundo término, el caso del "socialismo real" cuestiona que el capitalismo sea la única formación social del tercer período; al tiempo que la crisis ecológica torna casi imposible el escenario de una sociedad con excedentes masivos.[75] Finalmente, tres de sus cuatro tipos de relaciones de producción se agrupan en un mismo estadio productivo, lo cual contradice la tesis de que son las fuerzas productivas las que explican a las relaciones de producción: servidumbre, esclavitud y producción independiente corresponden a un mismo estadio de desarrollo de las fuerzas productivas, y no a tres distintos. La única forma de salvar dicha tesis sería postular (como Cohen parece sugerir) que cada tipo de relaciones de producción corresponde a un sub-estadio cuantitativo o se halla relacionado con alguna tecnología cualitativamente específica dentro del segundo estadio. Pero esto es justamente lo que no se puede probar: producción independiente, esclavitud y servidumbre han convivido o se han alternado entre sí en casi todos los estadios productivos y en los contextos tecnológicos más diversos, sin que sea posible detectar ninguna pauta clara. La observación empírica no convalida ninguna correspondencia estricta. Como alguna vez hiciera notar el soviético Melekechvili,

> [...] no se justifica buscar un vínculo directo entre el predominio de las relaciones, feudales o esclavistas, y el desarrollo de la producción material, ni de pensar que las relaciones socioeconómicas feudales corresponden obligatoriamente a un nivel más elevado alcanzado por este último. Se sabe que en Europa occidental el paso del esclavismo al feudalismo es más bien efectuado en condiciones de decadencia que de desarrollo de la producción. La

---

[75] Esto último ha sido reconocido por Cohen en trabajos posteriores. Ver por ejemplo G. Cohen, *Si eres igualitarista, ¿cómo es que eres tan rico?*, Barcelona, Paidós, 2001 (2000), Cap. 6.

preponderancia de cualquier tipo de relaciones socioeconómicas, evidentemente, no depende siempre mecánicamente del nivel de desarrollo de los instrumentos de trabajo y de las técnicas de producción... un solo e idéntico instrumento de trabajo puede constituir la base tanto de la estructura esclavista como de la estructura feudal...[76]

En otros contextos históricos se registran fenómenos semejantes. En la antigüedad los mismos instrumentos agrícolas podían ser empleados por pequeños propietarios, arrendatarios libres, arrendatarios serviles o esclavos. Refiriéndose a la Grecia de la época clásica, Geoffrey Ernest Maurice de Sainte Croix escribe:

tanto en Atenas como en los demás estados de importancia de los que tenemos alguna información, *eran principalmente los esclavos los que proporcionaban su excedente a la clase de los propietarios;* pero aquí y allá *existían diversas variedades* puramente locales de *servidumbre* (especialmente los Ilotas de la región de Esparta y los penestas tesalios), *y los campesinos libres contribuían también a ello,* especialmente, sin duda, en las ciudades no democráticas, en las que el pobre tendría muchas menos posibilidades de defenderse de las depredaciones a que pudieran someterle los poderosos, pudiendo así ser explotado con más facilidad por la clase dirigente.[77]

Otra muestra de que los mismos medios de producción pueden ser empleados en el marco de muy variadas relaciones de producción surge de la comparación de China con Europa. Los mismos instrumentos que en la China antigua eran empleados en un contexto social determinado podían ser empleados, en Europa, en un contexto por completo diverso. El inicial y temprano desarrollo

---

[76] Melekechvili, "Esclavage, féodalisme et mode de production asiatique dans l'Orient ancien", en *La Pensée, revue du rationalisme moderne* N°132, París, 1967, p. 41, citado por Dockès, *La liberación medieval*, p. 183.

[77] G. E. M. de Sainte Croix, *La lucha de clases en el mundo griego antiguo*, Barcelona, Crítica, 1988, p. 268.

tecnológico chino —de donde Europa importó los instrumentos que le posibilitarían la navegación oceánica y la hegemonía militar— se vio detenido o fuertemente aminorado, hasta que finalmente la "atrasada" Europa tomó la delantera e inició su particular transición hacia un tipo de producción que se expandiría al conjunto del planeta: la producción capitalista.[78]

Por todo lo dicho, no parece posible establecer una correspondencia unívoca entre fuerzas productivas y relaciones de producción *ni siquiera* tomando como base una tipología tan general como la propuesta por Cohen (para abundar sobre esto ver IV.3). Este es un golpe duro, porque la tesis de la primacía de las fuerzas productivas requiere, para ser consistente, que la tecnología determine o condicione fuertemente a las relaciones de producción; y esto es lo que no ha podido ser verificado. Las pruebas empíricas parecen hablar en su contra.

---

[78] "El molino de rotación se inventó (en China) aproximadamente en el mismo tiempo que en el Occidente romano, en el siglo II a. C.; la carretilla [de una rueda] se descubrió mil años antes que en Europa, en el siglo III d. C.; el estribo se utilizaba normalmente en la misma época; la tracción equina experimentó una decisiva mejora con la aparición del arnés moderno, en el siglo V d. C.; en el siglo VII d. C. se construyeron puentes con arco segmentado. Pero todavía es más sorprendente que las técnicas de fundición del hierro se implantaran en época tan temprana como los siglos VI y V a. C., cuando en Europa se utilizaron únicamente a fines de la Edad Media. Se producían piezas de acero ya a partir del siglo II antes de Cristo. Así pues, la metalurgia china estaba por delante de cualquier otra en el mundo desde una fecha extremadamente temprana. Simultáneamente, China antigua también se adelantó en tres importantes manufacturas: la seda se producía desde los más remotos orígenes de la historia; el papel se inventó en los siglos I y II d. C., y la porcelana se perfeccionó en el siglo V d. C.". P. Anderson, *El Estado absolutista*, pp. 539-540. Una interesante discusión sobre el "freno" a la expansión ultramarina de China y un análisis comparativo entre ésta y Europa se encuentra en I. Wallerstein, *El moderno sistema mundial*, tomo I, México, Siglo XXI, 1989, pp. 74-89.

Curiosamente, a una conclusión semejante se puede llegar por otro sendero: el análisis lógico. Philippe Van Parijs ha analizado las posibles "elaboraciones" o mecanismos que podrían dotar de microfundamentos a las explicaciones funcionales de Cohen. Analiza tres posibilidades: la selección natural, los mecanismos de refuerzo, y lo que denomina "proceso absorbente de Markov". Según Van Parijs:

> Mientras que la selección natural y otros proceso análogos consisten siempre en selección de algún elemento (por ejemplo, el comportamiento del mercado) a través de la selección de una entidad (por ejemplo, una empresa) a la que caracteriza, el refuerzo consiste en la selección de un elemento (por ejemplo, un hábito) directamente dentro de la entidad afectada (por ejemplo un organismo).[79]

El mecanismo denominado "proceso absorbente de Markov", que en cierto modo puede ser considerado una variante del refuerzo, supone que las instituciones o los organismos sufren continuos cambios, hasta llegar a un estado en el que ya no hay presiones para que se produzcan nuevas modificaciones. Van Parijs piensa que es el refuerzo el principal mecanismo que permite dar cabida a las explicaciones funcionales en las ciencias sociales. El refuerzo ocuparía en las ciencias humanas un lugar análogo al de la selección natural en la biología.[80] De tal suerte, las explicaciones funcionales habrían validado su legitimidad en las ciencias sociales. ¿Pero sirven para legitimar la tesis de la primacía de las fuerzas productivas? Según Van Parijs, no. Tras descartar que la selección natural sea un mecanismo plausible para explicar el surgimiento y la consolidación de las relaciones de producción más eficaces,

---

[79] Ph. Van Parijs, "El marxismo funcionalista rehabilitado. Comentario sobre Elster", *Zona Abierta*, N° 33, 1984, pp. 84-85.

[80] Ídem., p. 89.

en un momento determinado, para el desarrollo de las fuerzas productivas, nuestro autor argumenta a favor de la posibilidad de un mecanismo de refuerzo. Aunque plausible en apariencia, esta elaboración presenta serias dificultades:

> El proceso de prueba y error que permite al sistema situarse en una posición óptima debe consistir en un refuerzo *de la sociedad* y no [...] en un refuerzo *colectivo*, es decir en la suma de los procesos individuales de prueba y error. Ahora nos encontramos frente a un dilema. *O bien* los cambios requeridos en la sociedad (sean deliberados o no) ocurren muy rara vez —en cuyo caso hay sólo una pequeñísima posibilidad de que prevalezca alguna vez la combinación óptimas o bien suceden con más frecuencia —en cuyo caso se pone en tela de juicio la idea misma de una combinación en equilibrio (presupuesta por la idea de que las relaciones de producción se ajustan al nivel de desarrollo de las fuerzas productivas).[81]

Van Parijs plantea que se puede descartar la segunda parte del dilema, por "sus consecuencias poco atractivas y debido a que [...] es poco plausible". Pero la primera parte del dilema nos deja en la situación de que "el número de procesos de prueba y error de que disponemos es totalmente insuficiente para producir y registrar las consecuencias diferenciales pertinentes. Y sin esa producción y ese registro, es posible explicar y predecir los cambios por las expectativas (correctas o equivocadas) de ciertas consecuencias, pero ya no es posible legitimar una explicación funcional".[82] Sin embargo no todo estaría perdido para las explicaciones funcionales:

> La dificultad mencionada (la escasez de casos y la insuficiencia de los registros) "sería decisiva si el refuerzo sólo pudiera tener en cuenta los niveles relativos de satisfacción. Pero [...] hay una

---

[81] Ídem, p. 91.

[82] Ídem, p. 91.

variante del refuerzo … en la que la intensidad de la «mutación» se ve endógenamente afectada por el nivel de «tensión». En los sistemas absorbentes de Markov de este tipo, incluso un nivel muy bajo de mutación es suficiente para generar una tendencia hacia una posición de equilibrio, cuya especificación está por ello dotada de un considerable poder de explicación y predicción. Sin embargo, el recurso a este tipo de argumento nos obligaría a revisar sustancialmente la exposición funcional que hace Cohen de la explicación de las relaciones de producción en dos aspectos. En primer lugar, cualquier idea de que prevalecerá la forma óptima de relaciones de producción debería ser abandonada. Incluso muy a la larga, lo único que nos permite esperar este tipo de mecanismo es que las formas que funcionen muy mal no prevalecerán mucho tiempo, y no que la formación social sólo instaurará la forma que mejor funcione […] En segundo lugar, si adoptamos la elaboración de un proceso absorbente de Markov, deja de ser plausible la explicación de la forma que adopten las relaciones de producción por su función de promover *el desarrollo de las fuerzas productivas*. En el caso del capitalismo, por ejemplo, lo que impulsa una búsqueda activa de formas alternativas, tan pronto como el desarrollo de las fuerzas productivas ha alcanzado tal nivel que existe una «contradicción» con la forma en curso de las relaciones de producción, difícilmente puede ser que las fuerzas progresen ahora a un ritmo inferior al tolerable. Lo que inspira el cambio es más bien lo absurdo de la superproducción y el desempleo cíclica o crónicamente generados por las relaciones capitalistas de producción.[83]

Resumamos: las elaboraciones de las explicaciones funcionales analizadas por van Parijs no sirven para convalidar la tesis de la primacía de las fuerzas productivas, por dos razones fundamentales: 1) no hay garantía ni alta probabilidad de que las relaciones de producción seleccionadas sean las óptimas; lo más probable es

---

[83] Ídem., pp. 92-93.

que meramente sean "adecuadas"; 2) no siempre el requerimiento funcional fundamental (aún cuando exista) habrá de ser la capacidad para promover el desarrollo tecnológico.

8. Regresiones de las fuerzas productivas: ¿una rareza?

Queda todavía un punto por explorar. Se trata de la *regresión* de las capacidades productivas. Para Gerald Cohen la regresión, si bien posible, constituiría una *rareza*, una posibilidad que no puede ser contemplada por una teoría de la historia. Acaecería por la irrupción de fuerzas "externas" al funcionamiento "normal" de una sociedad. En sus propias palabras:

> las sociedades rara vez reemplazan un conjunto dado de fuerzas productivas por otro inferior. Hay *algunas* excepciones a esta generalización, pero carecen de consecuencias teóricas. Los desastres naturales pueden provocar una disminución de la fuerza productiva, pero no se debe esperar que la teoría de la historia se ocupe de ellos. No puede tener en cuenta las convulsiones «aleatorias», aun cuando éstas influyan en el curso de la historia… la teoría de la historia debe contentarse con abarcar los casos *normales*.[84]

Las consideraciones teóricas de las últimas frases son válidas. La teoría debe ocuparse de los casos "normales" y hacer a un lado las "convulsiones aleatorias". Pero el punto es si podemos establecer una teoría de la historia *en su totalidad*, en la que exista una "normalidad" válida para *todas y cada una* de las sociedades. Mi distancia con Cohen es, en este terreno, total. No creo posible determinar más que unas pocas "normalidades" generales de alcance universal; cuyo valor explicativo para casos concretos, por lo demás, suele ser sumamente escaso. La mayor parte de las tendencias "normales" lo son solamente en el marco de ciertas formaciones sociales. No

---

[84] G. Cohen, *La teoría…*, p. 170 (153-154).

creo que exista ninguna tendencia supra o trans-histórica capaz de orientar el curso de la historia en todo tiempo y lugar.

Pero esto no es todo. La *tesis de la primacía* supone que las fuerzas productivas tienden a desarrollarse, y que sólo excepcionalmente sufren una regresión. Yo pienso que, en realidad, durante la mayor parte de la historia, desde la aparición del *homo sapiens* hasta unos siete o diez mil años atrás, las fuerzas productivas permanecieron relativamente estancadas; luego se inició un período bastante más propenso al crecimiento productivo, pero en el que las regresiones, si bien menos frecuentes que los desarrollos, fueron bastante más corrientes de lo que piensa Cohen.

Ciertamente no han faltado historiadores imbuidos de una visión "decadentista" de la historia. No es mi caso. Parece fuera de toda duda que, al menos en lo que hace a las capacidades de producción, la tendencia hacia su desarrollo se manifiesta con mayor fuerza que la tendencia a la regresión (aunque durante la mayor parte de la historia la mejor descripción quizás sea la de *estancamiento*). Pese a ello, creo que los casos de descenso de las capacidades de producción son algo más que una *rareza*, y que los mismos no pueden ser explicados –al menos no todos ellos– como consecuencia de causas "externas" al funcionamiento "normal" de una sociedad. Entre los casos más notorios de decadencia productiva se encuentran la desaparición de la civilización Micénica, el derrumbe del Imperio Romano de Occidente, la decadencia de la sociedad Maya, y los efectos productivamente destructivos que la expansión de los nómades islámicos produjo en regiones enteras de Oriente Medio. Para este último caso resultan muy ilustrativas las siguientes apreciaciones de Perry Anderson:

> El corolario de la ausencia legal de una propiedad privada estable
> de la tierra fue la expoliación económica de la agricultura en los
> grandes imperios islámicos. En su versión más extrema, este

fenómeno tan característico tomó la forma de «beduinización» de grandes áreas de asentamientos campesinos que volvieron a ser tierras áridas o baldías bajo el impacto de las invasiones de pastores o del pillaje militar. Las primeras conquistas árabes en el Oriente Medio y el norte de África parecen haber conservado o reparado los modelos agrícolas preexistentes, aunque sin añadir nada nuevo. Pero las posteriores oleadas de invasiones nómadas que caracterizaron el desarrollo del Islam produjeron efectos destructores en su impacto sobre los asentamientos agrícolas. Los dos casos más extremos fueron la devastación de Túnez por los hilalíes y la beduinización de Anatolia por los turcomanos. En este sentido, la curva histórica a largo plazo apuntó ininterrumpidamente hacia abajo.[85]

También se conocen procesos histórico-sociales en los que la característica parece ser un desarrollo que conduce a una "vía muerta", a un "callejón sin salida", en los que la decadencia y el retroceso productivo son las consecuencias inevitables (o casi). Así parece haber ocurrido en Europa nordoccidental con las culturas que a partir de 4000 a. C. construyeron esos magníficos monumentos líticos como los que aún se pueden observar en Stonehenge. En opinión de M. Mann esta "era una «vía muerta» de la evolución. Los monumentos no se siguieron construyendo, sino que cesaron. No tenemos datos de hazañas comparables ulteriores de organización social centralizada en ninguna de las zonas principales —Wessex, Bretaña, España, Malta— hasta la llegada de los romanos, tres milenios después". Y remata, "es posible que esa vía muerta tuviera un paralelo en otras partes entre los pueblos neolíticos de todo el mundo", por ejemplo en la isla de Pascua y en Norteamérica.[86]

Entre los ejemplos más asombrosos y catastróficos de regresiones productivas se cuenta la decadencia y caída del mundo antiguo en Occidente. Una forma gráfica de apreciar la magnitud de esta

---

[85] P. Anderson, *El Estado absolutista*, México, Siglo XXI, pp. 515-516.

[86] M. Mann, *Las fuentes del poder social*, vol. I, pp. 101-102.

regresión consiste en el análisis comparado de los rendimientos agrícolas. Los rendimientos por hectárea obtenidos por los romanos hacia el siglo II (en pleno apogeo de la producción esclavista) tardarían más de mil años en volver a ser alcanzados. M. I. Finley hace notar que, en el territorio francés, habrá que esperar hasta el siglo XIV (esto es, en el período correspondiente al *absolutismo*, y no propiamente al *feudalismo*) para alcanzar los rendimientos por hectárea obtenidos en los *latifundia* romanos. Claro que este dato quizás no sea tan impresionante como parece a primera vista, "puesto que no se sabe cuántos esclavos trabajaban por hectárea"; y "quizás se destinaban más hombres en los grandes dominios del siglo II que en las *villae* merovingias". Pero de todos modos, "a partir del siglo XI, el número de trabajadores por hectárea en Francia debía ser por lo menos tan elevado como en la Italia imperial del siglo II y el rendimiento por hectárea, relativamente débil en la Edad Media, es entonces índice de una débil productividad del trabajo",[87] esto es, una productividad inferior a la alcanzada, en las mismas regiones, nueve siglos atrás.

El trabajo en equipo propio de la producción esclavista provocó un aumento considerable de la productividad. Los notables rendimientos alcanzados por la agricultura romana no fueron únicamente consecuencia de la utilización de un número mayor de trabajadores por hectárea. Además de beneficiarse con las ventajas de la producción colectiva (la cooperación y la división del trabajo), los terratenientes podían utilizar a sus esclavos todo el tiempo, mientras que los arrendatarios eran improductivos durante importantes períodos del año. Columela estimaba que "si el clima es sano y la comarca fecunda, un dominio explotado por tenentes produce siempre menos que el explotado por un administrador y esclavos, a condición, sin embargo, de que el amo esté sobre el te-

---

[87] P. Dockès, *La liberación medieval*, p. 151.

rreno regularmente y haya designado un buen administrador", y no son pocos los autores modernos que piensan que las *villae* laboradas por esclavos alcanzaban normalmente rendimientos superiores a los logrados por arrendatarios o pequeños propietarios.[88] También deberíamos tener en cuenta —a la hora de estimar las razones de la superioridad productiva romana— los efectos positivos de la acción del Estado imperial sobre la agricultura. Por ejemplo, entre los métodos agrícolas más avanzados introducidos por los romanos "se incluía una especial atención al drenaje, tanto para contener la desaparición de los componentes más valiosos del suelo en las estaciones lluviosas como para hacer cultivables áreas pantanosas".[89] La decadencia del Estado provocó, desde luego, la degradación de las organizaciones colectivas de drenaje.[90]

Para evaluar con mayor precisión los logros productivos romanos es conveniente comparar algunas cifras, tomadas básicamente (aunque no en forma exclusiva) de M. Mann.[91] Por datos proporcionados por Cicerón sabemos que las tierras poseídas con título de propiedad rendían, en Sicilia, entre 8 por 1 y 10 por 1. Varrón afirma que los rendimientos en Etruria iban de 10 por 1 a 15 por 1. Lo cual presumiblemente correspondiera a una región muy fértil, pues Columela dice que el "promedio" de Italia era de

---

[88] P. Dockès, *La liberación medieval*, p. 87.

[89] T. Derry y T. Williams, *Historia de la tecnología*, vol. I, México, Siglo XXI, 1987, p. 84.

[90] Como ha escrito Duby: "Pero el paisaje de tipo romano se degrada también porque la agricultura de llanura, recordémoslo, es frágil. La amenazan y la destruyen poco a poco las actividades de los merodeadores —a los que la incapacidad del poder público deja en libertad, y que convergen hacia los lugares en los que se acumulan las riquezas fáciles de tomar— y el abandono de las organizaciones colectivas de drenaje, incapaces en adelante de contener eficazmente la acción de las aguas", *Guerreros y campesinos. Desarrollo inicial de la economía europea 500-1200*, México, Siglo XXI, 1987, p. 26.

[91] M. Mann, *Las fuentes del poder social*, vol. I, p. 381.

4 por 1. Estas tasas de rendimiento resultan muy elevadas, si las comparamos con los datos que poseemos para la Edad Media. Por ejemplo, los datos proporcionados por Duby de dos fincas señoriales de los siglos VIII y IX indican rendimientos no superiores a 2,2 por 1, y a veces menos.[92] Slicher Van Bath cree, sin embargo, que Duby ha calculado mal, y estima que la cifra real para el siglo IX es de aproximadamente 2,8 por 1, lo cual sigue siendo considerablemente inferior a los logros romanos. A partir del sigo X se da un aumento lento pero constante de los rindes. Los datos disponibles nos muestran que en el siglo XIII (sobre todo son datos de Inglaterra) los rendimientos oscilaban entre 2,9 por 1 y 4,2 por 1. Para el siglo XIV disponemos de informaciones que atestiguan que en Francia, Inglaterra e Italia se alcanzaban rendimientos que van de 3,9 por 1 a 6,5 por 1. Aunque George Duby estima que "hacia el 1300 la mayor parte de los campesinos de Europa occidental no esperaba nunca cosechar mucho más de tres o cuatro veces lo que

---

[92] Según Duby, los datos proporcionados por el inventario del dominio real de Annappes nos muestran que, en el año en que se realizó el inventario, los rindes eran de 1,8 por 1 para la escanda; 1,7 por 1 para el trigo; 1,6 por 1 para la cebada; y 1:1 para el centeno, es decir, un rendimiento casi nulo; aunque hay que tener en cuenta que se trató de un año de mala cosecha, o cuando menos inferior a la del año precedente. Duby también señala que los rindes habían sido ligeramente superiores en las explotaciones dependientes de la corte real, en las que el rendimiento de la cebada alcanzaba el 2,2 por 1, y concluye "en cualquier caso, es evidente que rendimientos de este nivel, es decir, situados entre el 1,6 y el 2,2 por 1, distan mucho de ser excepcionales en la economía antigua: tasas semejantes se conocen para el siglo XIV en Polonia e incluso en algunas tierras de Normandía que no eran especialmente malas". G. Duby, *Guerreros y campesinos*, pp. 35-36. Este autor también subraya que en el monasterio lombardo de Santa Giulia de Brescia el rendimiento normal de los cereales se calculaba en 1,5 por 1; tasa semejante a la que se conoce de la abadía parisina de Saint-Germain-des-Prés: 1,6 por 1.

había sembrado".[93] Para los siglos XVI y XVII disponemos de datos italianos, generalmente comparables con los del período romano, que nos muestran tasas apenas superiores: oscilan entre 1 por 1 para zonas extremadamente pobres, y 10 por1 en zonas fértiles; con una cifra media estimada en 6 por 1.

Con estos datos sobre la mesa, no puedo más que manifestar mi pleno acuerdo con Michael Mann cuando afirma que estas cifras *"sugieren los notables logros económicos del Imperio Romano, que no se vieron igualados desde el punto de vista agrícola en su propio territorio en más de mil años"*.[94]Y aunque el rendimiento por hectárea es un dato que puede resultar un tanto engañoso, por las razones apuntadas por Dockès, las cifras disponibles son elocuentes: la decadencia del mundo antiguo y el tránsito de la esclavitud al feudalismo se desarrolló en el marco de un *colapso productivo*.

Es verdad que los logros productivos romanos se debieron más a una impresionante organización e intensificación del trabajo que a grandes adelantos en los medios de producción. Los factores *sociales* primaban sobre los *tecnológicos*. También es cierto que el modo esclavista de producción dificultaba (por razones materiales e ideológicas) el desarrollo técnico. Pero ello no significa que el sistema esclavista fuera incompatible con la innovación tecnológica. La invención de ciertas técnicas no implica su generalización ni su utilización óptima. El molino de agua y la máquina segadora fueron

---

[93] G. Duby, *Economía rural y vida campesina en el Occidente medieval*, Barcelona, Península, p. 139. Claro que existían fuertes contrastes regionales, y en algunas llanuras limosas los rindes podían ser muy elevados. En el Artois, por ejemplo, "en unas tierras eclesiásticas explotadas directamente y que no parecen ser de una fertilidad excepcional, el rendimiento del trigo, a comienzos del siglo XIV, era a veces superior a quince por uno; la media se situaba en torno a ocho, mientras que la de la avena era de seis por uno", *Economía...*, p. 138. Pero estos rendimientos eran claramente excepcionales.

[94] M. Mann, *Las fuentes del poder social*, Vol. I, p. 381.

tempranamente conocidas por los romanos, pero no llegaron a generalizarse. ¿La razón? No resultaban especialmente rentables para unos terratenientes que disponían de abundante y barata mano de obra, y que no conocían los rudimentos del cálculo económico. Por lo tanto, "ambos casos demuestran que la mera técnica nunca es por sí misma un primer motor del cambio económico: los inventos hechos por individuos concretos pueden permanecer aislados durante siglos hasta que no surjan las relaciones sociales que únicamente pueden ponerlos en funcionamiento como tecnología colectiva".[95] Sin embargo, las relaciones de producción que sucedieron (inmediatamente) a la esclavitud tampoco incorporaron con rapidez a ninguno de estos inventos. Pasarían todavía varios siglos antes de que su uso se generalizara.

9. Interpretaciones tecnológicas "débiles"

Entre las muchas controversias y elaboraciones que la obra de Cohen ha suscitado, un lugar importante lo ocupan una serie de intentos recientes por defender una versión "débil" de la interpretación tecnológica.[96] El más ambicioso y sistemático de estos intentos quizás sea el de Francisco Herreros Vázquez. Según Herreros, "es posible defender una interpretación tecnológica del materialismo histórico, más débil que la defendida por Marx,[97] pero que mantenga la idea básica de que «una sociedad no desaparece nunca antes de que sean desarrolladas todas las fuerzas productivas que pueda contener»". Las tesis de esta versión tecnológica débil son las siguientes:

---

[95] P. Anderson, *Transiciones de la antigüedad al feudalismo*, México, Siglo XXI, 1989 (1974), p. 77.

[96] Ver Wright, E. O., Levine, A. y Sober, E., *Reconstructing Marxism*, Londres, Verso, 1992; Carling, A., *Social Division*, Londres, Verso, 1991.

[97] Herreros considera que la interpretación de Cohen de la obra de Marx es correcta, algo que, como veremos, cuando menos es discutible.

A.   Las relaciones de producción son el marco en el que se desarrollan las fuerzas productivas. En un momento dado, esas relaciones de producción pasan a constituir una traba al uso y/o desarrollo de las fuerzas productivas.

B.   La traba que las relaciones de producción constituyen para el desarrollo de las fuerzas productivas supone un grave problema para la reproducción de la sociedad. Genera necesariamente una lucha de clases por el control del excedente: la clase dominante, viendo amenazado su ingreso, responderá a esta nueva situación incrementando la explotación, y la clase dominada se resistirá a ese aumento de la explotación.

C.   El resultado del proceso de lucha de clases dependerá de su propia lógica interna: el nivel de organización de las clases, el papel del Estado. El resultado no tiene que ser el triunfo de unas relaciones de producción específicas. Está abierto. Pero si las nuevas relaciones de producción son más favorables al uso y/o desarrollo de las fuerzas productivas, sus posibilidades de supervivencia o expansión serán mayores.[98]

Herreros contrapone su modelo "débil" al modelo "duro" que expusiera Cohen. ¿Cuáles son las diferencias entre ambos? Si lo entiendo bien a Herreros, básicamente dos. La primera es que el modelo "débil" no entraña una salida necesaria en términos de unas relaciones de producción específicas: ello depende del resultado de la lucha de clases, que está abierto. La segunda diferencia reside en que el modelo "duro" supone una acción consciente de clase para establecer las nuevas relaciones de producción. Por ejemplo, Herreros vincula el modelo "duro" a la concepción de la transición al capitalismo como consumada por "revoluciones burguesas", en las que una clase relativamente homogénea y auto-consciente dirige

---

[98] Herreros Vázquez, *Hacia una reconstrucción del materialismo histórico*, Madrid, Istmo, 2005, pp. 89-90.

la lucha e impulsa las transformaciones sociales. Sin embargo no parece que las diferencias reales entre uno y otro modelo sean tan grandes como Herreros piensa. Después de todo Cohen *no* afirma que las relaciones de producción que sucedan a las que se hayan convertido en traba para el desarrollo de las fuerzas productivas estarán totalmente predeterminadas por la naturaleza de las anteriores relaciones. Diferentes contextos pueden dar lugar a diferentes soluciones. Lo único que afirma es que, sean cuales sean las relaciones que les sucedan, las mismas habrán de pervivir únicamente si se demuestran capaces de relanzar el desarrollo de las fuerzas productivas. Incluso podría aceptar, como casos excepcionales, circunstancias de retroceso productivo siempre que el origen del mismo sea accidental. Tampoco es del todo claro que el modelo de Cohen entrañe un compromiso con transiciones bajo la forma de "revoluciones burguesas" (o similares). La explicación funcional que preconiza explica la pervivencia (y la crisis) de las relaciones de producción, más que su origen, que podría ser completamente contingente. No se excluye que en los períodos de transición se produzca un caos de relaciones de producción que aparecen y desaparecen, hasta que algún mecanismo funcional consiga estabilizar a aquella más proclive al desarrollo de las fuerzas de producción (sin que necesariamente intervenga una acción colectiva autoconsciente, como en el caso de las teorías de las "revoluciones burguesas"). El determinismo "duro" de Cohen, después de todo, quizá no difiera en ningún punto sustancial del determinismo "blando" de Herreros. La diferencia entre uno y otro reside menos en la perspectiva teórica que en el grado de abstracción y en el alcance temporal en el que cada uno se coloca: la teoría en su aspecto más general y los plazos más largos, en el caso de Cohen; procesos concretos de transición de plazo medio, en el de Herreros.[99] Si la obra de Cohen

---

[99] La postura de Herreros tiene algunos puntos de contacto con la de Eduardo Sartelli, quien también defiende un "determinismo tecnológico débil". Critican-

deja una sensación de "dureza", en el sentido de que las relaciones de producción que reemplazan a las que se habían convertido en una traba para el desarrollo productivo están "predeterminadas", ello es sobre todo una consecuencia de su tipología altamente abstracta de las relaciones de producción (pero ya se ha visto que incluso esta macro tipología es incapaz de establecer correlaciones sustentables entre tipos de relaciones de producción y niveles de desarrollo de las fuerzas productivas).

Dos son las falencias fundamentales que encuentro en el modelo de Herreros. La primera es que se sustenta en la universalidad de la tendencia al desarrollo productivo; que ya ha sido abundantemente criticada. La segunda es que, simplemente, no es universalmente cierto que "la traba que las relaciones de producción suponen para el desarrollo de las fuerzas productivas supone un grave problema para la reproducción de la sociedad". Esto sólo ocurre en circunstancias bien determinadas: característicamente cuando los colectivos humanos se encuentran sujetos a una fuerte presión demográfica y sin posibilidades de expansión o emigración. Una sociedad con tecnología estancada no afrontará ningún problema de reproducción si es capaz de eludir la presión demográfica —ya sea por medio de controles intencionales o como consecuencia de procesos causales no-intencionales—, si dispone de posibilidades

---

do a las que considera explicaciones demasiado "politicistas", Sartelli escribe: "Lo que Meiksins y Brenner no pueden explicar es por qué el cambio social se produce cuando se produce. En este sentido se puede recuperar la tesis de la primacía (de las fuerzas productivas): el cambio social se produce cuando existen las condiciones materiales para ello". E. Sartelli, "Las fuerzas productivas como marco de necesidad y posibilidad. En torno a las tesis de Gerald Cohen y Robert Brenner", *Herramienta*, N° 11, 1999-2000, p. 173. El determinismo tecnológico débil de Sartelli establece que ciertos cambios sociales sólo son posibles cuando las fuerzas de producción alcanzan cierto desarrollo. Se trata de una afirmación verdadera pero explicativamente vacía. Volveré sobre esto en V.2.

de expansión geográfica, o si es capaz de enviar los "excedentes poblacionales" al exterior. Existen abundantes casos históricos de cada alternativa.[100]

Con todo, la transición al capitalismo parecería entrañar una vindicación explícita de la tesis de la primacía de las fuerzas productivas, tal y como la expone Cohen.[101] Después de todo, y a diferencia de la transición al feudalismo, el proceso parece haber sido cuando menos influido por las presiones para el desarrollo de las fuerzas productivas, y desencadenado un crecimiento sin precedentes de las mismas y, hasta el momento, sin freno. Se pueden poner, empero, algunos reparos. En primer lugar el carácter no universal del proceso: sólo Europa ha generado un desarrollo endógeno del capitalismo; y solamente este modo de producción parece tener un mecanismo interno que impulsa sistemáticamente el desarrollo tecnológico.[102]

------

[100] Para un estudio comparativo de la regulación demográfica en distintos contextos históricos puede consultarse M. Harris y E. Ross, *Muerte, sexo y fecundidad. La regulación demográfica en las sociedades preindustriales y en desarrollo*, Madrid, Alianza, 1987.

[101] La recusación relativamente fácil que se podía hacer a las anteriores versiones del determinismo tecnológico, a saber: que las relaciones capitalistas de producción aparecen históricamente *antes* que las nuevas tecnologías (sobre todo las industriales), carece de pertinencia en el caso de Cohen.

[102] Un problema colindante es el derrumbe de la URSS y de los "regímenes del Este". Se puede argumentar convincentemente que estos regímenes fueron eliminados cuando dejaron de tener capacidad para desarrollar a las fuerzas productivas. Ver Herreros Vázquez, *Hacia una reconstrucción del materialismo histórico*, pp. 203-223. Sin embargo esto no contradice la tesis de la primacía de las relaciones de producción que expondré y defenderé en los capítulos siguientes, por una razón muy sencilla. El llamado "socialismo real" se desarrolló en el marco de una economía-mundo capitalista que imponía sus condiciones. Las presiones competitivas del capitalismo —en el que su constitución interna contiene una serie de mecanismos que impulsan permanentemente el desarrollo productivo— colocaron a los Estados "socialistas" ante la situación de necesitar el desarrollo tecnológico, pero no poder hacerlo tan rápidamente como lo hacían

Sin embargo, y puesto que no podemos saber a ciencia cierta cuál hubiera sido el desenvolvimiento de las sociedades chinas, hindúes o americanas de haber continuado su desarrollo independiente, no hay manera de saber si ellas hubieran sido capaces de generar el capitalismo o algún tipo de producción industrial alternativa por sus propios medios. En segundo lugar se puede señalar la influencia de la demografía: la necesidad de desarrollo de las fuerzas productivas parece condicionada por una variable más básica, como lo es la presión demográfica. En tercer término se puede argüir que si bien parece claro que en la Europa del siglo XV era indispensable el desarrollo de las fuerzas de producción para que la sociedad no cayera de modo recurrente en crisis catastróficas; de lo mismo no se deduce que fuera indispensable el establecimiento de las relaciones capitalistas, ni que estas relaciones hubieran surgido y se hubieran desarrollado inevitablemente. Esto nos remite a las conocidas tesis de Brenner sobre el origen del capitalismo en Inglaterra, que serán discutidas en VI.2. Por ahora basta decir que Brenner explica

---

sus rivales capitalistas. Se puede decir que fue el *shopping*, más que las urnas, lo que atrajo a los círculos dirigentes y a las poblaciones del este hacia el capitalismo. Sin embargo, los regímenes socialistas sólo constituían una traba muy relativa al desarrollo de las fuerzas de producción: eran un freno únicamente en relación al capitalismo avanzado con el que competían. Pero el capitalismo no tiene ningún equivalente en las formaciones sociales del pasado, que carecían de algún mecanismo interno e intrínseco que impulse el desarrollo tecnológico. De hecho el inusual desarrollo de las fuerzas productivas en el capitalismo es un efecto cualitativo de sus relaciones de producción, antes que la manifestación cuantitativamente extrema de una tendencia universal. Así, aunque el elemento tecnológico sea fundamental para explicar la caída de la URSS, el mismo no convalida la tesis de la primacía de las fuerzas productivas porque la misma requiere un fundamento universal. Finalmente, queda por explicar cómo y por qué se estableció el "socialismo real" por varias décadas; y por ver si los capitalismos implantados (o reimplantados) en esos Estados muestran más capacidad para desarrollar las fuerzas productivas que el viejo "comunismo": de momento más bien se observa una cierta regresión relativa.

el origen del capitalismo como resultado de la lucha de clases desatada luego de la crisis del siglo XIV: son únicamente ciertos resultados los que posibilitan la transición. El elemento primario en los análisis de Brenner es la lucha de clases o las relaciones de producción (tema que se discutirá luego), no el desarrollo de las fuerzas productivas. Ahora bien, suponiendo que la exposición de Brenner fuera correcta, queda todavía por establecer qué es exactamente lo que explica: ¿Explica por qué surgió el capitalismo? ¿O explica por qué surgió primero en Inglaterra? Dicho de otro modo, ¿el capitalismo podría haber surgido de otros contextos sociales? ¿Marchaba Europa globalmente hacia las relaciones capitalistas de producción y el industrialismo, de modo tal que tarde o temprano se habrían consolidado en algún sitio? ¿O más bien debemos pensar que el origen del capitalismo fue sustancialmente contingente?[103] Es mucho lo que se puede argumentar a favor y en contra de cualquier respuesta a estos interrogantes; pero nunca podremos tener una demostración positiva, por dos razones fundamentales: a) no podemos reproducir el proceso bajo condiciones de laboratorio; b) sólo conocemos un caso de transición endógena al capitalismo: el análisis comparativo está vedado. Por consiguiente, un considerable margen para la duda parece irreductible.

---

[103] Según la respuesta que se de a estos interrogantes se verá como relativamente factible, o bien imposible, conciliar las explicaciones de Brenner con la macro-teoría de Cohen. Cuanto más se insista en el carácter no universal del desarrollo de las fuerzas productivas, más se estará tentado a explicarlo por las constelaciones particulares de relaciones de producción, y en consecuencia se verá en el enfoque de Brenner una teoría radicalmente alternativa a la de Cohen. Por el contrario, cuanto más factible se piense que es la tendencia al desarrollo, tanto o más fácil será interpretar que Cohen explica la "necesidad" histórica a escala general, mientras Brenner elucida las formas específicas por las que la "necesidad" se realizó (que es más o menos la interpretación de John Roemer).

¿Qué conclusión hay que extraer de estos desarrollos? El punto más flaco de las tesis de Cohen reside en su muy discutible universalidad. Pero una versión atenuada de la concepción tecnológica podría conservar cierta plausibilidad, aplicada a plazos temporales extensísimos y a la humanidad como un todo antes que a culturas o Estados particulares. Vale decir, si se coloca en el plano de las filosofías sustantivas de la historia, más que en el de la teoría de la historia o la historiografía propiamente dicha. Aunque insostenible como concepción destinada a explicar la mayor parte de los cambios sociales ocurridos en la historia; podría conservar cierta solidez en el terreno de un puñado de cambios macrosociales de máxima temporalidad. En este campo —el propio de la filosofía de la historia— las tesis de Cohen pueden ser debilitadas y acorraladas —que es lo que he intentado hacer aquí—, pero no definitivamente refutadas (aunque tampoco corroboradas).[104]

[104]También podría conservar pertinencia explicativa para ciertos casos concretos, sin ninguna pretensión de universalidad. Nada tiene de intelectualmente insostenible, por ejemplo, pensar que las posibilidades del socialismo dependen de la universalización del mercado y de las fuerzas productivas; y que han sido las limitaciones históricas de este proceso lo que explica el fracaso de los intentos socialistas del siglo XX. Esta parece ser la posición defendida por Tom Nairn en algunos escritos recientes como "History's Postman", *London Review of Books*, 26 de enero de 2006. Resumiendo esta interpretación Perry Anderson ha escrito que según Nairn, "Marx suponía que el socialismo era posible a largo plazo, sólo cuando el capitalismo hubiera completado su obra de alumbramiento de un mercado mundial, la impaciencia de las masas como de los intelectuales condujo a los atajos fatales que tomaron Lenin y Mao, sustituyendo la democracia y el crecimiento económico por el poder del Estado. El resultado fue un desvío del río de la historia mundial sobre las tierras pantanosas de un moderno medievo. Pero el hundimiento del comunismo soviético en 1989 ha permitido que ahora el río vuelva a fluir hacia su delta natural: la globalización contemporánea, porque el significado central de ésta es la generalización de la democracia en todo el mundo, cumpliendo al menos los sueños de 1848, aplastados en tiempos de Marx". P. Anderson, "Apuntes sobre la coyuntura", *New Left Review*, N° 44, 2008,

En la primera página del prólogo a *La teoría de la historia de Karl Marx* su autor escribió, citando dos conocidos pasajes marxistas, el primero de Marx y el segundo de Lenin:

> hay una probable reacción a la que deseo anticiparme para rechazarla: la de haber erigido «una teoría general histórico-filosófica cuya suprema virtud consiste en ser suprahistórica». No necesito que me recuerden que la historia «es siempre más rica de contenido, más variada de formas y aspectos, más viva y más 'astuta'» de lo que cualquier teoría se imagina. Los pasajes citados son advertencias contra un cierto *abuso* de la teoría, pero ciertos marxistas los citan para disfrazar su propia aversión a la teoría como tal.[105]

Espero que la ardua discusión desarrollada hasta aquí (y continuada luego) sea suficiente para quedar excluido del grupo de marxistas que sienten "aversión a la teoría como tal". Pero una vez dicho esto, no puedo aceptar que los pasajes de Marx y Lenin sean colocados en un mismo plano, como genéricas alertas respecto de lo gris que siempre resulta la teoría en relación al verde árbol de la vida. Este es, sin dudas, el sentido de la frase de Lenin. Pero la de Marx es más específica. Entraña el rechazo a las teorías sociales que reclaman validez universal, transhistórica; y un voto a favor de teorías contextuales, cuya validez es temporal y espacialmente acotada. Entiendo que la teoría de Cohen supone el tipo de trans-historicidad que Marx repudió en la frase citada; el tipo de "teoría general histórico-filosófica" que no solamente reclama alcance universal sino que, además, pretende conocer el destino de la aventura humana como un todo. Es en este campo, sin embargo —como se

---

p. 30. La visión de Nairn puede ser objeto de muchas críticas; pero no tiene nada de extravagante. Por lo demás, es compatible tanto con una teoría universal del desarrollo de las fuerzas productivas, como con una teoría "local" de su desarrollo bajo el capitalismo (que no presuponga ninguna tendencia universal).

[105] G. Cohen, *La teoría...*, p. XV (IX).

ha mostrado en el párrafo anterior—, en el que la concepción de Cohen cobra fuerza; una fuerza que dependerá de la potencia que estemos dispuestos a conceder a las filosofías de la historia, y cuya legitimidad respecto del pensamiento marxiano depende de poder demostrar que Marx defendió (o defendió siempre) una filosofía de la historia. Estos temas serán tratados en el Capítulo II de *El marxismo en la encrucijada*.

10. *Excursus*: Gerald Cohen y el "giro normativo"

Años después de la publicación de *La teoría de la historia de Karl Marx*, Cohen inició una deriva intelectual que puede ser catalogada como un "giro normativo".[106] Sus intereses se desplazaron de la teoría de la historia y las metodologías explicativas en las ciencias sociales —temas dominantes en aquella obra y en algunos escritos más breves que la antecedieron y sucedieron—, a las teorías normativas. Los escritos de Nozick, Dworkin y Rawls pasaron a ocupar el centro de su atención crítica, orientada a dotar de fundamentos normativos adecuados al socialismo. Este giro implicó el abandono de algunas creencias marxistas tradicionales que Cohen había mantenido hasta entonces: particularmente la creencia en que la discusión normativa es superflua.

Considero sumamente valioso el intento de proporcionar al socialismo una base normativa sólida; y me parece indudable que las elaboraciones críticas de Cohen en este campo se cuentan entre las mejores. En un libro que será publicado en breve —*Ciencia y utopía*— tendré ocasión de tratar algunas de las principales cuestiones que están en juego en todo esto, y Cohen será allí una referencia obligada. Pero a diferencia de lo sucedido aquí, en sus escritos hallaré

---

[106] Ver G. Cohen, *Si eres igualitarista, ¿cómo es que eres tan rico?*, Barcelona, Paidós, 2001 (2000), y la bibliografía del propio Cohen citada en este libro, en el que en buena medida se reproducen en forma resumida sus principales argumentos.

expuestas buena parte de las tesis que deseo defender, y no aquellas que deseo rechazar. Esta inesperada concordancia podría tentarnos a creer que el último Cohen ha abandonado sus viejas tesis sobre la primacía de las fuerzas productivas: después de todo, su nuevo enfoque normativo posee indudables connotaciones voluntaristas y politicistas aparentemente ausentes en el Cohen "tecnológico". Sin embargo, nunca se retractó ni recusó abiertamente a la teoría de la primacía de las fuerzas de producción. Y no creo que tenga que hacerlo. Aunque una lectura ligera podría llevar a pensar que la orientación normativa presupone un rechazo de esta teoría –incluso si Cohen nunca lo reconoció explícitamente–, estoy convencido que ambas teorías pueden perfectamente convivir. Es verdad que ahora piensa[107] (y antes no pensaba) que el socialismo requiere componentes normativos; pero ello no invalida necesariamente la interpretación tecnológica anterior.

Se pueden emplear al menos cuatro argumentos para justificar que el terreno de las explicaciones tecnológicas no es el mismo que el de la reflexión normativa:

Primer argumento: El determinismo tecnológico se ocupa de describir y explicar el *ser* y el *devenir*; la teoría normativa reflexiona, en cambio, sobre el *deber ser*.

Segundo argumento: El ámbito de incumbencia del determinismo tecnológico es el de la más prolongada temporalidad –su jurisdicción está en las alturas de la filosofía de la historia–; la dimensión normativa tiene jurisdicción en el corto y mediano plazo, al nivel de la teoría y la práctica política.

Tercer argumento: Aunque a la larga lo que determine el curso histórico sean las fuerzas productivas y su desarrollo, una adecuada concepción normativa puede facilitar la lucha y ayudar a evitar acciones repudiables e innecesarias. La creencia en la

---

[107] Esto fue escrito antes del reciente, desgraciado y prematuro fallecimiento de Gerald Cohen.

inevitabilidad del socialismo tiene, puede tener o ha tenido consecuencias políticas perniciosas al favorecer la insensibilidad ante las dimensiones éticas y normativas de la política. La visión "obstétrica" que concebía a la revolución socialista como inevitable —con independencia de lo correcta e incorrecta que fuese— es ética y políticamente irresponsable, favoreciendo la ocurrencia de males evitables. Se puede perfectamente pensar que los sistemas sociales no surgen ni se consolidan porque sean justos o más justos que las alternativas; pero el convencimiento de que sí lo son constituye un requisito psicológico importante para que los hombres luchen por ellos.[108]

Cuarto argumento: La contradicción entre las fuerzas productivas y las relaciones de producción es fundamental, pero no (pre) determina las formas en que se resolverá; de allí que existan diferentes posibilidades (todas capaces de relanzar el desarrollo tecnológico), y para elegir entre ellas se requieran criterios normativos. Este último punto parecería contradecir la manera en que Cohen afirma que las fuerzas productivas eligen a las relaciones de producción —como las relaciones óptimas—, y por ende más bien refutaría la tesis de la compatibilidad entre el Cohen "tecnológico" y el Cohen "normativo". Sin embargo no es así. Es verdad que si las fuerzas productivas no seleccionan un único tipo de relaciones de producción, sino a lo sumo un abanico, la primacía de las fuerzas productivas ya no se sostiene, incluso cuando fuera cierta la tesis del desarrollo. Pero no creo que el Cohen normativo necesite negar la determinación de las relaciones de producción por las fuerzas productivas. Un presupuesto fundamental de su concepción de la justicia —que es, de hecho, una de sus principales críticas a Rawls— es

---

[108] No estoy del todo seguro acerca de si Cohen mismo podría aceptar este argumento, a la luz de lo que dice en *Si eres igualistarista...*, cap. 4, pp. 105-108.

que la estructura básica de una sociedad no puede garantizar por sí sola que una sociedad sea justa, con independencia de las decisiones de los individuos.[109] Por consiguiente, cuando se dice que "la contradicción de las fuerzas productivas con las relaciones de producción no predetermina las formas en que se resolverá", esta frase puede ser interpretada de la siguiente manera: lo indeterminado *no* son las relaciones de producción como estructura básica de la sociedad, sino las formas —modos o maneras— en las que habrán de comportarse los individuos dentro de esa estructura. La teoría tecnológica podría predecir que el nuevo orden social será colectivista y planificador, pero no cuán igualitarista habrá de ser, puesto que ello no depende exclusivamente de la estructura básica, sino también de las elecciones de los individuos (en una medida considerable dirigidas por *ethos* particulares). Y puesto que la igualdad es lo que cuenta desde el punto de vista de la teoría normativa de Cohen, la teoría tecnológica no tiene jurisdicción. Con independencia de que la tesis de la primacía de las fuerzas productivas sea verdadera o falsa, subsiste el hecho de que la igualdad no emerge naturalmente de la estructura básica de ninguna sociedad: requiere además de cierto(s) *ethos*.

Si estos argumentos son correctos (y es suficiente con que alguno lo sea), entonces no hay ningún inconveniente para aceptar, a un tiempo, la teoría tecnológica expuesta por Cohen inicialmente y su teoría normativa posterior. Pero es obvio que la una no presupone a la otra. Así que también resulta perfectamente lógico aceptar una teoría y rechazar la restante. Los marxistas ortodoxos habrían aceptado la teoría tecnológica y rechazado la normativa. Yo me inclino por la opción inversa.

---

[109] G. Cohen, *Si eres igualitarista...*, Cap. 8 y 9.

11. Algunas conclusiones

A manera de síntesis de los argumentos expuestos en este capítulo se puede decir que la "tesis de la primacía de las fuerzas productivas" es falsa, porque: a) no existe una tendencia universal hacia el incremento de las capacidades productivas; b) no todos los cambios en las relaciones de producción han sido provocados por un desarrollo *previo* de las fuerzas productivas, o bien llevados a cabo para permitir un desarrollo *posterior* de las mismas; y c) no hay una correlación unívoca entre ciertas fuerzas productivas (o cierto estadio de las mismas) y determinadas relaciones de producción.

Las siguientes son algunas de las principales conclusiones que se pueden extraer de lo expuesto hasta aquí:

A.   Es indudable que, globalmente, las fuerzas productivas se han desarrollado, y que en los últimos doscientos años lo han hecho a una velocidad mucho mayor que en el pasado.

B.   Existe cierta línea evolutiva general basada en el desarrollo tecnológico: las sociedades primigenias fueron necesariamente forrajeras (cazadoras-recolectoras), posteriormente aparecen las sociedades agrícola-ganaderas –aunque no todas las sociedades han dado ese salto–, y finalmente surgieron las sociedades industriales. Sin embargo...

C.   La tendencia al desarrollo de las fuerzas productivas no reviste carácter universal, puesto que muchas sociedades y muchos períodos históricos han mostrado una muy escasa (e incluso nula) propensión al desarrollo de la productividad. Aún hoy, a siete mil años de los primeros desarrollos agrícolas, siguen existiendo sociedades forrajeras.

D.   Las sociedades con baja tasa de cambio técnico no permanecieron necesariamente estancadas; cambios de orden económico, cultural, político e ideológico han ocurrido sobre una misma base tecnológica o sobre semejantes niveles de productividad.

E.   Cuanto más atrás nos remontamos en el tiempo, y en consecuencia cuanto menos desarrollo de las fuerzas productiva hallamos, mayor diversidad de formaciones sociales y de relaciones de producción se registran.

F.   La innovación tecnológica y el desarrollo de las fuerzas productivas, lejos de ser una variable incondicionada, una ley universal que se constituye en el motor fundamental de la evolución humana, es parte de lo que debe ser explicado.

G.   El crecimiento de las capacidades productivas ha sido y es una palanca fundamental en el desarrollo humano, pero son determinadas condiciones sociales las que impulsan, facilitan, limitan o impiden el desarrollo de las fuerzas productivas.

III. Puesta a prueba de la teoría: decadencia y caída del Mundo Antiguo

Este capítulo es un complemento del anterior. Está dedicado a analizar con cierto detenimiento un ejemplo de colapso productivo: la decadencia y caída del Imperio Romano de Occidente. Varias son las razones que legitiman su selección. En primer lugar, se trata de uno de los casos más impresionantes de regresión productiva. En segundo término, forma parte del continuo histórico europeo occidental que desembocaría en el desarrollo del capitalismo, el modo de producción que más radical y permanentemente ha desarrollado las capacidades productivas y que impusiera una economía de alcance verdaderamente mundial. Esto ha llevado a que sea frecuente considerar al proceso europeo como el tipo de desarrollo "normal"; idea asociada a la creencia de que en la historia europea el ascenso productivo fue permanente. En tercer lugar, se trata de una de aquellas "grandes transiciones" que la teoría de la primacía de las fuerzas productivas se propondría explicar. Finalmente, es un buen caso para evaluar la pertinencia y la fertilidad de la *tesis de la primacía de las relaciones de producción*, a cuya elucidación y defensa estarán dedicados los tres capítulos siguientes.

La decadencia romana, el final de la esclavitud antigua y los orígenes del modo de producción feudal son algunos de los temas más debatidos por los historiadores. Los especialistas no se ponen de acuerdo siquiera en cuándo fechar el fin del mundo antiguo o los comienzos del feudalismo. Tampoco existe consenso respecto a la importancia de la esclavitud en la antigüedad. Para algunos el punto de inflexión que pone fin a la sociedad esclavista antigua (en el caso que se acepte esta definición) se produce con la crisis del siglo III; otros prefieren la caída del Imperio Romano de Occidente, en el 476; hay quienes aún retrasan más el deslinde hasta los siglos VIII o X, y finalmente hay quienes prefieren considerar un larguísimo proceso de transición —entre el siglo III (o el V) y X— no dominado ni por el esclavismo ni por el feudalismo. Tras estas disímiles preferencias cronológicas suelen ocultarse divergentes concepciones teóricas. Aquellos que identifican el *feudalismo* con la *servidumbre* colocan su origen en el siglo III, con el desarrollo del colonato tardo imperial. Quienes consideran que los rasgos distintivos del feudalismo son los vínculos feudo-vasalláticos, la desaparición del Estado centralizado y la existencia de poderes jurisdiccionales señoriales sobre un campesinado sometido, retrasan la aparición del feudalismo hasta los siglo X u XI.[110] Personalmente estimo que la servidumbre es un rasgo propio del feudalismo, pero no exclusivo de él. Lleva toda la razón Geoffrey de Saint Croix cuando afirma: "la sola existencia de la servidumbre no justifica, desde luego, el empleo de ninguna expresión de ese estilo («feudal», «cuasifeudal»), pues se dieron formas de servidumbre en muchas sociedades que escaso o nulo parecido habrían tenido con las europeas de la Edad Media que con toda legitimidad pueden llamarse «feudales»".[111] Yo aceptaría la definición de "modo de producción feudal" de Perry Anderson:

---

[110] Un resumen de los debates suscitados al respecto se encuentra en M. A. Carzolio, «Controversias en torno al fin de la esclavitud y transición al feudalismo», *Revista de Historia*, N° 6, Neuquén, 1996, pp. 57-72.

[111] G. E. M. de Sainte Croix, *La lucha de clases en el mundo griego antiguo*, p. 315.

El productor inmediato –el campesino– estaba unido a los medios de producción –la tierra– por una relación social específica. La fórmula literal de esa relación la proporciona la definición legal de la servidumbre: *glebae adscripti*, o adscriptos a la tierra; esto es, los siervos tenían una movilidad jurídica limitada. Los campesinos que ocupaban y cultivaban las tierras no eran sus propietarios. La propiedad agrícola estaba controlada privadamente por una clase de señores feudales, que extraían un plusproducto del campesinado por medio de relaciones de compulsión político-legales. Esta coerción extraeconómica, que tomaba la forma de prestaciones de trabajo, rentas en especie u obligaciones consuetudinarias del campesino hacia el señor, se ejercía tanto en la reserva señorial, vinculada directamente a la reserva del señor, como en las tenencias o parcelas cultivadas por el campesino. Su resultado necesario era una amalgama jurídica de explotación económica con autoridad política. El campesino estaba sujeto a la jurisdicción de su señor. Al mismo tiempo, los derechos de propiedad del señor sobre su tierra era normalmente sólo de grado: el señor recibía la investidura de sus derechos de otro noble (o nobles) superior, a quien tenía que prestar servicios de caballería, esto es, provisión de una ayuda militar eficaz en tiempo de guerra. En otras palabras, recibía sus tierras en calidad de feudo.[112]

Así como acepto la definición de Anderson, también adopto su cronología general del feudalismo: "El feudalismo apareció […] en Europa occidental en el siglo X, se expandió durante el siglo XI y alcanzó su cenit a finales del siglo XII y durante todo el siglo XIII".[113]

Pues bien, la producción esclavista romana entró en crisis en el siglo III, y para el siglo V, como una fecha muy tardía, ya había dejado de predominar, esto es, ya no era la forma principal de

---

[112] P. Anderson, *Transiciones de la antigüedad al feudalismo*, México, Siglo XXI, 1987, pp. 147-148.
[113] Ídem., p. 185.

captación de plustrabajo por parte de la clase dominante,[114] pero no fue reemplazada por el modo de producción feudal. La decadencia del esclavismo abrió las puertas a distintas relaciones serviles o cuasi-serviles; pero pasarían seis o siete siglos entre el desarrollo del colonato y la consolidación del modo de producción feudal.

¿Cuál fue la razón de la decadencia del modo de producción esclavista? ¿Existe alguna conexión entre la crisis de este sistema y la caída del Imperio Romano de Occidente? ¿Constituían las relaciones esclavistas una traba para el desarrollo de las fuerzas de producción? ¿Fueron remplazadas las relaciones esclavistas por relaciones de producción capaces de utilizar fuerzas productivas más eficaces? Intentar responder a estos interrogantes es la tarea que ahora me propongo acometer. Y comienzo señalando algunos equívocos.

No siempre se ha tenido suficientemente en cuenta que las consideraciones de Marx y Engels sobre el fin de la esclavitud antigua no avalan la tesis tecnologicista expuesta en el Prefacio de 1859. En un pasaje famoso de *El origen de la familia, la propiedad privada y el Estado*, Engels sentencia: "La esclavitud ya no producía más de lo que costaba, y por eso acabó por desaparecer".[115] Esta expresión ha sido habitualmente considerada una de las muestras más contundentes y claras de "economicismo" marxista, pero sin percibir que la afirmación no convalida al determinismo tecnológico o a la teoría de las fuerzas productivas. Lo que esta frase

---

[114] En la antigüedad los esclavos no fueron los responsables del grueso de la producción en casi ningún lugar, pero sí fueron (en Grecia y en Roma) la fuente principal de excedentes para las clases dominantes; y en este sentido específico es indudable que el mundo grecorromano era una "economía esclavista", como arguyera convincentemente De Sainte Croix. Ver *La lucha de clases en el mundo griego antiguo*, p. 70.

[115] F. Engels, *El origen de la familia, la propiedad privada y el Estado*, Buenos Aires, Cartago, 1988, p. 143.

tan afamada implica es que el modo esclavista de producción fue remplazado cuando dejó de ser *rentable*, lo que en modo alguno es lo mismo que decir que haya dejado de desarrollar a las fuerzas de producción. En la explicación de Engels no interviene para nada la supuesta condición de "traba" para el desarrollo de las fuerzas productivas que deberían haber adoptado las relaciones esclavistas de producción. La clave del proceso, según él, radica en el descenso de la rentabilidad de la producción esclavista. ¿Cuál sería la causa de esta caída? Según Engels, básicamente la desaparición de los mercados: "Ni en el campo, en la agricultura en gran escala, ni en las manufacturas urbanas, [la producción esclavista] daba ya ningún provecho que mereciere la pena; había desaparecido el mercado para sus productos".[116] La retracción de los mercados, a su vez, es consecuencia de la voracidad del Estado romano y de su clase dominante. "El comercio que encontraron y que había podido conservarse por cierto tiempo —escribe Engels—, pereció por las exacciones de los funcionarios [...] Empobrecimiento general; retroceso del comercio, de los oficios manuales y del arte; disminución de la población; decadencia de las ciudades; descenso de la agricultura a un grado inferior: tales fueron los últimos resultados de la dominación romana universal".[117] Pese a su aparente simpleza y sus muchas debilidades, la explicación de Engels no está del todo descaminada. Sus puntos más débiles son que no da cuenta de las causas por las que el sistema floreció durante varios siglos (antes de que estallara la crisis a comienzos del siglo III), y el establecimiento de una correlación espuria (o invertida) entre la voracidad del Estado romano, la retracción del mercado y la crisis de la economía esclavista.

---

[116] Ídem., p. 142.
[117] Ídem., pp. 141-142.

La explicación más célebre de la decadencia del esclavismo antiguo es la proporcionada por Max Weber. En opinión de Weber[118] la clausura de la expansión romana —con la consecuente disminución o desaparición de las guerras exteriores de conquista y, por ende, de las grandes *razzias* esclavistas— provocó la disminución de la provisión de esclavos y el inevitable aumento del precio de esta mercancía humana. Como respuesta, los terratenientes romanos habrían optado por aumentar la cría de esclavos dentro de sus dominios, para lo cual, entre otras cosas, impulsaron el colonato, puesto que este sistema favorecía la constitución de familias y la reproducción de la mano de obra.[119] La *colocación* consistía en conceder a un esclavo una parcela de tierra, separándolo de la *chusma* alojada en barracones y convirtiéndolo, de hecho si no de derecho, en un arrendatario (aunque de condición servil). Por esta vía, el

---

[118] M. Weber, "La decadencia de la cultura antigua. Sus causas sociales", en AAVV, *La transición del esclavismo al feudalismo*, Akal, Madrid, 1975, pp. 35-57. Es interesante hacer notar que todas las explicaciones que Weber proporciona en este brillante ensayo tienen un contenido casi exclusivamente económico, aunque no específicamente tecnológico. Weber encuentra en la naturaleza de las relaciones esclavistas de producción tanto la causa del estancamiento tecnológico como de las dificultades manifiestas para la expansión del mercado: "mientras en la Edad Media el trabajo libre y el comercio de géneros crece sin cesar y al fin vencen, en la antigüedad la evolución camina en sentido contrario. ¿Cuál es la causa? Es la misma que limita el progreso técnico de la cultura antigua: la *baratura* de los hombres, que deriva del carácter peculiar de las incesantes guerras de la antigüedad. La guerra antigua era, a la vez, caza de esclavos...". (pp. 39-40).

[119] También Marc Bloch ha insistido en la importancia del cierre de las fronteras, el aumento del precio de los esclavos y la necesidad de la reproducción interna de la mano de obra como causa de la decadencia del régimen esclavista. Ver M. Bloch, "Cómo y por qué terminó la esclavitud antigua", en AAVV, *La transición del esclavismo al feudalismo*, Akal, Madrid, 1981, pp. 159-194. Una tesis semejante ha sido defendida por F. Lot, *El fin del mundo antiguo y los comienzos de la Edad Media*, México, UTEHA, 1956.

antiguo *modo de producción esclavista* basado en la *producción en masa*, se vio gradualmente desplazado por un sistema caracterizado por la producción individual o familiar sobre *pequeñas parcelas*, y en el que los antiguos *esclavos* comenzaron a convertirse —de hecho— en *siervos*.

Paralelamente, hacia el siglo III (o comienzos del siglo IV) una parte considerable de la población trabajadora agrícola, que hasta esa fecha era libre, se vio jurídicamente vinculada a la tierra de una u otra manera (en concreto la vinculación podía ser a la hacienda, a la parcela o a la aldea).[120] Este paso a una condición servil o semiservil afectó no solamente a los arrendatarios o colonos, sino a *"la totalidad de la población agrícola trabajadora* [...] que estuviera inscripta en las listas de contribuyentes".[121] Entre ambos fenómenos —esto es, entre la crisis del modo de producción esclavista y el sometimiento de la población libre— existe un poderoso nexo causal. Como ha argumentado convincentemente De Sainte Croix,

---

[120] Tanto Pierre Dockès como De Sainte Croix coinciden en que el desarrollo del colonato es un proceso en el que converge un cierto ascenso social de los antiguos esclavos (hacia una servidumbre aminorada), con el descenso a la servidumbre de un número considerable de pequeños propietarios o arrendatarios libres. Según de Sainte Croix, la cría de esclavos en grandes cantidades debió provocar que "bajaran las cotas de explotación, pues las esclavas, por lo menos, tendrían que dedicar parte de su tiempo y energías al parto y crianza de los hijos, quitándoselo al trabajo normal, y —lo que es aún más importante— ello se produciría con una gran tasa de mortalidad, pues muchas madres esclavas morirían de parto...". *La lucha de clases en el mundo griego antiguo*, p. 273. La consecuencia inevitable de este descenso de las cotas de explotación es que "la clase propietaria no puede mantener la misma tasa de beneficios producidos por el trabajo de los esclavos, y que, para impedir que caiga su nivel de vida, es de suponer que se vea impulsada a aumentar la cota de explotación de la población libre de condición humilde, como creo que hizo de hecho la clase dirigente romana gradualmente". *La lucha de clases...*, p. 274.

[121] De Sainte Croix, *La lucha de clases...*, p. 294. El subrayado es de ese autor.

el creciente sometimiento y la creciente explotación a que se vieron sometidos los campesinos y demás pobres hasta entonces libres, debe ser explicado como una reacción de la clase de los propietarios a la reducción de sus ingresos provenientes del trabajo esclavo. El mecanismo causal de este proceso sería el siguiente: al aumentar el precio de los esclavos y resultar cada vez más dificultosa (y costosa) su adquisición, los propietarios tendieron a favorecer la procreación de aquellos. Para lograr este objetivo debieron introducir modificaciones dentro de las relaciones de producción, entre ellas: a) conceder un grado mayor de libertad de acción a las mujeres, para permitirles procrear y criar a sus niños; b) mantener un número mayor de individuos pertenecientes a la población esclava: por razones obvias, el número de mujeres y de niños en edad no laboral –antes prácticamente inexistentes en los *latifundia*– creció geométricamente; c) aceptar una mayor estabilidad en la relación entre los sexos, que en muchos casos era lograda por la concesión de parcelas a las familias de esclavos. Tales cambios implicaron un descenso de la tasa de explotación de la población esclava, y supusieron una carga mayor para el conjunto de la economía. La reacción lógica de las clases propietarias fue, entonces, intentar compensar la menor rentabilidad de la mano de obra esclava extendiendo e intensificando los mecanismos de coerción sobre los trabajadores hasta entonces libres, reduciéndolos gradualmente a la servidumbre.

Se podría alegar, empero, que para comprender la caída del Imperio Romano de Occidente es superfluo insistir en un proceso endógeno de decadencia, si es verdad, como lo creía Piganiol, que "el Imperio romano no murió de muerte natural; fue asesinado"[122] por las invasiones bárbaras. Pero son pocos los autores que continúan sustentando creencias como la de Piganiol o Jones, para quien "la

---

[122] Piganiol, *L'Empire cherétien*, citado por Anderson, *Transiciones...*, p. 95.

debilidad interna del Imperio no pudo haber sido un factor importante de su decadencia".[123] Hoy se admite casi universalmente que el Imperio Romano atravesó una profunda crisis interna hacia el siglo III, y que su caída en el siglo V fue provocada por la convergencia de factores internos y externos, pero sin que los primeros ocupen un lugar secundario, sino más bien lo contrario.[124] "La creencia de que «la debilidad interna del imperio no pudo haber sido un factor importante en su decadencia» —escribe Anderson— es claramente insostenible".[125] No puede explicar por qué el imperio occidental sucumbió ante unas bandas bastante primitivas de invasores, ni por qué sobrevivió el imperio oriental.

Walter Runciman, sin embargo, no considera probada la importancia del sistema esclavista para explicar las causas del derrumbe occidental.[126] Estima que el Imperio Romano de Oriente era geográficamente más fácil de defender, y que "sobrevivió sólo por los pelos gracias a una diplomacia y una estrategia militar más hábiles y a la reunión de suficiente dinero para pagarlas". Estas observaciones no parecen del todo convincentes. En primer lugar porque no está probado que el Imperio de Oriente haya sobrevivido "por los pelos"; y en segundo lugar, porque las dimensiones excesivas de la parte occidental estaban estrechamente relacionadas con el

---

[123] Jones, *The later Roman Empire*, II, p. 1068, citado en Anderson, *Transiciones...*, p. 95. Entre quienes recientemente han destacado la importancia primera de los factores externos se cuentan Michael Mann, *Las fuentes del poder social*, vol. I, Madrid, Alianza, 1991 (1986); y Arther Ferrill, *La caída del Imperio Romano. Las causas militares*, Madrid, Edaf, 1998 (1986).

[124] Entre quienes colocan a los factores internos como causa fundamental de la decadencia y caída del mundo antiguo occidental se destacan Edward Gibbon, Michael Rostovtzeff, Max Weber, Marc Bloch, Moses Finley, Peter Brown, Roger Rémondon, P. A. Brunt, G. E. M. de Sainte Croix y Perry Anderson.

[125] P. Anderson, *Transiciones...*, p. 95.

[126] W. Runciman, "¿Sociología comparativa o historia narrativa?", *Zona Abierta*, N° 67/58, 1991.

modo esclavista de producción. Se trata de un aspecto generalmente desapercibido, y al que por ello mismo quiero mencionar. La expansión romana basada en el modo de producción esclavista —cuya provisión de mano de obra provenía del exterior y dependía de la eficacia militar, antes que de la propia reproducción de la población de los territorios en los que imperaba— permitió una anexión territorial más rápida y más vasta de la que hubiera sido posible con otro tipo de relaciones de producción. Esta ventaja inicial, sin embargo, se convirtió en una gran dificultad cuando la mano de obra esclava entró en decadencia: el Imperio debía hacerse cargo de un territorio y de unas fronteras excesivamente grandes. Es sugestivo que durante el Imperio tardío, según algunos cálculos, la Galia tuviera tan solo un tercio de la población de Egipto, cuando su superficie era mayor.[127]

Podemos suponer, pues, que la decadencia del modo de producción esclavista tuvo causas básicamente internas, y que la caída del Imperio Romano (occidental) fue en buena medida una consecuencia —sobredeterminada por las invasiones— de la crisis del sistema esclavista y de la concomitante sobre-explotación de su población libre.

Ahora bien, quienes piensan que la crisis romana es producto más o menos directo de la crisis del modo esclavista de producción, no creen por ello que esta última sea consecuencia de su incapacidad para continuar desarrollando a las fuerzas productivas. Por lo general la crisis del esclavismo romano es asociada íntimamente con el cierre de las fronteras: tal era, como vimos, la tesis de Weber; compartida en sus rasgos generales por Perry Anderson y De Sainte Croix.

Esta tesis, sin embargo, ha recibido algunas críticas de entidad que es necesario considerar. Moses Finley ha señalado que entre

---

[127] Ver Jones, *The later Roman Empire*, Oxford, 1964, vol. II, pp. 1040-1041.

el cierre de las fronteras (14 d. C.) y el comienzo de la decadencia de la esclavitud (comienzos del siglo III) existe una brecha de dos siglos, razón más que suficiente para poner en duda que el fin de la expansión fuera la causa de la decadencia de la esclavitud. Este hiato cronológico, evidentemente, no puede ser menospreciado. Pierre Dockès también ha insistido en él. Pero las propuestas de Finley y de Dockès para solucionar este problema no resultan satisfactorias. Finley sugiere que el mecanismo básico debe ser buscado en la degradación de la ciudadanía en el Imperio con la consecuente distinción jurídica entre *honestiores* y *humillores,* y el sometimiento del campesinado libre a una condición cada vez más dependiente. Esta solución, además de dejar inexplicada la causa de la degradación jurídica de la ciudadanía (que, como vimos, De Sainte Croix cree íntimamente asociada a la decadencia del trabajo esclavo), presenta los mismos problemas cronológicos de la hipótesis que critica: la diferenciación entre *honestiores* y *humillores* data del siglo II, mientras que la crisis del esclavismo no sobreviene hasta el siglo III. También resulta insatisfactoria la propuesta de Dockès, para quien el elemento decisivo debe ser buscado en la alteración de la correlación de fuerzas entre las clases, vale decir, en la mayor eficacia de la lucha social de los esclavos, determinada a su vez por la decadencia del Estado imperial a causa de la reducción de su base social: los campesinos libres (de vez en vez expropiados y sometidos por la expansión de los grandes latifundios). Según Dockès, la decadencia del Estado habría disminuido su capacidad represiva, lo cual favoreció las luchas y rebeliones de los esclavos.[128] El problema de esta hipótesis es que no existen pruebas de rebeliones generalizadas de esclavos. Las *bacaudae*[129] se desarrollaron a partir

---

[128] P. Dockès, *La liberación medieval*, México, FCE, 1984, pp. 96-111.

[129] El estudio clásico sobre las *bacaudae* es el de E. A. Thompson, "Revueltas campesinas en la Galia e Hispania Bajo Imperial", en AAVV, *Conflictos sociales en la Hispania Antigua*, Akal, Madrid, 1977, pp. 61-76. Según Thompson, aunque

de fines del siglo III, cuando la crisis ya era evidente, y tuvieron un carácter más local que generalizado.[130]

Pero por deficientes que sean estas argumentaciones, el hiato temporal señalado por Finley y otros parece un golpe duro contra la eficacia de la explicación que liga la crisis del modo esclavista de producción con el cierre de las fronteras. Aunque debemos considerar que tal asimetría "es posible que se deba a los efectos mitigadores de la crianza y de la compra en las fronteras", como lo supone Anderson,[131] los (casi) dos siglos transcurridos entre el cierre de las fronteras y la decadencia de la esclavitud agrícola parecen un lapso excesivamente largo. Con todo, la presunción de que el régimen esclavista entró en crisis en el siglo tercero d.C. quizás debería ser matizada. Lo que sin dudas aparece hacia esas fechas (y se consolida en el siglo IV) es la sanción legal de la adscripción a la tierra y la generalización legal del colonato. Sin embargo, parece haber suficientes pruebas de que el retroceso en la explotación de la mano de obra esclava, y especialmente el esclavismo en chusma, comenzó mucho antes.[132]

---

se pueden considerar como antecedentes la revuelta de Materno (fines del siglo II) y las acciones de la banda de Bulla (comienzos del siglo III), "fue cerca del 283-4 cuando los bacaudae hicieron su primera aparición bajo ese nombre", en la Galia. Las revueltas de los bacaudae continuaron estallando, de forma intermitente, hasta el siglo V.

[130] Las exageraciones de Dockès al pretender convertir a la lucha de clases abierta de los esclavos (la resistencia y/o la rebelión) en la causa activadora fundamental de la disminución de la esclavitud en el mundo antiguo no debe impedirnos aceptar un aspecto importante de su argumentación: la disminución del campesinado libre (y su sometimiento) minó el poderío militar del Imperio, tanto para la represión interna como para la defensa o conquista externa. Al respecto ver las atinadas consideraciones de De Sainte Croix en *La lucha de clases...*, pp. 306-314.

[131] P. Anderson, *Transiciones...*, p. 80, nota 42.

[132] Ver De Sainte Croix, *La lucha de clases...*, pp. 267-305. En la p. 280, por ejemplo, podemos leer: "No tiene por qué sorprendernos... que encontremos

Chris Wickham, quizás exagerando la nota, ha sostenido que podemos prescindir del sistema esclavista (y de su supuesta crisis) para comprender el tránsito del mundo antiguo al feudalismo, puesto que no existen evidencias de que haya sido predominante en el Bajo Imperio.[133] Según este autor el modo de producción esclavista remplazó —como sistema *predominante* en una formación social en la que conviven dos o más sistemas diferentes— al modo

---

testimonios ya a partir del siglo I a. C. que nos hablan de esclavos establecidos prácticamente como colonos de determinadas fincas rústicas, situación que debió extenderse sin que haya dejado rastros en nuestras fuentes, pero que conocemos por las citas que aparecen en el *Digesto* de Justiniano y que datan de algunos juristas anteriores cuyas obras se citan...".

[133] Ch. Wickham, "La otra transición: del mundo antiguo al feudalismo", *Studia Histórica*, 1989, pp. 7-35. No me queda muy claro si Wickham estaría de acuerdo con A. H. M. Jones, *Later Roman Empire*, Oxford, 1964, quien ya había insistido en que se debía conceder menos importancia al esclavismo como sistema productivo. En todo caso, vale aclarar que la tesis de Wickham se aplica sólo al mundo romano de los siglo IV y V. Más recientemente, la marxista E. M. Wood también ha cuestionado la concepción del mundo antiguo como una sociedad e incluso como una economía esclavista. En su opinión se trataba, sobre todo en la Grecia clásica, de una economía de campesinos ciudadanos. Ver E. M. Wood, *Paesant-Citicen and Slave. The Foundations of Athenian Democracy*, Londres, Verso, 1990 y "El trabajo y la democracia antigua y moderna", en *Democracia contra capitalismo*, Cap. 6, México, Siglo XXI, 2000 (1995). En mi opinión esta tesis no se sostiene. Coincido plenamente con P. Anderson cuando dice respecto del libro recién citado de Wood: "No obstante sus muchos méritos [...] esta obra es exclusivamente representativa de una posición negativa en la polémica que nos ocupa para ofrecer una explicación satisfactoria de la dinámica de la sociedad ateniense: las interrelaciones estructurales entre autonomía campesina y la abundancia de esclavos no se exploran realmente, lo que hace que la promesa implícita en el título de la obra quede sin cumplir, como si los fundamentos de la democracia ateniense procedieran de los pequeños propietarios y no de los esclavos, en vez de tener su origen en la conexión entre ellos". "Geoffrey de Sainte Croix y el mundo antiguo", en *Campos de batalla*, Barcelona, Anagrama, 1998, p. 28, nota.

de producción antiguo hacia el siglo I a. C; pero hacia el siglo III el modo de producción antiguo habría recobrado la preeminencia, hasta ser finalmente reemplazado por el feudalismo, sistema que convivió con el antiguo, aunque en una situación de subordinación, entre los años 300 y 700. La conceptualización de Wickham resulta controvertida y, a mi juicio, poco satisfactoria. Para este autor "feudalismo" equivale a la exacción de *rentas* al campesinado por parte de una clase de terratenientes; y el "modo antiguo" es identificado con los *impuestos* recaudados por el Estado. Pero sean cuales sean los méritos o deméritos del escrito de Wickham, en el mismo no se establece correlación alguna entre el reemplazo del "modo de producción antiguo" por el modo "esclavista" y el desarrollo de las fuerzas productivas, ni tampoco entre desarrollo de las fuerzas de producción (o estancamiento de las mismas), crisis del esclavismo y nueva preeminencia del "modo antiguo". Tampoco pone en cuestión que los máximos niveles de rendimiento agrícola hayan sido alcanzados en el siglo II, cuando señoreaba el esclavismo.

A mi juicio es imposible comprender la decadencia y caída del Imperio Romano de Occidente sin tener en cuenta los efectos provocados por el régimen esclavista y su crisis. Esto no significa, en modo alguno, sostener que en la sociedad romana el esclavismo era predominante (como modo de apropiación de excedentes por parte de la clase propietaria) hasta el siglo V. Significa, más bien, que la sociedad y el Estado romano sufrieron un lento proceso de decadencia económica y desestructuración social que acabó minando la solidaridad de los campesinos ciudadanos para con su Estado y para con la clase de los propietarios, por un lado, y enajenado a esta clase de sus deberes para con ese mismo Estado, por el otro. El resultado fue la indefensión del imperio ante las incursiones de los bárbaros. Mi discrepancia fundamental con Wickham, haciendo a un lado todo lo referente al uso de los conceptos de modo de producción feudal y antiguo, consiste en que él no establece ningún nexo causal entre la crisis del modo esclavista de producción y el paso a lo que denomina el "modo antiguo", que a su vez sería sustituido por el "modo feudal". Para entender la decadencia y caída de Roma es necesario analizar la crisis del modo esclavista, aún cuando entre su crisis y la caída definitiva del Imperio de Occidente exista una diferencia de varios siglos.

En la crisis del modo esclavista de producción se conjugaron una serie de causas cuya importancia relativa es difícil de estimar. Es evidente que el cierre de las fronteras, la disminución de la provisión de esclavos, y el inevitable aumento de los precios de esta mercancía humana constituye un proceso que ha tenido una gran influencia. Pero no ha sido su única causa. Otros fenómenos convergentes se conjugaron con ella. Es cosa sabida que la producción esclavista alcanzaba sus mayores rendimientos y sus mayores tasas de rentabilidad en las *villae* de extensión mediana (entre 100 y 200 hectáreas), en las que el amo podía mantener un control directo más o menos permanente. El aumento del tamaño de las fincas y –quizás aún más– la multiplicación de grandes y dispersas propiedades agrícolas en manos de un mismo dueño,[134] debió provocar que la utilización de esclavos y la explotación directa ya no resultasen tan rentables. Esto es lo que piensa De Sainte Croix, quien escribe: "Se consideró siempre muy necesaria la presencia

---

[134] No existe la menor duda respecto de la increíble concentración de tierras y riquezas en manos de los magnates. Perry Anderson, siguiendo a Brown, sostiene que "los ingresos medios de la aristocracia occidental durante el siglo IV fueron aproximadamente cinco veces superiores a los de sus predecesores del siglo I". Anderson, *Transiciones...*, p. 100. Aquí conviene señalar que esta pauta de concentración de riquezas constituye una peculiaridad del occidente romano. En su oriente, por el contrario, las fortunas aristocráticas eran mucho menores. El sistema de patronazgo, paralelo a la concentración de riquezas, nunca llegó a extenderse en Oriente en medida ni siquiera comparable con Occidente.

del terrateniente en persona durante la mayor parte del año en la finca que fuera explotada directamente por esclavos"; y remata:

> La solución obvia para esta gente consistía en arrendar sus tierras en la mayor medida posible, y es de suponer que así lo hicieran las más de las veces, pues muchos latifundistas de occidente (y en alguna medida también en el oriente griego) poseían fincas diseminadas aquí y allá por diferentes lugares, que difícilmente hubieran podido supervisar en persona, aunque hubiesen querido hacerlo. La impresión que yo tengo es que, hasta finales de la república, los romanos ricos tal vez solieran tener fincas bastante concentradas en el mismo sitio… pero que a finales de la República, y en mayor medida aún durante el principado y el imperio tardío, es de suponer que tuvieran posesiones cada vez más dispersas… Esto es lo que habría estimulado por sí solo los arrendamientos, por los motivos que acabo de explicar.[135]

Al paradójico proceso de *concentración* (en pocas manos) y *dispersión* (geográfica) de las propiedades rústicas debemos sumar la tendencia gradual a cultivar tierras de inferior calidad. Esto era debido a que las tierras más fértiles ya estaban en producción desde

---

[135] G. E. M. de Sainte Croix, *La lucha de clases…*, pp. 284-285. Según Gonzalo Bravo "la mano de obra esclava siguió existiendo en determinadas explotaciones, las de mediana extensión, y fue —salvo excepción— prácticamente inexistente en otras, las grandes propiedades rurales, que constituyeron ahora el núcleo del sistema económico y financiero del Imperio. Por tanto, en términos cuantitativos y cualitativos, la forma de explotación esclavista dejó paso a la forma de explotación colonaria, puesto que la base económica de la sociedad bajoimperial la constituían las grandes propiedades rurales y los *coloni*, de diversas categorías y situaciones, que explotaban sus parcelas en los grandes dominios imperiales y privados". G. Bravo, *El colonato tardoimperial*, Colección "Historia del mundo antiguo", N° 63, Akal, Madrid, 1991, p. 10. De cualquier manera, y a modo de objeción parcial, debo señalar que el hecho de que un propietario arriende sus propiedades rústicas no implicaba siempre, necesariamente, que los arrendadores fueran campesinos: en algunos casos podían ser arrendadas por grandes o medianos empresarios que utilizaban el trabajo de esclavos.

antaño, y sólo se podían incorporar nuevas tierras de rendimientos inferiores. Ahora bien, Columela recomendaba enfáticamente la explotación directa por medio de esclavos si la tierra era fecunda y si se podía establecer un eficaz sistema de vigilancia, pero preconizaba el arrendamiento cuando no se pudiera montar una vigilancia eficaz o cuando las tierras cultivables fuesen de deficiente calidad. Ambos procesos —concentración/dispersión y cultivo de tierras de baja calidad— favorecían la tendencia a arrendar las tierras y colocar a los *servus*, en desmedro de la explotación directa esclavista. No debemos olvidar que aunque el colonato recién se generaliza hacia el siglo III, la disminución de las explotaciones directas y el aumento de los arrendamientos y de los *coloni* son tendencias que se manifiestan desde el siglo I, y que se profundizan a lo largo de todo el siglo II.

No parece descabellado, pues, sostener que la tendencia a la colonización se vio favorecida por tres fenómenos convergentes cuya importancia relativa es difícil de estimar, aunque no puede descartarse que, efectivamente, el cierre de las fronteras haya cumplido un papel fundamental. Los tres fenómenos a los que me refiero son: a) el aumento del tamaño y la dispersión espacial de las explotaciones, b) el cultivo de tierras de inferior calidad y c) el incremento del precio de los esclavos como consecuencia del cierre de las fronteras. Todo esto provocó una disminución en los ingresos de la clase dominante, razón fundamental de la creciente explotación (directa e indirecta)[136] y del gradual sometimiento a los

---

[136] G. E. M. de Sainte Croix, *La lucha de clases…*, p. 244, define a la "explotación indirecta" como sigue: "Con el término formas de explotación «indirecta y colectiva» me refiero no a los pagos o servicios prestados por un individuo a otro, sino a los que la autoridad del estado… exigía ya fuera de una comunidad entera (por ejemplo, de una aldea), o bien de determinados individuos. Tales servicios adoptarían una de estas tres formas principales: 1) contribuciones, en

que sometió al campesinado.[137] Al estallar la crisis, a comienzos del siglo III, la tendencia a la colonización debió profundizarse, debido tanto a las presiones estatales cuanto a las crecientes dificultades de los terratenientes para evitar la fuga de esclavos, mantener una vigilancia y un control efectivos, y adquirir nuevos trabajadores. En tal contexto la degradación del poderío militar provocado por el sometimiento del campesinado libre dejó indefenso al imperio ante las presiones bárbaras y facilitó la resistencia de los esclavos (resistencia ésta que, sin ser la causa directa de la decadencia de la esclavitud, sí contribuyó en alguna medida a este proceso).[138] Si tuviera que elegir una explicación breve de la decadencia y caída del imperio romano escogería la de Sainte Croix:

---

dinero o en especie; 2) servicio militar obligatorio, 3) prestaciones obligatorias humillantes, tales como la *angariae*".

[137] Algunos autores insisten en la influencia del Estado en el desarrollo del colonato. Por ejemplo, Gonzalo Bravo sostiene que con el nuevo sistema impositivo bajoimperial la liberación progresiva de los antiguos *servi* "y la cesión del *fundus* en parcelas arrendadas a los *coloni* correspondientes, significaba generalmente reducir la cuantía de las obligaciones fiscales". Este mismo autor también señala que "aunque el colonato pudo ser una forma de explotación poco rentable en algunas propiedades, se reveló especialmente eficaz para los intereses del Estado en fomentar la explotación de nuevas tierras ganadas al cultivo (*loca inculta*) y mantener la producción en tierras abandonadas (*agri deserti*)". G. Bravo, *El colonato bajoimperial*, p. 26.

[138] Según Perry Anderson, la debilidad militar del Estado romano tardío no fue una consecuencia del creciente sometimiento del campesinado, sino de la "apatía patricia" para financiar y mantener a las huestes que debían defenderla. Esto habría sido provocado por la exclusión del orden senatorial del mando militar en tiempos de Diocleciano, mando que nunca recuperaría. Esto habría inducido a los aristócratas a una evasión generalizada de los impuestos, el ocultamiento de jóvenes llamados a filas y la hostilidad ante los oficiales de profesión encargados de las fuerzas imperiales en las provincias. Ver P. Anderson, "Geoffrey de Ste. Croix y el mundo antiguo", pp. 47-48. Ambas causas, sin embargo, pueden perfectamente complementarse.

Tal como yo lo veo, el sistema político romano facilitó una explotación económica intensísima y en último término destructiva de la gran masa del pueblo, ya fuera libre o esclava, haciendo imposible cualquier reforma radical. El resultado fue que la clase propietaria, los hombres verdaderamente ricos, que habían creado deliberadamente ese sistema en su propio beneficio, exprimieron hasta agotarla la savia de su mundo y destruyeron de ese modo la civilización grecorromana en una gran parte del imperio [...] Tal, creo yo, fue el principal motivo de la decadencia de la civilización clásica. *Yo diría que las causas de la decadencia fueron sobre todo económicas y sociales.* La estructura política tan jerárquica del imperio romano desempeñó, naturalmente, un papel importante; pero *fue precisamente la clase propietaria en cuanto tal la que, a largo plazo, monopolizó el poder político, con la finalidad bien definida de mantener y aumentar su parte en el excedente* relativamente pequeño que podía extraerse de los productores primarios. Los historiadores no marxistas han definido normalmente este proceso como si hubiera sido más o menos automático, algo que «ocurrió sin más». [...] (Según Gibbon) «la estupenda fábrica cedió por la presión de su propio peso» [...] (y Peter Brown afirma que), «en definitiva, parece que la prosperidad del mundo mediterráneo se agotó hasta el fondo». [...] Si yo buscara una metáfora para definir la enorme y cada vez mayor concentración de riquezas en manos de las clases altas que se produjo, no me inclinaría por algo tan inocente y automático como el agotamiento: *preferiría pensar en algo mucho más voluntario y deliberado, tal vez en un vampiro.*[139]

---

[139] G. E. M. de Sainte Croix, *La lucha de clases en el mundo griego antiguo*, pp. 584-585. Las cursivas son mías. En otro pasaje De Sainte Croix escribe: "Yo diría que lo que en último término provocó la desintegración del imperio romano fue la conjunción de un poder económico y político ilimitado en manos de la clase propietaria, de su emperador y de su administración". *La lucha de clases...*, p. 579.

En esta explicación la supuesta traba que las relaciones esclavistas de producción representarían para el desarrollo de las fuerzas productivas no cumple ningún papel evidente. Y a decir verdad, la mayor parte de los autores marxistas no han utilizado ningún argumento de este tipo para explicar esta transición. Quizás la única excepción importante sea Charles Parain.

En una serie de trabajos Parain ha sostenido que las relaciones feudales sólo aparecieron cuando el desarrollo productivo dio un "salto hacia adelante" y alcanzó cierto "estadio" o introdujo novedosas técnicas capaces de sentar las bases materiales (antes inalcanzadas) del modo de producción feudal. Este autor ha insistido en que el feudalismo medieval está ligado directamente a un nuevo nivel de desarrollo de las fuerzas productivas, adquirido hacia el siglo IX.[140] Pero esta concepción es muy difícil de sostener. En primer lugar es muy poco lo que sabemos de las técnicas utilizadas en Europa entre los siglo V y VIII. Como ha señalado Duby: "de estos útiles apenas sabemos nada. Son peor conocidos que los de los campesinos del neolítico".[141] Hasta donde se sabe, el arado utilizado en esta época era de madera, construido no por un especialista capaz de trabajarlo de manera más compleja, sino por la masa campesina. Pierre Dockès, luego de un detenido análisis de las evidencias empíricas y de la literatura pertinente, arriba a la

---

[140] Ch. Parain, "De l'antiquité au féodalisme", en *Quel avenir attend l'homme?*, *Entretiends de Royaumont*, París, P.U.F., 1961; "Le dévèloppement des forces productives dans l'Ouest du Bas-Empire", *La Pensée*, N° 196, 1977; "Caracteres generales del feudalismo" y "Evolución del sistema feudal europeo", en AA.VV., *El modo de producción feudal*, Buenos Aires, Ediciones de ambos mundos, 1982. Una tesis semejante a la de Parain ha sido defendida por S. Kovaliov, "El vuelco social del siglo III al V en el Imperio romano de Occidente", en AA. VV., *La transición del esclavismo al feudalismo*, Madrid, Akal, 1989.
[141] G. Duby, *Guerreros y campesinos. Desarrollo inicial de la economía europea 500-1200*, México, Siglo XXI, 1987, p. 17.

siguiente conclusión: "es muy difícil formarse una opinión a cerca del estado de las fuerzas productivas entre el siglo V y el final del IX", aunque una cosa le queda bastante clara: "no hay «salto hacia adelante»".[142] No existen evidencias respecto de la introducción de nuevos medios técnicos que se conviertan en la "base material" del feudalismo, como pretende Parain. Tampoco se registran rendimientos por hectárea superiores a los alcanzados en el siglo II. Todo indica que una misma base tecnológica, y semejantes niveles de productividad, resultaron históricamente compatibles con una variada gama de relaciones de producción: los esclavos agrupados en "chusmas" convivían con arrendatarios libres, tenientes serviles, pequeños propietarios y jornaleros.[143]

En un trabajo reciente y de contextura magnífica bajo todos los aspectos, Francisco Herreros Vázquez ha intentado la defensa de lo que considera un "materialismo histórico débil", que sigue reconociendo la primacía de las fuerzas productivas, aunque de un modo atenuado. En el capítulo anterior tuve ocasión de analizar con cierto detalle los desarrollos teóricos de este autor; aquí me limito a sus argumentos en favor de una interpretación "tecnológica débil" de la transición del esclavismo al feudalismo.

Herreros acepta una explicación de la decadencia de la esclavitud antigua compatible en muchos aspectos con la aquí expues-

---

[142] P. Dockès, *La liberación medieval*, p. 202. Para una discusión sobre la supuesta introducción de nuevos medios técnicos ver pp. 200-202.

[143] R. Doehaerd, *Occidente durante la Alta Edad Media. Economías y sociedades*, Barcelona, Labor, 1974, pp. 100-116, nos muestra que en la Alta Edad Media las pequeñas explotaciones campesinas lograron sobrevivir junto a las medianas y grandes propiedades señoriales, en las cuales se utilizaba una variada gama de mano de obra: esclavos, arrendatarios serviles (colonos), asalariados y prebendados (campesinos que carecían de tierras propias y estaban a disposición de los latifundistas durante toda la semana, a cambio de lo cual recibían una *prebenda* o reparto gratuitos de alimentos).

ta[144]; ello no obstante, asegura que la imposibilidad del modo de producción esclavista para desarrollar las fuerzas de producción desempeñó en el proceso un papel clave. Son dos las principales tesis que sostiene:

- El modo de producción esclavista desaparece cuando ha desarrollado todas las fuerzas productivas que caben en su seno.

- La crisis del modo de producción esclavista provoca el inicio de un proceso de lucha de clases por el control del excedente y de la tierra que termina con el triunfo de la clase social representante de las relaciones de producción feudales (pero no tenía por qué ser así necesariamente: dependía de la lógica interna del proceso de lucha de clases).[145]

El aspecto tecnológicamente determinista estaría dado por el origen de la crisis del sistema y de la subsiguiente guerra de clases; el aspecto indeterminado por el resultado de la lucha.[146] Herreros acepta que el modo esclavista de producción entró en crisis con el cierre de las fronteras y la concomitante escasez de esclavos, y que ello condujo a una dura lucha de clases entre los latifundistas y el campesinado (hasta entonces) libre. Sin embargo, la causa "profunda" de este proceso de lucha fue "la incapacidad del modo

---

[144] F. Herreros Vázquez, *Hacia una reconstrucción del materialismo histórico*, Madrid, Istmo, 2005, pp. 91-130.

[145] Ídem., p. 130.

[146] "(L)a contradicción entre relaciones de producción y fuerzas productivas no lleva necesariamente a un modo de producción determinado. Lo máximo que se puede decir con respecto al desarrollo de unas determinadas relaciones de producción, como las capitalistas, es que si la traba de las relaciones de producción sobre las fuerzas productivas se repite muchas veces, hay una alta probabilidad de que los procesos de lucha de clase generados por esas distintas trabas tengan como resultado el desarrollo accidental de unas relaciones de producción capitalistas". F. Herreros Vázquez, *Hacia una reconstrucción del materialismo histórico*, p. 88.

esclavista de producción para desarrollar las fuerzas productivas".[147] Una vez que el flujo de esclavos aminoró, "el modo de producción esclavista fue incapaz de incorporar nuevas técnicas ahorradoras de trabajo" capaces de incrementar la productividad, a pesar de que esas técnicas —el instrumento de recolección llamado *vallus*, una nueva collera que permitía el uso de caballos de tiro, el arado pesado o *carruca*— "estaban disponibles desde hacía tiempo".[148] Criticando a Kovaliov, reconoce que el desarrollo del colonato "no obedecía a ningún intento de hacer corresponder el desarrollo de las fuerzas productivas a las relaciones de producción": el colonato primero y el feudalismo después serían los resultados no queridos de un proceso de lucha de clases. Pero este proceso se habría desatado por la incapacidad del esclavismo para desarrollar las fuerzas de producción. ¿Es convincente este argumento?

Que la clase dominante eligiera en general expoliar a lo que quedaba de campesinado libre (para compensar la caída de la rentabilidad de la explotación de los esclavos) no demuestra que el modo de producción esclavista fuera incapaz de contener otras tecnologías o de alcanzar un nivel mayor de productividad del trabajo. Las modernas investigaciones han puesto de relieve que el esclavismo puede ser compatible con tecnologías muy desarrolladas. El progreso técnico fue compatible, hasta el final del Imperio Romano, con las formas de esclavitud más extremas y brutales, tanto en las minas como en los *latifundia*.[149] Eugene Genovese, uno de los más importantes especialistas en la esclavitud norteamericana —caracterizado, además, por insistir en el aspecto *subproductivo* del esclavismo con respecto al capitalismo, en oposición a los adalides de la *New Economic History*— reconoce que el plantador sudista que se

---

[147] F. Herreros Vázquez, *Hacia una reconstrucción del materialismo histórico*, p. 106.
[148] Ídem..
[149] P. Dockès, *La liberación medieval*, p. 185.

beneficiaba de las ventajas de la *producción masiva esclavista* no obtenía de su plantación rendimientos superiores, *pero tampoco inferiores*, a los que producían las pequeñas explotaciones de los estados libres del Norte que funcionaban en el marco de una *economía capitalista* y compensaban su pequeña escala con una *maquinaria superior*. Como ha señalado Pierre Dockès, confrontado el esclavismo con un sistema infinitamente menos dinámico que el capitalismo, esto es, confrontado con el feudalismo, "no parece que la esclavitud en chusma haya debido ser por término medio más obstaculizadora" que aquél.[150] ¡Y esto para no hablar de la utilización de mano de obra esclava, cuasi esclava, forzada y/o servil en el siglo XX y en el recién estrenado siglo XXI! Pensemos en los campos de concentración nazis, en el *Gulag*, o en los millones de seres humanos (muchos de ellos niños) que todavía hoy, según la Organización Internacional del Trabajo, continúan sometidos a formas serviles de explotación. Se dirá que son reminiscencias. Quizás. Pero en todo caso son reminiscencias que se resisten a desaparecer, eventualmente se refuerzan, y se muestran capaces de sobrevivir junto al modo de producción más productivamente revolucionario que haya conocido la humanidad.

Herreros reconoce que la mano de obra esclava se continuó utilizando durante toda la Edad Media; pero no parece dar importancia al hecho de que el modo de producción esclavista, andando el tiempo, se mostraría capaz de contener tecnologías bastante más complejas que las existentes en el siglo I, y de competir, cuando menos, con los niveles de productividad del capitalismo inicial. Es significativo que no analice la historia posterior del modo esclavista de producción, y por ello no ofrece ningún argumento que le permita compatibilizar su tesis, con la evidencia de producción esclavista empleando las tecnologías de los siglos XVIII y XIX.

---

[150] Ídem., pp. 185-186.

Me imagino que una línea posible de defensa ante una objeción de este tipo podría consistir en la introducción de una diferencia entre la "importación" de tecnologías desarrolladas por modos de producción más "progresistas", por un lado, y el desarrollo autónomo de nuevas tecnologías al interior de un modo de producción, por el otro. Pero esta distinción, indudablemente importante, no resulta del todo pertinente en nuestro caso: las técnicas ya estaban disponibles. Podría suceder, empero, que los esclavistas de la antigüedad —a diferencia de sus sucesores del siglo XIX, que incorporaron tecnologías ya largamente experimentadas— no estuvieran dispuestos a arriesgarse con técnicas de eficacia todavía no completamente comprobada. Es posible. ¿Pero esto se debía a la naturaleza del modo de producción o al contexto general de aquél entonces? Para analizar esto es fundamental considerar dos aspectos: a) los incentivos para innovar, b) la posibilidad de incorporar nuevas tecnologías sin modificar las relaciones de producción.

Estoy dispuesto a aceptar que el modo de producción esclavista ofrecía pocos incentivos a la innovación tecnológica.[151] Pero una

______

[151] Pero este punto no debe ser exagerado. El modo esclavista de producción no es incapaz de progreso técnico, opinión esta última, dicho sea de paso, que nunca sostuvo Marx. Al respecto permítaseme citar a De Sainte Croix: "Yo tampoco conozco que haya nada en Marx que pueda justificar la opinión de que pensaba que el esclavismo constituyera un obstáculo insalvable para el progreso técnico. Y tampoco lo hace Engels en *El origen de la familia, la propiedad privada y el Estado*, aunque en las notas preparatorias del *Anti-Dühring* llama al esclavismo «impedimento para una producción más desarrollada», y dice que Grecia «pereció también por causa del esclavismo»; y en el texto de la obra vemos la afirmación que reza que el esclavismo fue «una de las principales causas de la decadencia» de los pueblos entre los que constituía «la forma dominante de producción»". *La lucha de clases...*, p. 642, nota. De Sainte Croix insiste en que para Marx los problemas que la esclavitud engendra, y que pueden tener profundas repercusiones sociales, no se deben en ningún sentido importante a su estancamiento tecnológico.

vez dicho esto es necesario destacar que esta tendencia debía ser especialmente fuerte en los períodos de auge del sistema, cuando la abundante oferta de mano de obra barata favorecía la producción extensiva. Cuando esta curva se invirtió los incentivos para incorporar tecnología debieron aumentar. Si estaban dispuestos a cambiar las relaciones de producción,[152] ¿por qué los propietarios de esclavos no estarían dispuestos a incorporar nuevas tecnologías? Aquí es cuando pasamos al punto b). ¿Eran incompatibles las tecnologías ya conocidas pero todavía sub-utilizadas con el trabajo esclavo? Como ya se ha visto, la historia posterior muestra que no hay nada en la naturaleza del modo esclavista de producción que le impidiera emplear molinos hidráulicos, arados pesados o caballos con arneses. Si el modo de producción esclavista de la antigüedad romana resultó incapaz de desarrollar las fuerzas de producción, ello se debió menos a su naturaleza intrínseca, que a la peculiar constelación de relaciones de producción dentro de las que el proceso tuvo lugar. Esencialmente, la existencia de un campesinado numeroso, libre y relativamente poco explotado, ofreció a la clase dominante la alternativa de someterlo a la servidumbre para mejor expoliarlo.

En resumidas cuentas, ni el modo de producción esclavista entró en crisis y fue reemplazado por su incapacidad para desarrollar las fuerzas productivas; ni la decadencia de la esclavitud y la caída del Imperio Romano de Occidente implicaron un desarrollo de la productividad. Al contrario, su decadencia y caída supuso una

---

[152] El desarrollo del colonato puede ser descrito como un proceso de lucha de clases, pero en esta lucha los amos tuvieron la iniciativa: ellos *colocaron* a los esclavos y sometieron a la servidumbre a los campesinos libres. Las cosas no salieron del todo como esperaban. Pero no hay dudas de que se propusieron deliberadamente modificar las relaciones de producción.

impresionante regresión.[153] El modo esclavista de producción entró en crisis cuando se agotó el manantial de mano de obra: las dificultades para reproducir la fuerza de trabajo eran el talón de Aquiles de este sistema, más que la incapacidad para incorporar nuevas tecnologías. La escasez y la carestía del trabajo esclavo desató un proceso de lucha de clases abierta entre terratenientes y campesinos, lo cual condujo a la transformación de las relaciones de producción, pero en modo alguno a la inmediata incorporación de nuevas tecnologías ni, muchísimo menos, a un aumento de la productividad: la decadencia de la esclavitud antigua se desarrolló en medio de un colapso productivo. Es altamente plausible que de haber sido capaz de desarrollar las fuerzas de producción el modo esclavista hubiera sobrevivido. Pero esto no convalida el "materialismo histórico débil" de Herreros, porque esta incapacidad se debe menos a la naturaleza del modo esclavista de producción que a la constelación de relaciones de producción existente.

A partir de lo expuesto creo que hay cinco cosas que podemos decir con toda seguridad, y que afectan directamente a lo que aquí nos interesa: la pertinencia o no de la tesis de la primacía de las fuerzas productivas.

Primero, si la decadencia y caída del Imperio Romano de Occidente está estrechamente relacionada con la degradación del

---

[153] No faltará quien arguya, invocando al *Manifiesto comunista*, que cuando unas relaciones de producción se convierten en traba para el desarrollo productivo "se desata una lucha que en todos los casos concluyó con una transformación revolucionaria de toda la sociedad o con la destrucción de las clases beligerantes". El problema es que el célebre *Manifiesto* no hace mención alguna a la teoría de la "primacía de las fuerzas productivas". Todo lo contrario. Muchos lo consideran como la máxima expresión de la teoría de la historia basada en la lucha de clases. De hecho Marx y Engels dicen que la lucha de clases "desembocó siempre en la transformación de la sociedad o en el hundimiento de las clases en lucha"; pero no sostienen (en este escrito) que la lucha estuviera impulsada por la traba al desarrollo de las fuerzas de producción.

modo de producción esclavista[154] —o si lisa y llanamente es una consecuencia de esto último—, *ello no significa que los problemas del esclavismo surgieran de su incapacidad para seguir desarrollando a las fuerzas de producción.*

Segundo, no existen pruebas decisivas de que el modo de producción esclavista fuera incapaz de continuar desarrollando las fuerzas productivas.

Tercero, si la caída romana es considerada fundamentalmente una consecuencia de las invasiones bárbaras, y no de causas internas, entonces es necesario aceptar que una civilización tecnológicamente superior fue derrotada por pueblos de un desarrollo muy inferior.[155]

Cuarto, la destrucción del mundo antiguo y la transformación de sus relaciones sociales de producción (sean cuales hayan sido sus causas) trajeron aparejado un *colapso productivo* (y no un desarrollo).

Quinto, si la explicación aquí proporcionada es acertada, entonces se debe concluir que las causas fundamentales de la decadencia romana se encuentran en las *particulares tendencias de sus relaciones económicas* predominantes; lo cual convalida la tesis de la primacía de las relaciones de producción, pero no la de la primacía de las fuerzas productivas.

En los dos capítulos siguientes propondré una interpretación alternativa del materialismo histórico, basada en la tesis de la primacía de las relaciones de producción.

---

[154] Opinión que comparten, aunque no siempre por las mismas razones, Marc Bloch, Perry Anderson, De Sainte Croix, Pierre Dockès, Moses Finley y muchos otros.

[155] Este fenómeno no es sin embargo algo inusual: sucedió varias veces en la historia china, le ocurrió a Egipto con los hicsos y en América tanto los aztecas como los incas surgieron de regiones marginales.

IV. Marx y la primacía de las relaciones de producción

1. ¿Era Marx partidario de la primacía de las fuerzas productivas?

La tesis de la primacía de las fuerzas productivas —en la reconstrucción de Cohen— presupone una tendencia natural y universal al desarrollo de la productividad, que convierte a las fuerzas de producción en el motor de la historia humana en su totalidad. El cambio social tendría un origen tecnológico que da inicio a una cadena de transformaciones: los cambios en las fuerzas productivas modifican las relaciones de producción, lo que a su vez entraña, de manera más o menos rápida, modificaciones en la superestructura jurídica, en la organización política y en los sistemas de creencias. Es una teoría de este tenor la que Marx expuso en el Prefacio de 1859, donde escribió:

> Al llegar a una determinada fase de desarrollo, las fuerzas productivas materiales de la sociedad entran en contradicción con las relaciones de producción existentes, o, lo que no es más que la expresión jurídica de esto, con las relaciones de propiedad dentro de las cuales se han desenvuelto hasta allí. De formas de desarrollo de las fuerzas productivas, estas relaciones se convierten en trabas suyas. Y se abre así una época de revolución social.[156]

---

[156] K. Marx, *Contribución a la crítica de la economía política*, Buenos Aires, Estudio, 1975 (1859).

La misma idea ya había sido expuesta en una temprana carta a Annenkov:

> Supóngase ciertos grados de desarrollo de las fuerzas productivas del hombre y se tendrá una forma correspondiente de comercio y consumo. Supóngase ciertos grados de desarrollo de la producción, del comercio y del consumo, y se tendrá un orden social correspondiente, una correspondiente organización de la familia, de las jerarquías o de las clases: en una palabra, una correspondiente sociedad civil. Presupóngase una sociedad civil dada y se tendrán condiciones políticas particulares que son sólo la expresión oficial de la sociedad civil.[157]

Incluso el siguiente fragmento de una carta del viejo Engels podría ser interpretado como priorizador de las fuerzas productivas, aunque aquí con el nombre de condiciones económicas:

> Lo que entendemos por condiciones económicas –que consideramos como base determinante de la historia de la sociedad– son los métodos por los cuales los seres humanos de una sociedad dada producen sus medios de subsistencia e intercambian los productos (en la medida en que exista división del trabajo). Luego, está incluida en ellas, *toda la técnica* de la producción y del transporte. [...] Las condiciones económicas incluyen, además, la base geográfica sobre la cual actúan y los vestigios de etapas anteriores del desarrollo económico que realmente han sido transmitidos o que han sobrevivido [...] también, desde luego, el ambiente externo que circunda a esta forma social.[158]

Con todo, el pasaje más rotundo en el que se afirma la primacía de las fuerzas de producción pertenece a la temprana *Miseria de*

---

[157] Marx a Annenkov, 28 de diciembre de 1846, *Correspondencia*, Buenos Aires, Cartago, 1987, pp. 15-16.

[158] Engels a W. Borgius, 25 de enero de 1894, *Correspondencia*, p. 411. Nota: por muchos años se creyó equivocadamente que esta carta estaba dirigida a Starkenburg.

la filosofía: "el molino de viento nos da la sociedad de los señores feudales, el molino a vapor la de los capitalistas industriales", escribió Marx allí. Si todo lo escrito por Marx y por Engels sobre estas cuestiones fueran estos textos, no habría ninguna duda respecto al carácter determinista tecnológico de su concepción. La tesis de la primacía de las fuerzas productivas podría ser aceptada o rechazada, pero no cabrían dudas de que era esa, y no otra, la tesis de Marx y su amigo. Pero sucede que hay otros textos, otras voces marxianas que nos hablan.

Es indiscutible que Marx enunció una concepción de la historia basada en el desarrollo de las fuerzas productivas: así lo hizo en el famoso Prefacio de 1859. Pero es también indudable que, andando el tiempo, la rechazó. El texto más impresionante a este respecto lo constituye una carta escrita en 1877 y destinada al Consejo Editorial de *Otiechestviennie Zapiski*, en la que Marx manifiesta con contundencia y claridad su repudio a quien pretende

> transformar mi esbozo histórico de la génesis del capitalismo en Europa Occidental en una *teoría histórico-filosófica sobre la evolución general, fatalmente impuesta a todos los pueblos, o cualesquiera sean las circunstancias históricas* en las que ellos mismos se encuentren, *para llegar, por fin, a esa forma económica que asegura la mayor expansión de las fuerzas productivas* del trabajo social, así como el más completo desarrollo del ser humano. Pero le ruego que me perdone. Es hacerme demasiado honor y demasiado descrédito.[159]

Este pasaje repudia de manera clara —aunque implícita— lo que el propio Marx había escrito en 1859. Y no es un texto aislado,

---

[159] K. Marx, "Carta al Consejo Editorial de *Otechestvennye Zapiski*", en T. Shanin, *El Marx tardío y la vía rusa*, Madrid, Revolución, 1990, p. 174. La carta no llegó a ser enviada, al parecer porque Marx creyó que podría resultar comprometedora para sus interlocutores rusos, acosados por la policía secreta del Zar.

más bien al contrario. Como veremos en la siguiente sección, son numerosos los pasajes en los que Marx expone una concepción que se puede denominar "primacía de las relaciones de producción"

2. La primacía de las relaciones de producción en la obra de Marx

Podemos iniciar nuestra indagación analizando una nota tradicional de las más variadas versiones del materialismo histórico: la distinción entre estructura y superestructura. Aunque esta pareja terminológica es habitualmente concebida como "canónica" dentro del marxismo, Marx solamente la empleó de modo explícito en dos ocasiones. La primera fue en 1851, en un pasaje de *El dieciocho brumario de Luís Bonaparte*, que dice así:

> sobre las distintas formas de propiedad, sobre las condiciones de vida sociales, se levanta una superestructura entera de sentimientos clara y distintamente formados, de ilusiones, de modos de pensamiento y de visiones de la vida. La clase toda los crea y los forma de sus fundamentos materiales y de las correspondientes relaciones sociales.

La segunda fue en el Prefacio de 1859, en el que Marx escribió:

> En la producción social de su vida, los hombres entran en determinadas relaciones necesarias e independientes de su voluntad, relaciones de producción que corresponden a una determinada fase de desarrollo de las fuerzas productivas materiales. El conjunto de estas relaciones de producción forma la estructura económica de la sociedad, la base real sobre la que se levanta la superestructura jurídica y política y a la que corresponden determinadas formas de la conciencia social.

En ambos pasajes está claro que las relaciones de producción conforman la estructura económica; pero también se dice —aunque solamente en el segundo— que tales relaciones "corresponden" a determinada fase de desarrollo de las fuerzas productivas, y que las relaciones sociales (que no está claro si son sólo las relaciones de producción) resultan correspondientes a sus "fundamentos materiales" (que tampoco es del todo claro si son sólo las fuerzas productivas).[160]

Algunos autores han pretendido distinguir a la *estructura* propiamente dicha (formada por las relaciones de producción) de la *infraestructura* (integrada por las fuerzas productivas). Pero esta distinción no aparece en ningún pasaje de Marx o Engels. Lo que sí es indudable es que en los dos fragmentos citados las relaciones de producción son consideradas el fundamento bien de una superestructura de orden ideológico o ideal, conformada por "sentimientos, ilusiones, modos de pensamiento y visiones de la vida", bien de una superestructura de carácter más amplio: jurídico y político, además de ideológico (la "conciencia social"). En cualquiera de los dos casos el carácter fundamental de las relaciones de producción es indudable. Son muchos los escritos marxianos que avalan esto.

Una de las afirmaciones más nítidas de lo que podemos denominar *tesis de la primacía de las relaciones de producción* la encontramos en Libro Primero de *El Capital*:

> Es sólo la forma en que se expolia ese plustrabajo al productor directo, al trabajador, lo que distingue las formaciones

---

[160] Obsérvese que en el pasaje de *El dieciocho brumario de Luís Bonaparte* se hace referencia a una superestructura de sentimientos, ilusiones y formas de pensamiento, y no a una superestructura jurídica o política. En consecuencia, cuando allí se habla de "relaciones sociales", esta expresión bien podría ser interpretada como todas las relaciones (incluyendo las jurídicas y las políticas), y no solamente las económicas. De ser así, subsiste el interrogante de qué debe entenderse por "fundamentos materiales": ¿son las fuerzas productivas, las relaciones de producción o ambas?

económico-sociales, por ejemplo la sociedad esclavista de la que se funda en el trabajo asalariado.[161]

La misma idea es reiterada en el Libro Segundo:

> Sean cuales fueren las formas sociales de la producción, sus factores son siempre los trabajadores y los medios de producción. Pero unos y otros sólo lo son potencialmente si están separados. Para que se produzca, en general, deben combinarse. La forma especial en la que se lleva a cabo esta combinación distingue las diferentes épocas económicas de la estructura social.[162]

Veamos ahora otro inolvidable pasaje del Libro Primero, un tanto más extenso:

> Aprovecho la oportunidad para responder brevemente a una objeción que, al aparecer mi obra *Zur Kritik de politischen Okonomie* (1859), me formuló un periódico germano-norteamericano. Mi enfoque —sostuvo éste— según el cual el modo de producción dado y las relaciones de producción correspondientes al mismo, en suma, "la estructura económica de la sociedad es la base real sobre la que se alza una superestructura jurídica y política, y a la que corresponden determinadas formas sociales de conciencia", ese enfoque para el cual "el modo de producción de la vida material condiciona en general el proceso de la vida social, política y espiritual", sería indudablemente verdadero para el mundo actual, en el que imperan los intereses materiales, pero no en la Edad Media, en la que prevalecía el catolicismo, ni para Atenas y Roma, donde era la política la que dominaba. En primer término, es sorprendente que haya quien guste suponer que alguna persona ignora esos archiconocidos lugares comunes sobre la Edad Media y el mundo antiguo. Lo indiscutible es que ni la Edad Media pudo *vivir* de catolicismo ni el mundo antiguo de política. Es, a

---

[161] K. Marx, *El Capital*, México, Siglo XXI, (8 vol. 1983-1991), Tomo I, Vol. 2, p. 261.

[162] K. Marx, *El Capital*, Tomo II, Vol. 4, p. 43.

la inversa, el modo y la manera en que la primera y el segundo se ganaban la vida, lo que explica por qué en un caso la política y en el otro el catolicismo desempeñaron el papel protagónico. Por lo demás, basta con conocer someramente la historia de la república romana, por ejemplo, para saber que la historia de la propiedad de la tierra constituye su historia secreta. Ya Don Quijote, por otra parte, hubo de expiar el error de imaginar que la caballería andante era igualmente compatible con todas las formas económicas de la sociedad.[163]

Existe otro pasaje característico –al que conviene leer con cierto detenimiento– en el que Marx afirma que las relaciones de producción constituyen el "fundamento oculto" de toda la estructura social y, al mismo tiempo, que tales relaciones de producción deben "corresponder" a determinado grado de desarrollo de las fuerzas productivas. Se trata de un fragmento en el que la problemática que estamos discutiendo aparece con claridad.

> La forma económica específica en la que se extrae el plustrabajo impago al productor directo determina la relación de dominación y servidumbre, tal como ésta surge directamente de la propia producción y a su vez reacciona en forma determinante sobre ella. Pero en esto se funda toda la configuración de la entidad comunitaria económica, emanada de las propias relaciones de producción, y por ende, al mismo tiempo, su figura política específica. En todos los casos es la relación directa entre los propietarios de las condiciones de producción y los productores directos –relación ésta cuya forma eventual siempre corresponde naturalmente a determinada fase de desarrollo del modo de trabajo y, por ende, a su fuerza productiva social– donde encontraremos el secreto más íntimo, el fundamento oculto de toda la estructura social, y por consiguiente también de la forma política que presenta la relación de soberanía y dependencia, en suma,

---

[163] K. Marx, *El Capital*, Tomo I, Vol. 1, p. 100, nota.

de la forma específica del estado existente en cada caso. Esto no impide que la misma base económica —la misma con arreglo a las condiciones principales—, en virtud de incontables diferentes circunstancias empíricas, condiciones naturales, relaciones raciales, influencias históricas operantes desde el exterior, etc., pueda presentar infinitas variaciones y matices en su manifestaciones, las que sólo resultan comprensibles mediante el análisis de estas circunstancias empíricamente dadas.[164]

El planteo es en esencia el mismo en este otro pasaje:

Hemos visto que el proceso capitalista de producción es una forma históricamente determinada del proceso social de producción en general. Este último es tanto un proceso de producción de las condiciones materiales de existencia de la vida humana como un proceso que operándose en específicas relaciones histórico-económicas de producción, produce y reproduce estas relaciones mismas de producción y junto con ello a los portadores de este proceso, sus condiciones materiales de existencia, y sus relaciones recíprocas, vale decir su formación económico-social determinada, pues la totalidad de esas relaciones con la naturaleza y entre sí en que se encuentran y en que producen los portadores de esa producción, esa totalidad es justamente la sociedad, considerada según su estructura económica. Como todos sus predecesores, el proceso capitalista de producción se opera bajo determinadas condiciones materiales que, empero, son al mismo tiempo portadoras de determinadas relaciones sociales que los individuos contraen en el proceso de producción de su vida. Aquellas condiciones, como estas relaciones, son por un lado supuestos, y por el otro resultados y creaciones del proceso capitalista de producción, el cual las produce y reproduce.[165]

Son dos las notas recurrentes en estas citas:

---

[164] K. Marx, *El Capital*, Tomo III, Vol. 8, p. 1007.
[165] K. Marx, *El Capital*, Tomo III, Vol. 8, p. 1042.

A.   Que son las relaciones de producción el fundamento de toda estructura social, y

B.   que esas relaciones de producción se corresponden a determinada fase de desarrollo de las fuerzas productivas.

Para finalizar, quisiera citar un pasaje de Engels en el que la primacía es atribuida a las "relaciones económicas" en sentido amplio, y no a las fuerzas productivas:

> Marx no sólo había llegado a la misma conclusión, sino que ya en los Anales Franco-alemanes la generalizó respecto de que, hablando en general, no es el estado el que condiciona y regula a la sociedad civil, sino que la sociedad civil condiciona y regula al estado y, en consecuencia, que las políticas y su historia deben ser explicadas desde las relaciones económicas y su desarrollo, y no al revés.[166]

En el capítulo siguiente se tratarán los espinosos problemas de cómo se debe entender la correspondencia entre fuerzas productivas y relaciones de producción, y cuáles fueron las razones que llevaron a Marx a destacar este nexo. Pero ahora es necesario dejar constancia de la independencia que el autor de *El Capital* concedía a las relaciones de producción con respecto a las fuerzas productivas.

3. Independencia de la relaciones de producción

Los partidarios de la primacía de las fuerzas productivas se anotarían un gran punto a su favor si se pudiera demostrar que, sea cual sea la importancia histórica que Marx atribuía a las relaciones de producción, las mismas están siempre o casi siempre determinadas de manera suficientemente estricta por las fuerzas productivas. Vale decir, que existe una adecuación plena entre ciertas fuerzas y

---

[166] F. Engels, *Historia de la Liga Comunista* (1885), publicado en www.marxists.org. Agradezco a Fernando Lizárraga haber llamado mi atención sobre este pasaje.

ciertas relaciones, y que todo cambio en las relaciones de producción está determinado por un cambio en las fuerzas productivas o tiene por finalidad acrecentarlas. Pero la obra de Marx está plagada de pasajes en los que la independencia relativa de las relaciones de producción con respecto a las fuerzas productivas es afirmada de manera irrecusable, en los que el desarrollo de la productividad carece de todo carácter universal, o en los que las resoluciones inevitablemente "progresistas" (las clases capaces de hacer crecer a las fuerzas de producción tienen "asegurado" el triunfo) son impugnadas. Comenzaré con una de sus obras más célebres, el *Manifiesto del Partido Comunista,* donde podemos leer:

> opresores y oprimidos se enfrentaron siempre entre sí, librando una lucha ininterrumpida, ora oculta, ora desembozada; una lucha que en todos los casos concluyó con la transformación revolucionaria de toda la sociedad o con la destrucción de las clases beligerantes.[167]

Aquí no sólo no se hace mención alguna a las fuerzas productivas, sino que además se niega expresamente la inevitabilidad de las "resoluciones progresistas", como lo es la creencia de que siempre habrá de triunfar la clase que más eficazmente pueda desarrollar a las fuerzas productivas. Para Marx y para Engels el hundimiento productivo y la mutua destrucción de las clases en pugna es también una alternativa posible. Pero sigamos adelante.

En repetidas circunstancias el autor de *El Capital* consideró que el desarrollo de las fuerzas de producción podía ser una posibilidad, entre otras, de resolución de problemas sistémicos, y en otras se refirió a transformaciones de las fuerzas productivas ocurridas por motivos ajenos al desarrollo de la productividad, o en un marco de decrecimiento de las capacidades productivas. En un fragmento de

---

[167] K. Marx y F. Engels, *Manifiesto del Partido Comunista*, Barcelona, Crítica / Grijalbo Mondadori, 1998, pp. 38-39.

los *Grundrisse* podemos apreciar una concepción de la historia que vislumbra tanto la inevitabilidad de la transformación social (aun cuando los objetivos deliberados de los sujetos sean conservadores del sistema existente), como la existencia de distintos cursos hacia los que puede orientarse la misma, y en los que el desarrollo de las fuerzas productivas no es más que una vía entre otras posibles. El fragmento hace referencia a las entidades comunitarias pre-clasistas y dice lo siguiente:

> [La] reproducción es necesariamente nueva producción y destrucción de la forma antigua. Por ejemplo, allí donde cada uno de los individuos puede poseer cierto número de acres de tierra, ya el mero aumento de la población constituye un impedimento. Para superarlo se hace necesaria la colonización y ésta hace necesaria la guerra de conquista. Como resultado, esclavos, etc. También ampliación del *ager publicus* por ejemplo y patricios, que representan a la comunidad, etc. De tal modo la conservación de la comunidad antigua implica la destrucción de las condiciones en que se basa, se convierte en su opuesto. Si se pensara que la productividad pudiera aumentarse dentro del mismo territorio, a través del desarrollo de las fuerzas productivas (este desarrollo muestra en la agricultura tradicional una lentitud máxima), esto requeriría nuevos modos, combinaciones del trabajo, gran parte de la jornada laboral dedicada a la agricultura, etc., y de tal modo se eliminarían a su vez las viejas condiciones económicas de la entidad comunitaria.[168]

La manera en que Marx explica el origen de la propiedad feudal en *La ideología alemana* tampoco tiene nada que ver con algo parecido a una necesidad funcional de desarrollar a las fuerzas productivas (más bien todo lo contrario):

---

[168] K. Marx, *Elementos fundamentales para la crítica de la Economía Política*, México, Siglo XXI, 1989, vol. I, pp. 454-455.

> Los últimos siglos del Imperio Romano decadente y la conquista
> por los propios bárbaros destruyeron una gran cantidad de fuerzas
> productivas; la agricultura veíase postrada, la industria langui-
> deció por falta de mercados, el comercio cayó en el sopor o se
> vio violentamente interrumpido y la población rural y urbana
> decreció. Estos factores preexistentes y el modo de organización
> de la conquista por ellos condicionado hicieron que se desarro-
> llara, bajo la influencia de la estructura del ejército germánico,
> la propiedad feudal.[169]

Existen muchos fragmentos en los que Marx hace referencia a
relaciones de producción que se instalan, decaen, florecen o inclusive
desaparecen (definitiva o momentáneamente) sin que estos procesos
sean explicados por las trabas que tales relaciones pondrían al desarrollo de las fuerzas productivas. Veamos algunos ejemplos:

> Esta forma de la libre propiedad parcelaria de campesinos que
> cultivan sus propias tierras, en cuanto forma normal y dominante,
> constituye por una parte el fundamento económico de la sociedad
> en los mejores tiempos de la antigüedad clásica y la encontramos
> entre los pueblos modernos como una de las formas que surgen
> al disolverse la propiedad feudal de la tierra.[170]

Aquí podemos ver que la propiedad parcelaria de campesinos
propietarios existió en contextos históricos diferentes. La momen-
tánea desaparición de esta forma de propiedad no puede explicarse
por las trabas que la misma impusiera a las fuerzas productivas,
puesto que Marx reconoce explícitamente que la propiedad parcelaria renace entre los pueblos modernos como una de las formas
de disolución de la propiedad feudal. No es posible que en la antigüedad fuese una traba para el desarrollo de la productividad pero
que dejara de serlo en los tiempos modernos.

[169] K. Marx, *La ideología alemana*, Buenos Aires, Pueblos Unidos, 1985, p. 23.
[170] K. Marx, *El Capital*, Tomo III, Vol. 8, p. 1026.

El viejo Marx comentó que los intentos ingleses por establecer relaciones capitalistas de propiedad en la India "sólo lograron estropear la agricultura indígena y aumentar el número y la intensidad de las hambrunas".[171] El joven Marx, en carta a Engels, se refirió a la "historia interna romana" sin hacer ninguna mención al desarrollo de las fuerzas productivas:

> Hace poco volví a recorrer la historia romana (antigua) hasta la época de Augusto. La historia interna se resuelve simplemente en la lucha de la pequeña [propiedad] contra la gran propiedad de la tierra, específicamente modificada, desde luego, por las condiciones esclavistas. Las relaciones de deuda, que desempeñan un papel tan importante desde el comienzo mismo de la historia romana, figuran tan sólo como consecuencia inevitable de la pequeña propiedad territorial.[172]

En los escasamente conocidos *Apuntes etnológicos (Ethnological Notebooks)* existen varios ejemplos en los que implícitamente Marx acepta que determinadas relaciones de producción pueden surgir y/o sufrir transformaciones por razones ajenas a la mayor capacidad para desarrollar a las fuerzas de producción. En sus extractos de la obra *Las instituciones primitivas*, de Henry Sumner Maine, Marx se despacha con todo tipo de comentarios breves y observaciones de cierta extensión. Como ha hecho notar Lawrence Krader:

> En las 28 páginas de manuscrito dedicadas a las *Lectures* de Maine, las interpolaciones de Marx con formulaciones propias

---

[171] K. Marx, "Borradores de una respuesta", en T. Shanin, ob. cit., p. 158.

[172] K. Marx y F. Engels, *Correspondencia*, Buenos Aires, Cartago, 1987, p. 111. Esta concepción sobre la historia romana se vería ratificada en *El Capital*, Tomo I, Vol. 1, p. 100, nota al pie, donde podemos leer: "Por lo demás, basta con conocer someramente la historia de la república romana, por ejemplo, para saber que la historia de la propiedad de la tierra constituye su historia secreta".

y extractos de otros estudios llenan en total ocho páginas de constante polémica.[173]

Marx tenía de Maine una muy baja estima, llamándolo "burro", "mozo comodón" y "zoquete inglés". De los extractos de lecturas podemos decir que "no le deja pasar una", señalando con insistencia sus desacuerdos. Veamos algunos ejemplos (las interpolaciones de Marx aparecen entre corchetes):

> Tenencias en rundale en ciertas regiones de Irlanda; el uso en la actualidad más ordinario: la tierra arable se detenta individualmente [¡falsa descripción del asunto!] y los pastos y turbales se quedan en común.[174]

> La propiedad territorial... ha tenido un doble [?] origen: de una parte la separación de los derechos individuales de los parientes o de los miembros de la tribu con respecto a los derechos colectivos de la familia o de la tribu [...] de otra el progreso y la transformación de la soberanía del jefe de la tribu. [Por tanto en vez de un origen doble sólo dos ramificaciones de la misma fuente, la propiedad de la tribu y la colectividad de la tribu, que incluye al jefe de la tribu].[175]

> a la forma inglesa «particularmente» absoluta de la propiedad es a la que se ha debido el éxito tan grande de la roturación del suelo en Norteamérica. [¡donde precisamente no queda nada de específicamente inglés en la propiedad de la tierra! ¡Oh tú, filisteo!].[176]

Con tan manifiesta obsesión por indicar los errores cometidos por Maine, resulta inconcebible que Marx pasara por alto las siguientes consideraciones sobre el origen de los terrazgueros

---

[173] L. Krader, *Los apuntes etnológicos de Karl Marx*, México, Pablo Iglesias / Siglo XXI, 1988, p. 34.
[174] Ídem., p. 254.
[175] Ídem., p. 256.
[176] Ídem., p. 257.

fuidhir, que eran individuos desplazados de sus tribus originarias y que se colocaban "en precario" bajo la protección de un jefe, si las mismas violaran algún principio fundamental de su concepción de la historia:

> Una vez admitido el poder de los jefes irlandeses y su rigor con sus terrazgueros en el siglo XVI, ha sido explicado suponiendo que los nobles normandos –los Fitzgerald, Burke, Barry–, investidos poco a poco con la dignidad irlandesa de los jefes, abusaron primero de ella y dieron de este modo mal ejemplo a los otros jefes irlandeses. Mejor la teoría del doctor Sullivan [...] que atribuye este régimen «a la constante multiplicación de los terrazgueros fuidhir». Varias causas poderosas y persistentes concurrían a aumentar el número de esta clase: piraterías de los daneses, discordias intestinas, tentativas anglonormandas de conquista, la existencia del pale y la política, dirigida desde él, de sembrar la división entre los jefes del interior. Esta guerra civil, etc. hizo que se disgregaran las tribus a lo largo y ancho de la isla, lo que implica una multitud de desarraigados.[177]

Puesto que Marx no objeta –e incluso parece aceptar– que el surgimiento de los *fuidhir* es consecuencia de un conjunto de acontecimientos más bien políticos, debemos concluir que en modo alguno piensa que los cambios en las relaciones de producción responden únicamente a modificaciones en las fuerzas productivas. Tampoco formula objeciones a la tesis de que la obligación de pagar rentas (en Irlanda) tuvo lugar en virtud de involuntarios desplazamientos de tribus, sin relación alguna con el desarrollo de las capacidades productivas:

> Naturalmente la guerra revolvía con frecuencia las tenencias de tribus enteras; y siempre que una tribu era expulsada o emigraba a un distrito en el cual carecía de derechos hereditarios, si obtenía

---

[177] Ídem., p. 265.

> tierras era contra el pago de una renta al rey del distrito; estas rentas a veces eran tan pesadas que obligaban a los extranjeros a buscar un hogar en otra parte.[178]

Esto con respecto a *Los apuntes etnológicos*. En escritos más conocidos Marx escribió que el estancamiento de las fuerzas productivas era una importante tendencia en muchas sociedades precapitalistas, siendo la sociedad burguesa la única formación social que posee un mecanismo —la competencia de capitales— directamente impulsor del desarrollo de la productividad del trabajo. Señaló con insistencia la especificidad del capitalismo en lo que hace a la permanente revolución de las tales fuerzas:

> La industria moderna nunca considera ni trata como definitiva la forma existente de un proceso de producción. Su base técnica, por consiguiente, es revolucionaria, mientras que todos los modos de producción anteriores eran esencialmente conservadores.[179]
>
> La burguesía no puede existir sin revolucionar continuamente los instrumentos de producción, y por tanto todas las relaciones sociales. La conservación inalterada del viejo modo de producción era, por el contrario, la primera condición de existencia de todas las clases industriales anteriores.[180]

Si en el capitalismo opera una tendencia al desarrollo vertiginoso y permanente de las fuerzas productivas, ello no se debe a ninguna condición eterna de la producción, sino a las características específicas y particulares del modo capitalista de producción, tal como son estudiadas en *El Capital*. Pero más allá de estas observaciones, creo que el hecho decisivo es que en sus escritos más minuciosos y elaborados Marx jamás postuló una teoría determinista tecnológica. Como ha notado Jon Elster:

---

[178] Ídem., p. 266.

[179] K. Marx, *El Capital*, México, Siglo XXI, 1990, Tomo I, Vol. 2, p. 592.

[180] K. Marx, *Manifiesto del...* citado en nota al pie en *El Capital*, op. cit., Tomo I, Vol. 2, p. 592.

Cuando nos volvemos hacia los escritos de Marx sobre los modos históricos de producción, descubrimos que no ofrecen explicaciones y clarificaciones de la teoría general (expuesta en el Prefacio). No se sugiere en ellos que cada uno de los tres modos precapitalistas de producción se divida en una etapa progresiva, en la que las relaciones de producción corresponden a las fuerzas productivas, y una etapa regresiva, en la que la correspondencia se transforma en contradicción. Por el contrario, Marx no se cansa de repetir que la tecnología se mantuvo esencialmente inalterable desde la antigüedad hasta el primer período moderno, exceptuando la invención de la pólvora, la imprenta y la brújula. El elemento desestabilizador en el mundo antiguo no fue el desarrollo de las fuerzas productivas, sino el crecimiento de la población.

La explicación de Marx de la transición del feudalismo al capitalismo es muy compleja, pero parece también inconsistente con la teoría general.

Consideremos, finalmente, la explicación de la inminente transición del capitalismo al comunismo. En este caso la teoría general se torna especialmente implausible. Dado que Marx insistía en que el ritmo del cambio técnico en el capitalismo no sólo no disminuía, sino que aumentaba progresivamente, no pudo argumentar que el capitalismo estaba condenado a muerte a causa del estancamiento. Más bien tenía que argumentar que los obreros se verían motivados por la perspectiva de una sociedad comunista que permitiría un cambio técnico en proporciones todavía mayores.[181]

Aunque algunas de las afirmaciones de Elster puedan ser cuestionadas o matizadas, son correctas en general. Resulta evidente la falta de adecuación entre las rotundas afirmaciones de 1859 y el núcleo fundamental de los escritos de Marx.

---

[181] J. Elster, *Una introducción a Karl Marx*, México, Siglo XXI, 1992 (1986), pp. 113-115.

Marx elaboró todas sus tipologías sociales tomando como eje analítico a las relaciones de producción porque de hecho las consideraba la base o el fundamento de las sociedades. Utilizando un léxico que no es el de él podemos decir que defendía la tesis de la primacía de las relaciones de producción. Consideraba a la estructura económica como la base de la sociedad porque es ella la que explica las líneas generales del desarrollo social, así como influye y determina al Estado, la política, la cultura y las ideologías (en una medida mayor que a la inversa). Como ha escrito Geoffry de Sainte Croix:

> El supuesto "economicismo" de Marx no es sino creer que, al margen de todos los elementos que actúan en el proceso histórico, «las relaciones de producción» (como las llamaba Marx), esto es, *las relaciones sociales que entablan los hombres a lo largo del proceso productivo*, constituyen los factores más importantes de la vida humana, y tienden a largo plazo a determinar a los demás, si bien dichos factores, aunque sean puramente ideológicos, pueden, a su vez, naturalmente, ejercer en ocasiones una poderosa influencia en todas las relaciones sociales.[182]

Subsiste el hecho, sin embargo, de que Marx insistió en reiteradas ocasiones en que las relaciones de producción deben corresponder a cierto estadio de las fuerzas productivas. ¿Cómo debemos entender esta afirmación? Con esta pregunta fundamental paso al siguiente capítulo.

---

[182] G. E. M. de Sainte Croix, *La lucha de clases en el mundo griego antiguo*, Barcelona, Crítica, 1988, p. 41.

V. La primacía de las relaciones de producción: una defensa

1. Correspondencia y determinación

Tanto Marx como Engels señalaron con insistencia que las relaciones de producción deben *corresponder* a cierto estadio de las fuerzas productivas. Cohen ha tomado nota de esto, y lo ha empleado a favor de su interpretación lanzando a los defensores de las interpretaciones no-tecnológicas del materialismo histórico el siguiente desafío:

> Si Marx pensaba que la influencia era bidireccional y que fuerzas y relaciones tenían el mismo peso, ¿por qué llamó constantemente la atención, a la hora de generalizar, sólo en una de las direcciones? ¿Por qué se refiere con frecuencia a la correspondencia de las relaciones con las fuerzas y nunca a lo contrario en sus formulaciones teóricas?[183]

Para sostener que la interpretación tecnológica del pensamiento de Marx resulta inadecuada es imperioso esgrimir una respuesta plausible a estos interrogantes. El reto debe ser aceptado; y más adelante intentaré una respuesta que espero resulte convincente. Pero en contrapartida se puede lanzar a los partidarios de la primacía de las fuerzas productivas un desafío equivalente: ¿Por qué

[183] G. Cohen, *La teoría de la historia de Karl Marx: una defensa*, México, Pablo Iglesias / Siglo XX, 1989 (1978), pp. 152-153 (138).

Marx elaboró su tipología de las formaciones económico-sociales a partir de las relaciones de producción, y no de las fuerzas productivas? ¿Por qué clasificó y diferenció a los distintos tipos sociales según las relaciones económicas predominantes?[184] Dicho en otras palabras: ¿por qué elaboró las nociones de "modo de producción capitalista", "esclavista", "asiático", "antiguo" o "feudal", y no las de "modo de producción agrícola", "hidráulico", "de caza y recolección", "pastoril" o "industrial"?

Gerald Cohen merodea este problema, sin abordarlo. Al comienzo de *La teoría de la historia de Karl Marx* defiende la tesis de que las fuerzas productivas *determinan* a las relaciones de producción (o estructura económica) *sin formar parte de ellas*. Pero en el momento en que uno esperaría que intente alguna justificación de las razones por las que la tipología marxista de las sociedades toma como punto de partida a las relaciones, y no a las fuerzas de producción, se desvía y cambia de tema. Aparentemente Cohen no ve ninguna contradicción entre el postulado que afirma que la estructura económica forma la base o fundamento de la sociedad, y la tesis de que las fuerzas productivas determinan a las relaciones de producción, porque piensa en una especie de "cadena" según la cual las fuerzas productivas explican a la estructura económica y ésta, a su vez, explica a las superestructuras. Pero esto deja sin respuesta la incógnita de por qué Marx sostiene que es la estructura económica —las relaciones de producción— y no las fuerzas productivas, la base o fundamento del conjunto social; vale decir, por qué considera fundamental al "eslabón intermedio", y no al primero de la cadena.

---

[184] Para ser más preciso, adelantando distinciones que se desarrollan más adelante (ver V.3. y V.4), hay que decir que la tipología marxiana de las formaciones económicas se basa en las *relaciones de apropiación*, que son el aspecto central de las relaciones de producción, las cuales, sin embargo, incluyen también a las *relaciones de trabajo*.

Hay varias cuestiones en juego aquí, que pueden ser expresadas por medio de las siguientes preguntas: a) ¿Qué significa "corresponder"? b) ¿Es lo mismo correspondencia que determinación? c) Que las relaciones correspondan a cierto grado de desarrollo de las fuerzas productivas, ¿significa que éstas explican aquellas? Exploremos estos interrogantes.

Para comenzar conviene dejar sentado que Marx empleó las expresiones "determinan" y "corresponden" en un modo bastante genérico e impreciso. Muchos marxistas se han visto tentados a concederles un sentido sumamente rígido. Pero cuando Marx, hacia el final de su vida, estuvo revisando la traducción francesa del Prefacio de 1859 suavizó un poco su afirmación inicial en alemán, que decía que "el modo de producción de la vida material *bedingt* [...] *überhaupt* el proceso de vida social, política e intelectual", re-emplazando las palabras que he citado en alemán por las francesas "*domine en général*".

Aunque el lenguaje de Marx no es en este terreno ni constante ni preciso, se puede convenir que "correspondencia" implica un nexo bastante más débil que "determinación". Pero incluso la idea de determinación es controversial. Hay quienes la han entendido en un sentido férreo y mecánico; como un nexo causal unívoco. Raymond Williams, en un estudio clásico, demolió esta concepción, postulando que la determinación debe ser entendida como el establecimiento de límites y el ejercicio de presiones.[185] Mihailo Markovic, por su parte, escapa a la falsa alternativa entre el determinismo clásico, excesivamente rígido, unívoco y unilateral, por un lado, y el indeterminismo absoluto, por el otro, defendiendo una forma más laxa y flexible de determinismo, capaz de contemplar toda una serie de graduaciones:

---

[185] Raymond Williams, *Marxismo y literatura*, Barcelona, Península, 1980.

> Determinación, pues, significa eliminación de todos los otros estados lógicamente posibles, excepto una única clase de posibilidades reales que en el caso especial del estricto determinismo clásico contiene solamente un elemento. Cuantas más leyes y demás condiciones limitantes existen, cuanto más restrictivas son, mayor es el grado de determinación de un sistema. En lugar de contar tan sólo con dos formas de examinar y describir esta situación (determinismo en el sentido clásico e indeterminismo), en realidad tenemos un continuo de métodos deterministas que varían en el grado de determinación.[186]

Markovic sostiene, a mi juicio con plena justicia, que Marx normalmente consideró a las determinaciones como probables o tendenciales, no como inexorables. Michel Vadée ha explorado los textos de Marx en este sentido. Su conclusión es que el autor de *El Capital*, lejos de adherir a una concepción rígidamente determinista, era un "pensador de lo posible".[187]

Cuando Marx habla de "correspondencia" esta palabra no debe ser interpretada como sinónimo de determinación ni, mucho menos, de determinación unívoca. La noción de correspondencia predica que entre las fuerzas productivas y las relaciones de pro-

---

[186] M. Markovic, *El Marx contemporáneo*, México, FCE, 1978, p. 208. Ya el joven Marx, en su tesis doctoral sobre la *Diferencia entre la filosofía democriteana y epicúrea de la naturaleza*, había manifestado cierta simpatía por la filosofía de Epicuro, la cual reivindica el *acaso*, contra la *necesidad* (defendida por Demócrito). Para Epicuro "la *necesidad*, que algunos presentan como señora absoluta, *no existe*, sino que unas cosas son *fortuitas* y otras dependen de nuestra *voluntad* [...] Es una desgracia vivir en la necesidad, pero no es una necesidad vivir en ella". Marx y Engels, *Obras Fundamentales*, México, FCE, 1982, p. 27. El mejor análisis, según mi opinión, sobre la tesis doctoral de Marx es el que realiza Michel Vadée en *Marx penseur du possible*, París, Meridiens Klincksieck, 1992, pp. 472-488. Son también muy interesantes las inspiradas páginas que le dedica E. Kamenka en *Los fundamentos éticos del marxismo*, Buenos Aires, Paidós, 1972 (1962), pp. 50-53.

[187] M. Vadée en *Marx penseur du possible*, París, Meridiens Klincksieck, 1992.

ducción debe existir cierta compatibilidad; dicho crudamente: no todas las relaciones de producción son compatibles con ciertas fuerzas productivas, y viceversa.[188] Podría pensarse que esto no es más que una perogrullada, una afirmación innecesaria por obvia. Pero quizás no sea así. Creo que Marx insistía en la correspondencia de las relaciones de producción con las fuerzas productivas para quitar todo vestigio de "idealismo" y todo rastro de "naturalismo" a su concepción de la historia. Hay que recordar que, cuando fue formulada, su "concepción materialista de la historia" se enfrentaba directamente contra tres enfoques preexistentes, de los cuales el primero y el último son claramente los fundamentales: 1° las concepciones *historicistas* pero *idealistas*, cuyo máximo representante era Hegel; 2° el *idealismo a-histórico*, ejemplificado por Bruno Bauer; y 3° el *materialismo a-histórico* de los economistas clásicos (Smith, Ricardo) y Feuerbach. Es de gran importancia tener esto presente. En un ambiente hegeliano y fuertemente idealista la concepción de Marx podía interpretarse como la manifestación de los designios de un pueblo: si las relaciones de producción son tan importantes, ello se debe a que resultan la encarnación, la materialización de cierta "idea", "espíritu" o "designio divino". Por el contrario, el naturalismo de los economistas clásicos los llevaba a concebir la organización capitalista de la economía como la forma "natural", y por ende única, de la producción y el intercambio. Ante el idealismo Marx quería oponer una concepción rigurosamente materialista, según la cual es el *ser social* (la *existencia*) el que determina la *conciencia*, y no la conciencia lo que determina la existencia. Y ante el a-historicismo

---

[188] La noción de correspondencia supone, en mi opinión, un cierto equilibrio entre los elementos "correspondidos". Ciertas fuerzas productivas pueden ser compatibles con un número bastante grande de relaciones de producción, pero no con todas éstas alcanzan una situación de "equilibrio". Claro que lo dificultoso es definir con alguna precisión "equilibrio". Aquí no puedo ni siquiera intentarlo.

de los economistas clásicos esgrime una concepción en la que los distintos tipos de relaciones de producción se encuentran siempre social y materialmente determinados, sin ser nunca "naturales".[189] La forma más expeditiva para cerrar las puertas al idealismo y al naturalismo era señalar que las relaciones de producción se constituyen en un ambiente marcado por los constreñimientos materiales, y que en modo alguno representan la encarnación incondicionada de cierto espíritu o la forma eterna y natural de la producción y el intercambio. Por ello Marx insiste en que las relaciones de producción deben corresponder a cierta fase de desarrollo de las fuerzas productivas: quiere desechar la doble posibilidad de atribuir las características de las relaciones productivas a los rasgos espirituales de un pueblo, o a la naturaleza eterna de la humanidad. Esta es mi respuesta al desafío lanzado por Cohen.

Para contradecir al idealismo y al naturalismo Marx destacó que toda sociedad concreta se desarrolla a partir de ciertas condiciones histórico-materiales —determinadas fuerzas productivas— que la hacen posible. Este señalamiento sería interpretado luego, por muchos marxistas, como si implicara que estas condiciones de posibilidad explican ellas solas el desarrollo social. Es verdad que el propio Marx abonó en algunos textos una interpretación semejante, pero, como vimos, muchos pasajes de su obra (entre ellos los más elaborados y los correspondientes a los últimos años) van en otro sentido. Con la insistencia en el nexo entre las etapas de desarrollo de las fuerzas productivas y las relaciones de producción quería señalar que éstas no se establecen de manera arbitraria, sean cuales

---

[189] El pensamiento de Marx tiene un claro carácter historicista (si por historicismo entendemos la tesis de que "la verdad es hija de su tiempo"). Sin embargo, su pensamiento no es absolutamente historicista, por su mismo carácter universalista. Un excelente tratamiento de esta problemática se encuentra en A. Stern, *La filosofía de la historia y el problema de los valores*, Buenos Aires, Eudeba, 1970 (1963), pp. 191-199.

sean las condiciones materiales y sociales. No todas las relaciones de producción son compatibles con cualesquiera fuerzas productivas. Pero Marx —lo hemos visto— aceptaba que las relaciones pudieran transformarse por razones ajenas al mayor desarrollo de la productividad, y reconoció que distintas relaciones eran compatibles con grados semejantes del desarrollo productivo.

En el Prefacio de 1859 Marx intentaba presentar a muy grandes rasgos la base, el "hilo conductor" —según sus propias palabras— que había guiado toda su investigación. Lo que suele ser olvidado por los comentaristas es que la investigación a la que se refiere versa sobre economía política o, más precisamente, la crítica de la economía política, y que tiene como objeto empírico de referencia al modo de producción capitalista. En contra de los economistas "burgueses" Marx se proponía mostrar la historicidad de la producción capitalista, y en contrapunto con Hegel habría de insistir en la determinación de la conciencia por la existencia. En consecuencia, debía mostrar que las leyes descubiertas por la economía política correspondían a determinada formación social —a saber, el modo capitalista de producción— pero carecían de valor para otras sociedades; y que el desarrollo de las formas jurídicas, estatales e ideológicas "no pueden comprenderse por sí mismas ni por la llamada evolución general del espíritu humano, sino que, por el contrario, tienen sus raíces en las condiciones materiales de vida" (lo cual validaba su decisión de estudiar economía, la "anatomía de la sociedad"). En consecuencia, y a pesar de que el texto del Prefacio posee un incuestionable tono generalizador (cayendo su autor en esas teorías histórico-filosóficas de las que abjuró en otras circunstancias), es indudable que al redactarlo tenía en mente sobre todo a la sociedad burguesa (y su futura desaparición), sociedad en la que el desarrollo de las fuerzas productivas posee una dinámica particularmente revolucionaria, como el propio Marx se encargó de destacar.

Por otra parte, cuando se refiere a la relación entre el desarrollo de las fuerzas productivas y la transformación de las relaciones de producción no debemos perder de vista los diferentes grados de generalidad de que se trata. Es indudable que el desarrollo de las capacidades productivas atravesó diferentes estadios generales a los cuales corresponden determinadas relaciones de producción definidas en términos igualmente generales: al estadio de la caza y recolección corresponden las relaciones comunitarias primitivas, a la producción agrícola las relaciones de servidumbre (incluida la esclavitud en sentido estricto), y a la producción industrial el trabajo asalariado. Todas estas son afirmaciones que pueden ser justificadas empíricamente, salvando algunas excepciones. Sin embargo, y Marx era sobradamente consciente de ello, dentro de cada uno de estos macro estadios es posible encontrar una gama impresionantemente diversa de relaciones de producción; diversidad que no siempre puede ser explicada por la necesidad de desarrollar a las fuerzas de producción. En consecuencia, aunque no es desdeñable saber que las relaciones capitalistas de producción corresponden a una etapa superior del desarrollo productivo que las relaciones precapitalistas, lo que se debe explicar es qué combinación particular de relaciones pre-capitalistas de producción, y por qué motivos, abrieron el camino al desarrollo de la sociedad burguesa. Sería absurdo negar que el desarrollo de las fuerzas productivas ha sido una tendencia operante a lo largo de la historia. La tesis que quiero rechazar no es que el desarrollo de las fuerzas productivas sea importante para el análisis de las transformaciones experimentadas por las relaciones de producción. Lo que rechazo es que sea el único factor determinante; y que dicho desarrollo sea universal.

Tanto si consideramos a las fuerzas productivas en su aspecto cualitativo (por ejemplo cierta tecnología específica) como si lo hacemos en su aspecto cuantitativo (un cierto "nivel" de productividad del trabajo) no existe ninguna relación unívoca por medio de la cual ciertas fuerzas productivas se vean acompañadas ni siquiera tendencialmente por algún tipo único de relaciones de producción (ver II.7). Esto no significa, sin embargo, que entre fuerzas y relaciones exista una total y absoluta indeterminación. Ellen Meiksins Wood ha expuesto de manera impecable esta problemática:

> Se puede decir sin dudas que existe un nivel mínimo de las fuerzas productivas por debajo del cual no se puede sostener un conjunto de relaciones de producción, y también es cierto que cualquier conjunto de relaciones de producción puede permitir o fomentar sólo un cambio así en las fuerzas productivas y sólo en una gama limitada de formas. Pero sugerir que existe un determinado conjunto de fuerzas productivas para cada conjunto de relaciones de producción (o viceversa), o que el desarrollo de uno de esos conjuntos debe ir acompañado del desarrollo en el otro es una cuestión muy diferente. Las fuerzas productivas establecen las condiciones últimas de lo posible, pero la gama de relaciones de producción que pueden ser sostenidas por un conjunto de fuerzas productivas es muy amplia, y los diversos cambios acaecidos en las relaciones de producción no pueden ser explicados haciendo simplemente referencia al desarrollo de las fuerzas productivas, ya sea en el sentido de que éstas han seguido a aquéllas o en el de que aquéllas han cambiado «a fin de» eliminar obstáculos al desarrollo de éstas.[190]

2. El problema de la primacía

Hasta aquí hemos hablado mucho sobre la *primacía explicativa*, pero ¿qué significa exactamente? Como suele suceder con las nociones no convertidas en conceptos, es habitual que se evoque la noción de *primacía* tomándola como algo que se explica por sí

---

[190] E. M. Wood, "El marxismo y el curso de la historia", *Zona Abierta*, N° 33, 1984, pp. 11-12.

mismo. Por desgracia las cosas no son tan sencillas. ¿Qué significa que A tiene la primacía sobre B? Para comenzar a responder conviene tener presente que la noción de primacía intenta dar cuenta de la *desigual influencia causal* entre dos objetos que se *condicionan e influencian mutuamente*. Si la relación entre un elemento A y un elemento B fuera unidireccional no se plantearía ningún problema de primacía. La primacía explicativa implica cierta preponderancia de algún elemento por sobre otros, pero sin suponer que el elemento primario explique todo, que los otros elementos carezcan de toda eficacia causal o que cualquier fenómeno de un cierto tipo pueda ser reducido a fenómenos de otro tipo.

A no ser que aceptemos un *reduccionismo* extremo —esto es, que cierto componente o instancia social (por ejemplo la demografía, la economía o las fuerzas productivas) actúa como *agente* cuasi exclusivo sobre los restantes componentes o instancias, consideradas meros *pacientes* o *epifenómenos*—, o un *relativismo* igualmente extremo —es decir, la concepción que niega la existencia de jerarquías causales en la naturaleza o la sociedad (por lo que, por ejemplo, estudiar las relaciones de propiedad permitiría entender a una sociedad tanto como estudiar sus costumbres en los salones de baile)—, salvando estas dos posiciones extremas, repito, toda concepción histórica o social debe poseer alguna noción de la primacía o prioridad causal. Como ha escrito Edward Carr "toda discusión histórica gira en torno de la cuestión de la prioridad de las causas".[191] ¿Cómo pensar, pues, esta problemática?

Según la definición que Cohen adopta de manera más bien implícita, la primacía supone que el elemento que goza de la misma *explica* a los otros elementos en mayor medida que a la inversa. Para Cohen la primacía debe ser adjudicada a aquello que *explica más*, esto es, a aquella dimensión que influye sobre las demás en

---

[191] E. H. Carr, *¿Qué es la historia?*, Buenos Aires, Ariel, p. 121.

una medida mayor de la que se ve influida. Esto es al menos lo que sugiere la explicación que proporciona respecto de cómo se debe entender la tesis de la primacía de las fuerzas productivas:

> La tesis de la primacía es que la naturaleza de un conjunto de relaciones de producción se explica por el nivel de desarrollo de las fuerzas productivas que abarca dicho conjunto (en mayor medida que al contrario).[192]

La concepción de Cohen no siempre ha sido bien comprendida. En opinión de Sartelli, quien pretende criticarlo:

> La discusión sobre la «primacía explicativa» debe entenderse como un malentendido acerca no tanto de qué es lo que "va primero" sino de qué debe explicarse primero. Y lo que primero debe explicarse es la posibilidad: si algo no es posible, sencillamente no puede existir.[193]

Tengo varias objeciones que ofrecer a esta afirmación. En primer lugar, Cohen nunca supuso que la primacía explicativa consista en explicar lo que "va primero". Buena parte de su teoría determinista tecnológica basada en explicaciones funcionales intenta dar cuenta, precisamente, de los casos en los que las relaciones de producción se transforman *antes* que las fuerzas productivas.[194] En segundo lugar creo que está bastante claro que para Cohen la primacía no se refiere tampoco a "qué es lo que debe explicarse primero": la

---

[192] G. Cohen, *La teoría de la historia de Karl Marx, una defensa*, México, Siglo XXI, p. 180.

[193] E. Sartelli, "Las fuerzas productivas como marco de necesidad y posibilidad. En torno a las tesis de Gerald Cohen y Robert Brenner", *Herramienta*, 11, prim.-ver. 1999-2000, p. 175.

[194] "Un cambio específicamente social consiste en un cambio en las relaciones sociales de producción. Pero su función es promover cambios en las relaciones materiales y en las fuerzas productivas". G. Cohen, *La teoría* ..., p. 185 (167).

primacía tiene que ver con *lo que explica más*. En tercer lugar, las *condiciones de posibilidad* suelen ser condiciones tan *generales* que *no explican* absolutamente nada (aunque no podamos ignorarlas). Sostener que "si algo no es posible, sencillamente no puede existir", no es más que una trivialidad. Es evidente que la estructura biológica del *homo sapiens sapiens* es condición de posibilidad de las relaciones de producción: es el hombre, y no los orangutanes o los jaguares, quien ha creado el esclavismo y el capitalismo. Para que haya capitalismo es necesaria la existencia de seres humanos (¡no es posible que los orangutanes lleguen a tanto!). Podemos decir, en consecuencia, que entre las condiciones de posibilidad del capitalismo se cuentan las particularidades biológicas de los seres humanos. ¿Pero podemos otorgarles a estas características, por el hecho indiscutible de ser "condición de posibilidad", la primacía explicativa en la génesis del capitalismo?

Otro problema de la concepción de la primacía explicativa como mero establecimiento de las condiciones de posibilidad es que, para cualquier fenómeno histórico, no existe *una* sino *varias* condiciones que lo hacen posible. Sartelli coloca a las fuerzas productivas (cierto desarrollo de las mismas) como condición de posibilidad de las relaciones capitalistas de producción; y con ello intenta salvar a la "tesis de la primacía de las fuerzas productivas".[195] Pero su argumento es claramente insuficiente, por dos razones distintas. La primera es que si bien el capitalismo sólo puede desarrollarse sobre la base de cierto desarrollo de las capacidades productivas, también es verdad que su existencia requiere de otras condiciones de posibilidad, condiciones que tienen que estar sí o sí. No serían posibles relaciones capitalistas sin una ideología que priorice las ganancias por sobre una forma de vida "tradicional"; que acepte las

---

[195] Como ya tuve ocasión de mencionar en I.9, F. Herreros Vázquez, en *Hacia una reconstrucción del materialismo histórico*, adopta una tesis semejante.

desigualdades sociales; que conceda mayor importancia al ahorro y la inversión productiva que al consumo suntuario. Desde el punto de vista económico es necesaria la previa existencia de una economía mercantil bastante desarrollada. Desde el punto de vista político se requiere de un Estado capaz de proteger a los comerciantes y, llegado el caso, de "poner en su lugar" a los obreros insubordinados. Sin estas condiciones el capitalismo no es posible. Y todas son igualmente necesarias. La segunda razón es que un mismo conjunto de fuerzas productivas puede ser compatible con varios conjuntos diferentes de relaciones de producción. Entendidas como condiciones de posibilidad, las fuerzas productivas establecen la *correspondencia* (con las relaciones), pero no estrictamente la *primacía*.

¿Cómo debemos entender entonces la primacía? En primer lugar debemos examinar cuáles son los rasgos de las llamadas "condiciones de posibilidad" y qué relación guardan con el problema de la primacía. Resulta claro que las mismas son condiciones que deben estar *siempre*, sí o sí. Técnicamente se las denomina condiciones *necesarias*. Las condiciones de posibilidad sólo tienen primacía sobre condiciones que han existido en la concreción de algún ejemplo particular de lo que se quiere explicar, pero cuya presencia *no es imprescindible* y puede no verificarse en muchos casos. La primacía, en tanto se refiere a las condiciones de posibilidad, tiene que ver con las condiciones *necesarias*, en oposición a las *aleatorias*. Una revolución que triunfa tiene, dentro de sus determinaciones necesarias, la existencia de una crisis económica y política. No es condición necesaria del triunfo revolucionario (es decir, de las revoluciones en general) la existencia de una conducción política excepcionalmente brillante (aunque en algún caso concreto las circunstancias fueran tales que sin la intervención de una conducción excepcional no habría habido triunfo). La primacía explicativa supone, en consecuencia, un primer paso: distinguir las determinaciones necesarias de las contingentes o aleatorias. Pero esto es en sí mismo insuficiente, puesto que las condiciones necesarias suelen ser muchas. ¿Cómo establecemos, entonces, a cuál corresponde la primacía? Mi respuesta es que la primacía no puede ser entendida como el mero establecimiento de los *límites* de lo posible (las condiciones de posibilidad); implica también, y principalmente, el establecimiento de *presiones* para que algo ocurra.[196] Si la economía posee primacía no es simplemente porque hace posible un abanico de organizaciones estatales o de ideologías, al tiempo que excluye otras: su primacía implica que la economía también (y acaso principalmente) tiende a producir o favorecer ciertas ideologías o políticas particulares (cuando menos en sus rasgos generales). Veamos un ejemplo: el vínculo causal entre las relaciones capitalistas de producción y el fenómeno del fetichismo de las mercancías no consiste en que las primeras hagan *posible* al segundo, para Marx son esas relaciones las que *producen necesariamente* ese efecto ideológico.

Es importante hacer notar que, de manera un tanto paradójica, concebir la primacía explicativa como el mero establecimiento de las condiciones de posibilidad puede dar lugar a dos concepciones simétricamente opuestas: un estricto determinismo estructural monocausal; o una concepción sustancialmente *contingencialista*, que en el caso de la tradición marxista por lo general se traduce en interpretaciones para las que la lucha de clases posee una incidencia casi absoluta. Esto último puede suceder porque cuanto menos poderosas sean las presiones, es decir, *cuanto más tienda a reducirse la determinación al mero ejercicio de límites, mayor será la autonomía de lo determinado*. En consecuencia, reducir la primacía explicativa al establecimiento de las condiciones últimas de posibilidad puede dar lugar a otorgar a la lucha de clases y a los accidentes políticos un papel desmesurado.

---

[196] Me baso aquí en la definición de determinación —ya clásica— de Raymond Williams, expuesta en *Marxismo y literatura*.

Eduardo Sartelli sostiene que la tesis del desarrollo "se puede sostener en un sentido débil y reacondicionada a las relaciones de producción, es decir, historizada".[197] Pero si rechazamos la tesis a-histórica de Cohen por una histórica, ¿qué nos queda? Nos queda que lo que explica el desarrollo (o no desarrollo) de las fuerzas productivas son las relaciones de producción. Pero entonces *no* hay primacía de las fuerzas productivas: ¡hay primacía de las relaciones de producción!

Con todo, no se debe menospreciar el estudio de las "condiciones de posibilidad". Si las entendemos como condiciones necesarias, aunque quizás no suficientes, para la ocurrencia de ciertos fenómenos, es indudable que poseen una importancia primordial. Siempre y cuando entendamos que las condiciones de posibilidad no son homogéneas ni uniformes, y que dentro de ellas es preciso establecer distinciones. Como mínimo, deberíamos diferenciar entre aquellas condiciones de posibilidad que hacen que algo sea *posible* pero *improbable*; de aquellas que lo hacen *sumamente posible* o probable. Estas últimas son las fundamentales, puesto que no se limitan a establecer pasivamente el límite último de lo posible (que puede ser algo completamente vacuo: la existencia de mercados para el desarrollo del capitalismo, por ejemplo), sino que indican las causas que favorecen ciertos desarrollos, que los tornan altamente plausibles o probables, más que meramente posibles.

Para que las fuerzas productivas expliquen en última instancia a las relaciones de producción, pues, es necesario que aquellas *tiendan* a establecer tales o cuales relaciones. Pero las fuerzas productivas no constituyen una entidad en sí misma, no poseen voluntad ni actúan por sí solas. Quienes desarrollan (o no desarrollan) a las fuerzas productivas son los hombres. Es por esto, dicho sea de paso, que

---

[197] E. Sartelli, "Las fuerzas productivas como marco de necesidad y posibilidad", op. cit., p. 177.

Cohen explica la tesis del desarrollo en base a las características de la naturaleza humana racional; e inclusive, si damos demasiada importancia a las condiciones de posibilidad, tendríamos que concluir que lo que explica la tesis del desarrollo es la naturaleza a secas, que es el marco sobre el que operan los hombres. Con esto llegaríamos al resultado paradójico de que la primacía –la condición de posibilidad– del desarrollo social corresponde en última instancia a la biología, y no a la economía. Por el contrario, si nos detenemos en las "presiones para", más que en los límites, el cuadro cambia bastante. Lo que explica el curso histórico es la interacción de los hombres entre sí y con la naturaleza. Pero la primacía en el desarrollo social corresponde a lo social, y no a lo natural. Por eso la primacía corresponde a las relaciones de producción, que son las que determinan (en mayor medida que cualquier otra cosa) la evolución de las fuerzas productivas.

Las sociedades humanas responden a los cambios del medio ambiente de manera por completo distinta que otras especies animales. No actúan meramente como reacción a modificaciones del medio; poseen una dinámica propia basada en las propias contradicciones internas (referidas tanto a las relaciones de los hombres con el medio ambiente como, fundamentalmente, a las relaciones de los hombres entre sí). Mientras que lo natural aparece como limitante, lo social crea presiones para avanzar en un sentido u otro. Por lo tanto, la primacía en la historia corresponde a la organización social, aunque la misma sea establecida sobre un contexto natural limitante.

Lo que supone el materialismo histórico es, entonces, que dentro del conjunto de todas las prácticas y relaciones sociales hay algunas que poseen una capacidad de presión e incidencia mayor que el resto: estas son las prácticas económicas o relaciones de producción. ¿Por qué? No sólo (ni principalmente) porque la economía actúe como límite para lo demás. El punto en cuestión es que la economía presiona y demanda a la política, el parentesco, la cultura y la ideología en mayor medida que a la inversa.

Hemos visto en II.3 que la defensa teórica de la tesis del desarrollo conduce –si llevamos el razonamiento de Cohen hasta sus últimas consecuencias– a un determinismo biológico: es la racionalidad humana, biológicamente condicionada, lo que explica la tendencia a desarrollar las fuerzas productivas. Esto se encuentra en flagrante contradicción con la insistencia de Marx en el carácter histórico y socialmente condicionado de la humanidad. Sin desconocer los elementos y las características que todos los hombres tenemos en común, Marx insistía en la influencia incomparablemente mayor de las condiciones histórico-sociales a la hora de comprender el desarrollo social. Dicho en otras palabras: aunque cualquier hecho o proceso histórico posee una base biológica (física e intelectual) sin la cual no sería posible (como no es posible una revolución política llevada a cabo por lagartos), los determinantes fundamentales de esos hechos y procesos son de orden social, y no biológico.

Cohen reconoce –lo hemos visto– que las relaciones de producción *influyen* en la *dirección* y el *ritmo* de desarrollo de las fuerzas productivas, y que ello *limita* la primacía de estas últimas. Mantiene por ello que la *dirección principal* es siempre la inversa y que, en consecuencia, la dinámica social puede ser reducida, en última instancia, al desarrollo de las fuerzas productivas, puesto que éstas poseen cierta propensión a cambiar en una dirección determinada de la que carecen las relaciones de producción.[198] Inclusive afirma,

---

[198] Obsérvese, no obstante, que este razonamiento entraña una falacia. Es solamente desde un punto de vista cuantitativo que podemos decir que las fuerzas productivas cambian en una dirección determinada: hacia su aumento. Desde el punto de vista cualitativo el acrecentamiento de la productividad adoptó formas muy diversas. El incremento de la productividad agrícola, por caso, ha tenido históricamente diferentes fundamentos en Asia, Europa o América.

a guisa de desafío, que la oposición más eficaz a la tesis de la primacía de las fuerzas productivas tal vez fuera "proponer una tesis del desarrollo de las relaciones de producción, es decir, afirmar que las relaciones de producción tienden a cambiar en una dirección determinada a lo largo de la historia, y no a causa del crecimiento de las fuerzas productivas dentro de ellas".[199] Esto es precisamente lo que deseo rechazar. Cohen nos propone construir una "teoría histórico-filosófica" como las que Marx rechazó en forma explícita en 1845 y 1877.

No se puede reducir la entera historia de la humanidad a un único principio motor, sea éste el crecimiento de las fuerzas productivas, el aumento de la libertad, la expansión demográfica o el desarrollo de nuestros conocimientos. No existe una única tendencia supra histórica que guía indeclinablemente el desarrollo de la humanidad, ni hay garantía alguna de que los perfeccionamientos en la productividad del trabajo sean los únicos medios por los cuales las sociedades se adapten a sus necesidades materiales. No hay ni una tendencia a-histórica al desarrollo de las fuerzas productivas, ni tampoco una tendencia semejante al estancamiento o la regresión. Son las condiciones sociales las que inhiben, facilitan o compelen el crecimiento de las fuerzas productivas.

El proceso histórico es infinitamente complejo, y su resultante se halla determinada por la convergencia de múltiples tendencias que operan de diferente manera de una formación social a otra. Ninguna teoría rígidamente funcionalista puede reemplazar a la compleja postura teórica de Marx, para quien el curso histórico se halla tanto *condicionado* por las *condiciones objetivas materiales y sociales*, como *influido* por el *resultado* en buena medida *incierto* de los *conflictos sociales*, en especial de la *lucha de clases*. La riqueza teórica del materialismo histórico reside en una *tensión* permanente entre

---

[199] G. Cohen, *La teoría...*, p. 175 (159).

las *condiciones objetivas* y *la acción subjetiva*. La anulación de cualquiera de estos dos polos destruye la esencia del pensamiento de Marx.

3. Fuerzas productivas y relaciones de producción: marco conceptual

He afirmado que el materialismo histórico atribuye a las relaciones de producción una primacía explicativa. Creo haber dilucidado qué debemos entender por *primacía*. Ahora es momento de especificar qué debemos entender por *relaciones de producción*.

El concepto de relaciones de producción es inseparable de la categoría fuerzas productivas. Todas las interpretaciones de la teoría marxista de la historia coinciden en este punto. Pero las divergencias, a partir de aquí, son totales. Suponen respuestas diferentes a los siguientes interrogantes: 1) ¿cómo se debe definir a las fuerzas productivas y a las relaciones de producción?; 2) las fuerzas productivas ¿son parte de las relaciones de producción?; 3) la estructura económica ¿está integrada únicamente por las relaciones de producción, o por el conjunto de fuerzas y relaciones? Para explorar este terreno voy a tomar como punto de partida la reconstrucción de las categorías marxianas realizada por Gerald Cohen.

En su *La teoría de la historia de Karl Marx* incluye una impresionante exégesis de las categorías y conceptos marxianos, llevada a cabo además con un nivel de rigurosidad sin antecedentes. Esto facilitó que su construcción categorial fuera aceptada de forma prácticamente unánime. Sin embargo, como veremos, Cohen realiza algunas interpretaciones forzadas y otras francamente equivocadas.

Las *fuerzas productivas*, según Cohen, estarían integradas por: a) los *medios de producción*, que comprenden los instrumentos de producción (herramientas, máquinas, locales, materiales instrumentales), las materias primas y los espacios; b) la *fuerza de trabajo*. Hasta aquí no hay nada especialmente novedoso con respecto a las interpretaciones tradicionales. Y aunque unos párrafos más adelante se argumentará, contra Cohen y el grueso de los intérpretes, que la cooperación y la división del trabajo deben ser incluidas dentro de las fuerzas productivas, de momento se pueden dejar las cosas así, para pasar directamente al análisis de las relaciones de producción.

Cohen, y esto ya es algo innovador, diferencia a las relaciones *sociales* de las relaciones *materiales* de producción. Las *relaciones sociales de producción* "son relaciones de poder efectivo sobre las personas y las fuerzas productivas, no relaciones de propiedad legal".[200] Las *relaciones materiales de producción*, también llamadas relaciones de trabajo, "son relaciones que unen a los productores involucrados en la producción material, haciendo abstracción de los poderes y derechos de que disfrutan con respecto a otros".[201] Ejemplos de relaciones sociales de producción los tenemos en los vínculos entre patrón y obrero, campesino y señor, amo y esclavo. Las relaciones materiales, en cambio, no tienen que ver con el poder, sino con el hecho de trabajar juntos, con independencia de los vínculos sociales. Ejemplos de relaciones materiales de producción los tenemos en las distintas formas de cooperación y división del trabajo en el seno de un taller.

Las *relaciones materiales de producción*, sin embargo, ocupan en el sistema teórico de Cohen un curioso e incómodo lugar. No integran el catálogo de fuerzas productivas; pero tampoco forman parte de las relaciones de producción que constituyen la *estructura económica*: este último es un privilegio reservado únicamente a las *relaciones sociales de producción*. Excluir a las relaciones materiales de producción de las fuerzas productivas ha sido lo habitual. Pero una lectura atenta de la obra de Marx nos disuade de este error.

---

[200] G. Cohen, *La teoría...*, p. 69 (63).
[201] G. Cohen, *La teoría...*, p. 123 (111).

Las relaciones de trabajo –o las relaciones materiales, para usar la terminología de Cohen– eran consideradas por Marx parte de las fuerzas de producción. Como muestra bastan algunos ejemplos:

> A través del análisis de la actividad artesanal, de la conversión de los instrumentos de trabajo en específicos, de la *formación de los obreros parciales y su agrupamiento y combinación en un mecanismo colectivo*, la división manufacturera del trabajo genera la gradación cualitativa y la proporción cuantitativa de procesos sociales de producción, o sea determinada *organización del trabajo social*, y desarrolla así, a la vez, una nueva *fuerza productiva social del trabajo*.[202]

> Las fuerzas productivas que surgen de la *cooperación* y la *división del trabajo*, no le cuestan nada al capital. Son *fuerzas productivas naturales del trabajo social*.[203]

Cohen, que ha sido un lector atento como pocos, fue plenamente consciente –a diferencia de la gran mayoría de los intérpretes de el autor de *El Capital*– de que Marx consideraba que la cooperación y la división del trabajo son "fuerzas productivas naturales del trabajo social".[204] Sin embargo se mantiene en este punto fiel a las interpretaciones tradicionales, aunque esto contradiga lo que sabe que Marx escribió. ¿A qué se debe esta decisión? Cohen arguye que, al considerar a las relaciones de trabajo como parte de las fuerzas

---

[202] K. Marx, *El Capital*, Tomo I, Vol. 2, pp. 443-444.

[203] K. Marx, *El Capital*, Tomo I, Vol. 2, p. 470. Ver también *El Capital*, Tomo I, Vol. 2, pp. 400, 405, 413, 440, 443-4; 2 / 4, pp. 168, 434-435; 3 / 8, p. 1052; *Elementos fundamentales para la crítica de la Economía Política (Grundrisse)*, México, Siglo XXI, 3 Vol. 1988-89, Vol. I, pp. 5, 249; Vol. II, pp. 18, 86, 116, 222, 312. Para una defensa de la inclusión, por parte de Marx, de la cooperación y la división del trabajo dentro de las fuerzas productivas véase A. Petruccelli, *Ensayo sobre la teoría marxista de la historia*, Buenos Aires, El Cielo por Asalto, 1998, cap. I.

[204] G. Cohen, *La teoría...*, p. 125 (113).

productivas, Marx estaba equivocado. ¿La razón? Que ello resultaría incoherente con otros presupuestos marxianos.

> En nuestra opinión –escribe Cohen– el conocimiento de la forma de organizar el trabajo es una fuerza productiva, una parte de la fuerza de trabajo de la dirección, pero las relaciones que se establecen cuando se aplica este conocimiento no son fuerzas productivas. Es necesario establecer una distinción entre el proyecto para instituir un conjunto de relaciones y las relaciones en sí: sólo el primero es una fuerza productiva. Cualquier principio para asignar las tareas de una determinada manera que sea *utilizado* en la producción será *propiedad* del propietario de la fuerza de trabajo que incluye el conocimiento de dicho principio. Las relaciones que se establezcan cuando las tareas sean divididas tal y como prescribe ese principio no serán utilizadas por nadie ni propiedad de nadie.[205]

La clave de este pasaje está en las dos últimas oraciones, en las que se menciona el vínculo entre las fuerzas productivas y la propiedad. Cohen se ve obligado a negar a las relaciones de trabajo el carácter de fuerzas productivas para permanecer leal a los criterios de pertenencia a éstas que él mismo ha fijado, el primero de los cuales estipula que

> x es una fuerza productiva sólo si la propiedad (o la no propiedad) de x contribuye a definir la posición ocupada en la estructura económica de la sociedad por el propietario de x.[206]

Este principio, a su vez, constituye una deducción lógica de la definición que da Cohen de las relaciones de producción:

> Las personas y las fuerzas productivas son los términos de las relaciones de producción [...]

---

[205] Ídem., pp. 125-126 (113).
[206] Ídem., p. 44 (41).

> Las relaciones de producción son *o bien* relaciones de propiedad
> por personas de fuerzas productivas o personas, *o bien* relaciones
> que presuponen estas relaciones de propiedad.[207]

Sin embargo en ninguna parte afirma Marx que los términos de las relaciones de producción sean los *hombres* y las *fuerzas productivas*. Sus términos son los *hombres* y los *medios de producción*: "Sean cuales fueren las formas sociales de la producción —escribe en *El capital*—, sus factores son siempre los trabajadores y los medios de producción".[208] Esta sutil diferencia es sustancial: para Marx las relaciones de producción son relaciones de apropiación de los medios de producción y de los trabajadores o, más precisamente, de la fuerza de trabajo. Por otra parte, para Marx los medios de producción sólo son una parte de las fuerzas productivas, mientras que Cohen prácticamente los identifica con estas últimas.[209]

---

[207] Ídem., p. 37 (34). Ninguna prueba es aportada por Cohen para justificar que los términos de las relaciones de producción sean los hombres y las fuerzas productivas.

[208] K. Marx, *El Capital*, Tomo II, Vol. 4, p. 43.

[209] Debo apuntar que Cohen ha sostenido una interpretación opuesta sobre esto: "mientras que nosotros establecemos una distinción precisa entre fuerzas productivas y medios de producción, el uso que hace Marx de estos términos no es igualmente estable". (*La teoría...*, p. 41 —38—). Inclusive sostiene que podría haber un debate "en torno a si Marx amplía los «medios de producción» para incluir la fuerza de trabajo o si reduce las «fuerzas productivas» para excluirla". Pero este presunto debate resultaría ocioso. Marx definió perfectamente —en *El Capital*— qué entendía por medios de producción y por fuerza de trabajo; y según estas definiciones es absurdo creer que esta última puede llegar a ser parte de los primeros (más legítima es la discusión sobre si las fuerzas productivas incluyen o no a la fuerza de trabajo). "Por fuerza de trabajo o capacidad de trabajo entendemos el conjunto de las facultades físicas y mentales que existen en la corporeidad, en la personalidad viva de un ser humano y que él pone en movimiento cuando produce valores de uso de cualquier índole". (*El Capital*, Tomo I, Vol. 1, p. 203). "Si se considera el proceso global desde el punto de vista de su resultado, del producto, tanto el medio de trabajo como el objeto

La incoherencia que Cohen le atribuye no es más que el fruto de una equivocación. Pero sospecho que hay otra razón por la que nuestro autor excluye a las relaciones de trabajo de las fuerzas productivas. Una razón implícita: la subestimación indiscutible que siente por la capacidad de la cooperación y la división del trabajo para acrecentar la productividad. Aunque su meticulosidad analítica lo lleva a distinguir entre *fuerza de trabajo* y *medios de producción*, considera que la manera en que una y otros se unen está determinada por una perenne tendencia hacia la optimización productiva: los medios de producción serán utilizados por la fuerza de trabajo de la manera productivamente más eficaz. Y si bien sostiene que las fuerzas productivas incluyen tanto a los medios de producción como a la fuerza de trabajo que los pone en funcionamiento, en los hechos su concepción adjudica una indudable primacía a los primeros, cuyo uso óptimo determina a la larga tanto las características de la fuerza de trabajo, cuanto la forma en que se debe organizar la producción. Las relaciones de trabajo pues, no poseerían ninguna capacidad autónoma para acrecentar la productividad. Esta es la razón oculta para excluirlas de las fuerzas productivas. Cohen cree que son los medios de producción los que determinan el grado de productividad alcanzable, estando las características de la fuerza de trabajo (incluyendo aquellos principios organizativos que detentan los directivos) directamente relacionadas con el objetivo o la finalidad de hacerlos funcionar óptimamente.

Si para Marx sobre una misma base técnica es posible alcanzar grados disímiles de productividad innovando en la esfera de la

---

de trabajo se pondrán de manifiesto como medios de producción, y el trabajo mismo como trabajo productivo" (*El Capital*, Tomo I, Vol. 1, p. 219. Para las definiciones de objeto y medio de trabajo véanse las páginas 216 y 217). Cohen no menciona los pasajes que probarían la inestabilidad del pensamiento de Marx en este campo. Pienso que tiene en mente un fragmento aislado de los *Grundrisse*, I, p. 30.

organización del trabajo, para Cohen las relaciones laborales se establecerán de la manera que resulten óptimas (a excepción, tal vez, de ciertos períodos de transición de una tecnología a otra). Aunque destaca la importancia de los conocimientos técnicos y de la ciencia aplicada a la producción (atributos de la fuerza de trabajo), resulta indiscutible que, a su entender, los diferentes grados de productividad están firmemente determinados por la estructura tecnológica material, a la cual se adaptan la capacidad de trabajo y las formas de organización. No es casual, pues, que sostenga que

> se pueden distinguir dos formas de mejorar la productividad de los medios de producción. En primer lugar está la sustitución de unos determinados medios de producción por otros superiores. Además, y aparte de eso, está el uso mejorado de los medios de producción ya disponibles.[210]

Esta frase, que podría parecer anodina, no lo es. Marx siempre habló de la productividad del *trabajo*, nunca de la productividad de los *medios de producción*. Además, la alusión al "uso mejorado" constituye un reconocimiento implícito de la primacía atribuida a los medios de producción: los métodos de trabajo y las formas organizativas sólo pueden constituir "usos mejorados de los medios de producción", mas no desarrollos sustantivos, en sí y por sí mismos, de las fuerzas productivas. Para Cohen todo desarrollo revolucionario de la productividad debe tener a los medios de producción por protagonistas. Marx tenía otra visión. Sin negar la importancia de los medios de producción, era consciente de la sustantividad productiva de la fuerza de trabajo, y en particular de las formas organizativas de la misma. "En la manufactura —escri-

---

[210] G. Cohen, *La teoría...*, p. 61 (55). Desde luego, Cohen no hace referencia alguna a las formas de mejorar la productividad por medio del desarrollo de la cooperación o la división del trabajo: simplemente las considera "usos mejorados de los medios de producción disponibles".

be—, la revolución que tiene lugar en el modo de producción toma como punto de partida la fuerza de trabajo, en la gran industria el medio de trabajo".[211] Decir que la manufactura es simplemente "el uso mejorado de los medios de producción artesanales" es —y esto es lo menos que puede decirse— una pésima descripción del pensamiento de Marx al respecto.

La reivindicación explícita que hace Cohen de la fuerza de trabajo como parte de las fuerzas productivas, y su subestimación implícita (en comparación con los medios de producción) no es casual ni excepcional. Sucede lo mismo con el concepto de relaciones materiales de producción. A pesar de que reconoce que tales relaciones se establecen entre hombres, en el fondo las considera demasiado férreamente determinadas por los medios de producción, llegando a "naturalizarlas" —en contra de sus objetivos explícitos— por la vía de oponerlas a las "relaciones sociales". Veamos esto con más detalle.

Una característica de la obra de Cohen es la discriminación entre las propiedades *materiales* y las propiedades *sociales*. La distinción es en principio correcta, y a ella dedica un inteligente apartado en el que reivindica el valor revolucionario de esta diferencia conceptual. Por ejemplo, resulta indiscutible que tal distinción "al concentrarse en el proceso material que se produce dentro de la forma económica capitalista, pone en duda la pretensión del capital de ser un medio irreemplazable de crear riqueza material".[212] Y es igualmente cierto que "Marx acusaba a la economía política burguesa de confundir, inadvertida o taimadamente, la forma capitalista con su materia subyacente".[213] Para ilustrar la distinción entre lo material y lo social Cohen recurre a fragmentos marxianos como el siguiente:

---

[211] K. Marx, *El Capital*, Tomo I, Vol. 2, 439.
[212] G. Cohen, *La teoría...*, p. 116 (105).
[213] Ídem., p. 117 (106).

Un negro es un negro. Sólo en determinadas condiciones se convierte en esclavo. Una máquina de hilar algodón es una máquina para hilar algodón. Sólo en determinadas circunstancias se convierte en capital. Arrancada de estas condiciones no tiene nada de capital, del mismo modo que el oro no es de por sí *dinero*...[214]

Lo que se debe retener de esta cita –y lo mismo es válido para las restantes que reproduce Cohen, a las que no me referiré por razones de espacio, remitiendo al lector interesado al texto de *La teoría*...[215]– es que los objetos a los cuales atribuye propiedades materiales y/o sociales son *cosas* y *personas*. Dicho de otro modo: Marx distingue entre las propiedades sociales y materiales de los *objetos y sujetos físicos*. En la medida en que Cohen se ajusta a esta premisa sus apreciaciones son tan fieles al pensamiento de Marx como legítimas teóricamente. Sin embargo, el autor de *La teoría*... extiende la distinción entre las propiedades materiales y sociales, de los objetos y sujetos físicos (ámbito en el que es correcta) a las *relaciones* entre sujetos (ámbito en el que no lo es).

Obsérvese que son las *relaciones* que los *hombres* entablan las que determinan las atribuciones *sociales* de los *objetos* y de los propios *sujetos*. Mal podrían estas relaciones, pues, carecer de carácter social. Por lo demás, Marx era plenamente consciente de que estas distinciones son siempre relativas. Por ejemplo, podemos estar de acuerdo en que los medios de producción son *materiales* en comparación con el carácter *social* de capital que adquieren cuando son empleados en el marco de las relaciones capitalistas. Sin embargo, también es legítimo cuestionar la materialidad unívoca de los medios de producción: ser medio de producción es también un atributo social, no una característica material. Un palo utilizado

---

[214] K. Marx, "Trabajo asalariado y capital", en *Obras Escogidas*, Progreso, Moscú, 1981, pp. 162-163. Aparece citado en Cohen, *Teoría* ..., p. 97.
[215] G. Cohen, *La teoría*..., pp. 97-98 (88-89).

como palanca es un medio de producción, pero en el suelo de un bosque no es más que una parte de la naturaleza. Un arado es un medio de producción en manos de un campesino, pero colocado en la vitrina de un museo no es más que una pieza de museo. Lo que define qué es un medio de producción es el uso que los hombres realizan de un objeto. Por lo tanto, ser medio de producción no es un atributo estrictamente material: para que un objeto sea un medio de producción debe ser utilizado como tal por los seres humanos.

El criterio que se utiliza para establecer cuáles son los *atributos sociales* de un determinado objeto o persona consiste en considerar a tal objeto o persona *no* en forma aislada y tomando en cuenta únicamente sus características físicas, sino en relación con otros sujetos. Los atributos sociales son aquellos que no pertenecen al objeto en sí, sino que se establecen por la inserción de ese objeto o persona en una red determinada de relaciones. Más allá de las discusiones filosóficas que se podrían plantear en torno a la definición de *en sí* o acerca de si es posible referirse a algo con lo que no se tenga relación alguna, es evidente que nadie podría negar sensatamente que existe una diferencia sustancial entre el carácter *material* de un canto rodado y, por ejemplo, su atributo *social* como proyectil. Son las relaciones las que definen los atributos sociales. Y las relaciones entre personas son para Marx, siempre, por definición, *relaciones sociales*.

Si los atributos sociales de los objetos y las personas se establecen considerando las relaciones, entonces es absurdo pretender que existen relaciones entre sujetos que sean relaciones materiales, en oposición a las relaciones sociales. Es legítimo, con todo, diferenciar a las relaciones que los hombres mantienen con los *objetos* de las relaciones que mantienen con otros *hombres*. Se puede llamar *materiales* o *técnicas* a las primeras (lo cual no es en modo alguno lo mismo que suponer que se hallan determinadas en forma exclusiva por motivos de índole técnica), y *sociales* a las segundas (lo cual, nuevamente, no es idéntico a suponer que en su constitución no influyó ningún elemento "técnico"). Pero Cohen va más lejos: pretende que existen *relaciones materiales entre sujetos* (insisto, en oposición a las relaciones *sociales*). Esto es algo inaceptable. Las relaciones entre hombres son siempre sociales. No es posible hablar de relaciones materiales oponiéndolas a las relaciones sociales (como si lo social no fuera material). Es cierto que las relaciones de producción revisten carácter material, pero ¿en relación con qué? No, desde luego, con sus atributos sociales. Las relaciones de producción deben ser consideradas *materiales* en oposición a las representaciones *ideales* que los hombres se forman acerca de las mismas. Sólo en este sentido hablaba Marx de relaciones materiales.

Existen sobradas pruebas de que el autor de *El Capital* atribuía explícitamente un carácter social a las relaciones de trabajo; cosa que Cohen pretende negar al adscribir estas relaciones al ámbito de las relaciones materiales y excluirlas de las relaciones sociales. Por ejemplo, cuando se refiere a la "naturaleza del proceso social de trabajo"[216] afirma que "la división del trabajo y todas las demás categorías económicas [...] son relaciones sociales";[217] escribe que "en la medida en que [el capital industrial] se apodera de la producción social, se trastruecan la técnica y la organización social del proceso laboral...",[218] y que "el capital tiene que revolucionar las condiciones técnicas y sociales del proceso de trabajo...".[219] Obviamente, las condiciones sociales del proceso de trabajo no son sino

---

[216] K. Marx, *El capital*, Tomo I, Vol. 2, p. 402.

[217] K. Marx, "Carta de Marx a Annenkov", en *Correspondencia*, Buenos Aires, Cartago, 1987, p. 16.

[218] K. Marx, *El Capital*, Tomo II, Vol. 4, p. 62.

[219] K. Marx, *El Capital*, Tomo I, Vol. 2, p. 382.

las relaciones de trabajo entabladas entre los hombres (cooperación, división de tareas, etc.).

La distinción realizada por Cohen entre *relaciones materiales* y *relaciones sociales de producción* tiene, de todos modos, un mérito: reconoce y pretende analizar la diferencia que media entre las relaciones por medio de las cuales los hombres se apropian de los medios de producción, la fuerza de trabajo y los frutos o resultados de la producción, de aquellas relaciones que los sujetos entablan entre sí en el interior del proceso laboral, las cuales no poseen atributos de propiedad. Esta distinción había sido tradicionalmente pasada por alto por los teóricos marxistas, que cuando hacían referencia a las relaciones de producción implícita o explícitamente se referían a las relaciones de propiedad sobre la fuerza de trabajo y los medios de producción, dejando fuera de consideración a las relaciones de trabajo. Etienne Balibar y Martha Harnecker[220] percibieron que las relaciones de producción trascendían a las relaciones de apropiación, por lo que reivindicaron la existencia, además de las *relaciones sociales de producción*, de las relaciones de *apropiación real* (Balibar) y de las *relaciones técnicas de producción* (Harnecker). Sin embargo, tanto la categoría de relaciones de *apropiación real* como la de *relaciones técnicas* hacen referencia a las relaciones de los trabajadores con los medios de producción, y no propiamente a sus relaciones entre trabajadores.[221] Cohen, por el contrario, se desentiende de la problemática puesta de relieve por Balibar y Harnecker, concentrándose en las relaciones que los trabajadores

---

[220] Ver E. Balibar, "Acerca de los conceptos fundamentales del materialismo histórico", en L. Althusser y E. Balibar, *Para leer El Capital*, México, Siglo XXI, 1969; M. Harnecker, *Los conceptos elementales del materialismo histórico*, México, Siglo XXI, 1983.

[221] Para un desarrollo más amplio de esta problemática consúltese A. Petruccelli, *Ensayo...*, pp. 101-105.

mantienen entre sí. La problemática es legítima, aunque no sea adecuada la manera en que intenta resolverla.

Cohen reconoce que la distinción entre los atributos materiales y los atributos sociales *desnaturaliza* a las relaciones capitalistas de producción, lo cual favorece la crítica socialista al capitalismo: el capital no es eterno, tiene un origen y presumiblemente un final, y no debe ser confundido con los medios de producción. Sin embargo, no permanece fiel a esta perspectiva teórica. Su distinción entre relaciones *materiales* y *sociales* de producción culmina *naturalizando* a las primeras. Aunque no lo dice explícitamente, es obvio que considera a las relaciones de trabajo demasiado férreamente determinadas por las condiciones técnicas de los medios de producción. Las relaciones de trabajo se hallarían a su juicio básicamente determinadas por la técnica, despreocupándose por las determinaciones sociales de las mismas. Aun cuando deja cierto margen de autonomía a las relaciones de trabajo, su análisis de los procesos laborales parte siempre de los medios de producción, que gozan de una primacía implícita o explícita: los cambios en las relaciones de trabajo no harían más que racionalizar su uso, siendo de esperar que las relaciones óptimas se establezcan bastante rápidamente. Una visión semejante, claro está, no puede conceder jamás la importancia que Marx otorgaba a las relaciones de trabajo como parte de las fuerzas productivas. Esta es la razón oculta de la negativa de Cohen a incluir a las relaciones de trabajo dentro del catálogo de las fuerzas productivas, exclusión defendida, como vimos, mediante la invocación de ciertos requisitos de coherencia lógica viciados por un punto de partida injustificado: a saber, que para Marx los términos de las relaciones de producción son los hombres y las fuerzas productivas. En realidad —lo hemos visto—, para Marx, los términos de las relaciones de producción son los hombres y los medios de producción.

Aunque se cuida de defender una concepción en extremo mecánica, Cohen mantiene una visión no problemática de las relaciones de trabajo, *naturalizándolas* en una medida inaceptable para Marx. Muestra de esto es que Cohen sostiene que la *subsunción real* del trabajo al capital recién tiene lugar con la producción industrial (es decir por medio de máquinas), cuando Marx sostenía que la *subsunción real* se originaba con la manufactura.[222] La propia denominación, *relaciones materiales de producción*, aunque haga referencia a ciertas relaciones intersubjetivas, remite consciente o inconscientemente a lo técnico-objetivo.

Por otra parte, al negarle Cohen a sus "relaciones materiales de producción" todo atributo o ejercicio de *poder*, las convierte en un instrumento teórico insuficiente para estudiar las relaciones de trabajo, dentro de las cuales se suelen ejercer poderes bastante marcados, los cuales se hallan ligados, aunque no en forma sencilla, con el ejercicio de la propiedad: un capataz, por ejemplo, ejerce ciertos poderes en nombre del capitalista, pero no es un capitalista. Ahora bien, ¿cómo analizaría Cohen, con qué categoría, el caso de los capataces? La de *relaciones materiales* es claramente inadecuada en virtud de la existencia de poder, pero el concepto de *relaciones sociales de producción* se limita, en su obra, al poder de propiedad. Cohen habla de "poder efectivo" para distinguir a las relaciones de producción (fenómeno estructural) de la propiedad o el derecho de propiedad (fenómeno superestructural). Sus ejemplos de rela-

---

[222] Para apreciar lo erróneo de la interpretación de Cohen compárese su identificación de la "subsunción real" con la producción industrial maquinizada (*La teoría...*, p. 110), con los textos de Marx (como por ejemplo *El Capital*, Tomo I, Vol. 2, p. 407, *El Capital, Libro I, Capítulo VI (inédito)*, Buenos Aires, Signos, 1971, p. 57) en los que la misma es identificada con la producción manufacturera. Cabe decir que el error de Cohen ha sido habitual en la literatura marxista, pero un error repetido no se convierte en acierto. Para un análisis más completo y matizado de todo esto consúltese A. Petruccelli, *Ensayo...*, pp. 94-102.

ciones sociales de producción[223] no contemplan nada parecido a los capataces capitalistas, los *villicus* romanos esclavistas o la autoridad paterna en ciertas producciones familiares. La construcción teórica de Cohen tiene en este campo una laguna.

4. Estructura económica, relaciones de producción, fuerzas productivas

Cohen sostiene que la *estructura económica* está conformada únicamente por las *relaciones sociales de producción*, excluyendo a las fuerzas productivas y a las relaciones materiales o relaciones de trabajo. Como para el materialismo histórico la estructura económica determina fuertemente a las formas políticas, jurídicas e ideológicas (a veces llamadas superestructuras), esta concepción restringida hace que en la práctica resulte muy dificultoso establecer los nexos determinantes entre la base económica y las instancias superestructurales. ¿Es ésta la concepción que tenía Marx de la estructura económica? No, y Cohen lo sabe: "Las relaciones de trabajo *son* relaciones de producción, pero, a pesar de lo que dice su autor en el célebre prólogo de 1859, no todas las relaciones de producción entran dentro de la estructura económica".[224] ¿Cuál es la razón de esta exclusión? Muy sencillo. Si Marx dice que:

> (1) La estructura económica es la suma total de las relaciones de producción.
>
> Por consiguiente, dado que
>
> (2) Las relaciones de trabajo son relaciones (materiales) de producción.
>
> Entonces se desprende que

---

[223] G. Cohen, *La teoría...*, pp. 69-76 (63-69).

[224] G. Cohen, *La teoría...*, p. 124 (112). En una carta que Engels le enviara a Borgius el 25 de enero de 1894 —a la que ya he citado en IV.1— se puede apreciar que el amigo de Marx reivindicaba para el materialismo histórico una concepción amplia (opuesta a la de Cohen) de la base económica.

> (3) Las relaciones de trabajo entran dentro de la estructura económica, y por consiguiente tienen un carácter intrínsecamente social.[225]

Todo el problema radica en la persistencia en negar el carácter *social* de las relaciones de trabajo. Cohen piensa que en este terreno Marx cae en una contradicción lógica, producto, quizás, de su distendido método dialéctico. Pero no hay tal. Marx siempre reconoció el carácter social de las relaciones de trabajo, y sólo una interpretación arbitraria puede sostener que les atribuía un carácter *material*, contrapuesto a lo *social*. Cuando Marx se refiere al carácter *material* de las relaciones de producción lo hace contraponiéndolo al carácter *ideal* de las representaciones que los hombres se hacen de las mismas; nunca contrapone los atributos *materiales* de las relaciones productivas a los atributos *sociales*, puesto que las relaciones son, por definición, *sociales*.

Cohen también sostiene que las fuerzas productivas explican la estructura económica sin formar parte de la misma; y se ocupa de refutar a los autores que defienden que las fuerzas productivas sí forman parte de la estructura económica. Personalmente pienso que las fuerzas de producción deben ser incluidas dentro de la estructura económica, y que Marx era de esta opinión. Aquí me propongo desarrollar y documentar esta afirmación.

La razón principal —si no la única— por la que Cohen defiende que las fuerzas productivas *no* forman parte del fundamento económico de la sociedad es de índole formal. Está fundada en lo que considera imperativos para mantener la coherencia lógica de la exposición (y, desde luego, en lo que él cree fidelidad a los textos de Marx). No existe ninguna otra necesidad teórica (como ocurriría, por ejemplo, si la inclusión de las fuerzas productivas dentro de la estructura económica echara por tierra a la tesis de

---

[225] G. Cohen, *La teoría...*, pp. 123-124 (111-112).

184

la primacía). Los tres argumentos esgrimidos en defensa de su posición son los que siguen:

> En primer lugar una fuerza o capacidad –ya que las fuerzas productivas pueden también ser denominadas «capacidades productivas»– no es una relación. No es algo que exista entre los objetos, sino más bien una propiedad de un objeto o, en el uso amplio que le da Marx, un objeto que tiene esa propiedad, un objeto que tiene capacidad productiva, y tal objeto no es una relación.[226]

Este argumento simplemente es incorrecto. Que las fuerzas productivas sean entendidas como las capacidades productivas que poseen ciertos "elementos" no excluye que, entre tales "elementos", se encuentren ciertas *relaciones*; o, lo que es lo mismo, que las relaciones posean capacidades. Es cierto que una relación, estrictamente, no es una fuerza o una capacidad; pero tampoco lo es una máquina o un instrumento. En todo caso, las máquinas y los instrumentos poseen capacidades (entre ellas la de ser fuerza productiva); pero lo mismo puede postularse de las relaciones. De hecho, Marx utilizaba la expresión "fuerzas productivas" para referirse tanto a una capacidad como a los elementos que originan dicha capacidad. Por otra parte, era perfectamente consciente que las fuerzas productivas no poseen una existencia autónoma, como mera materialidad, al margen de las personas y sus relaciones. Un arado, por ejemplo, no es en sí mismo un medio de producción. Lo que convierte a un arado en un medio de producción –y por ende en una fuerza productiva– es cierta *relación* con el campesino. Colgado en la pared de la vivienda de un burgués el mismo arado deja de ser un medio de producción (una fuerza productiva): es simplemente un adorno. Pero esto no es todo. El punto principal es que Marx considera fuerzas productivas a ciertas *relaciones entre*

---

[226] Ídem., p. 30 (28).

los trabajadores, lo que aparece recurrentemente en la obra marxiana pero sería algo que incomoda a Cohen.

El segundo argumento parece más sustancial, pero el mismo Cohen lo refuta indirectamente pocas líneas después de enunciarlo. Veamos:

> se afirma que las relaciones de producción *corresponden* a unas fuerzas productivas en un determinado estadio de desarrollo de estas últimas. [...] Pero sea cual fuere aquí el significado de "corresponder" es difícil reconciliar la correspondencia entre las relaciones de producción y las fuerzas productivas con la inclusión de las fuerzas productivas en el conjunto de las relaciones de producción.[227]

¿Resulta inconciliable postular la correspondencia entre fuerzas y relaciones con la inclusión de las primeras como una variedad de las segundas? No necesariamente. Para demostrarlo podemos utilizar una analogía tomada del propio Cohen. En *La teoría de la historia de Karl Marx* su autor sostiene que el término "base" puede ser entendido de dos maneras diferentes, a saber:

> x es la base (1) de y = x es aquella parte de y en la que se basa (el resto de) y
>
> x es la base (2) de y = x es externa a y y en ella se basa (la totalidad de) y[228]

Esta distinción le permite sostener que la estructura económica es la base (1) de la formación social, ya que es un fenómeno social, mientras que es la base (2) de la superestructura, ya que no es un fenómeno superestructural. A lo que agrega:

> el error [...] es pasar de la verdad de que las fuerzas productivas son la base (2) de la sociedad —forma gráfica de asignarles una significación explicativa primaria— a la falsedad de que son la

---

[227] Ídem., p. 31 (29).
[228] Ídem., p. 32 (30).

base (1) de la sociedad. Ciertamente son el fundamento de la economía, pero no pertenecen al fundamento económico.

Es por lo menos curioso, o quizás más bien francamente inaceptable, sostener que las fuerzas de producción son una base externa de la sociedad, como si no formaran parte, estrictamente, de la misma. Pero aun concediendo este punto hay que señalar que si resulta legítimo aceptar que la base de *y* puede ser tanto interna como externa a *y*, ¿por qué no habremos de aceptar que las fuerzas productivas sean la base de las relaciones de producción y, al mismo tiempo, formen parte de éstas (sean internas)? Cohen sin dudas respondería que lo que nos impide extraer esta conclusión es la necesidad de establecer la "correspondencia" entre unas y otras a que aludía Marx. La estructura económica es la base *interna* de la formación social porque ella es la parte que actúa como fundamento del todo, pero la misma estructura económica necesariamente debe ser la base *externa* de la superestructura, porque ella es una parte (económica) que explica a otra parte (político-ideológica). Este razonamiento es correcto, pero da por descontado que la estructura económica es una totalidad no desagregable en sus partes componentes. Sin embargo, como veremos de aquí a poco, la estructura económica puede ser desagregada en *relaciones de apropiación* (o relaciones de producción en sentido restringido) y *relaciones de trabajo* (o fuerzas productivas); con lo cual se hace perfectamente conciliable la afirmación de que las relaciones de producción (esto es, las relaciones de apropiación) se corresponden a las fuerzas productivas (o relaciones de trabajo), con el postulado de que las fuerzas productivas forman parte de la estructura económica. Porque al fin y al cabo la noción de relaciones de producción no es unívoca en Marx: en ocasiones atañe únicamente a las relaciones de apropiación; en otras incluye tanto a las relaciones de *apropiación* como a las relaciones de *trabajo*; y hay casos en los que las relaciones de producción aparecen contrapuestas a las relaciones de circulación y/o distribución. Existen en Marx una noción amplia y una noción restringida de las relaciones de producción; y bajo la concepción amplia las fuerzas productivas —entendidas como relaciones de trabajo— forman un subconjunto de las mismas. (Por otra parte, la noción de correspondencia, al menos como yo la entiendo, no implica algo tan fuerte como que las fuerzas productivas expliquen a las relaciones de producción.)

Veamos ahora el último de los argumentos de Cohen:

> Marx dice en muchos pasajes [...] que las relaciones de producción son de carácter *económico*, mientras que las fuerzas productivas no lo son. De esto se desprende que las fuerzas productivas no son un tipo de relaciones de producción.[229]

Es cierto que en algún pasaje —hasta donde yo sé en uno solo, perteneciente a la temprana *Miseria de la filosofía* (y Cohen no aporta pruebas adicionales)—[230], Marx distingue a las "categorías económicas" (entendidas como relaciones de producción) de los objetos materiales (las fuerzas productivas) que son los términos unidos por esas relaciones. Lo que intenta Marx en ese pasaje es diferenciar a las propiedades *sociales* de las propiedades *materiales*, lo cual es un objetivo legítimo y correcto, aunque tal vez se exprese de manera inadecuada, o al menos en términos que no hubiera utilizado en años posteriores. Digo esto porque Marx llegó a ser plenamente consciente —como vimos— de que ciertas relaciones entre los hombres actúan como verdaderas fuerzas productivas;

---

[229] G. Cohen, *La teoría* ..., p. 31 (29).

[230] Se trata de un pasaje de *Miseria de la filosofía* que dice: "Las máquinas no constituyen una categoría económica, como tampoco el buey que tira del arado. Las máquinas no son más que una fuerza productiva. La fábrica moderna, basada en el empleo de las máquinas, es una relación social de producción, una categoría económica". En el libro de Cohen aparece citado en p. 98 (88-89).

y también que una máquina posee ciertas propiedades materiales entre las que no se cuenta ser medio de producción o fuerza productiva: este último atributo no es inherente a la materia, sino que depende de cierta relación con los hombres. Por otra parte, que la estructura económica esté conformada por el conjunto de las relaciones de producción no significa que los términos de esas relaciones (los hombres y los medios de producción) deban ser excluidos (no formen parte) de tal estructura. Si así fuera la estructura económica resultaría *inmaterial*, una idea que Marx, sin dudas, hubiera desaprobado con virulencia.

Como resultado del análisis a que hemos sometido las objeciones de Cohen podemos concluir que no existen argumentos teóricos para excluir a las fuerzas productivas de la estructura económica. Sin embargo no podemos concluir aquí este apartado. Es necesario analizar qué significa exactamente que las fuerzas productivas forman parte de las relaciones de producción, esto es, de la estructura económica.

Se podría argumentar que al postular que las fuerzas productivas forman parte de las relaciones de producción se quita especificidad a estos conceptos y se introduce una confusión inaceptable. Esto, desde luego, es un riesgo; pero en modo alguno una situación insalvable. En mi *Ensayo sobre la teoría marxista de la historia* propuse, para evitar malos entendidos, los conceptos de relaciones de *apropiación* y de relaciones de *trabajo*.[231] Las relaciones de apropiación son las formas por las que los hombres se apropian de los medios de producción, la fuerza de trabajo y los resultados de la producción. Las relaciones de trabajo, en cambio, denotan las formas particulares en que se trabaja materialmente, vale decir, las relaciones que los trabajadores entablan entre sí (relaciones sociales de trabajo) y con los medios de producción (relaciones técnicas de trabajo) dentro

---

[231] A. Petruccelli, *Ensayo…*, pp. 49-60 y 79-117.

del proceso laboral. Las fuerzas productivas, en consecuencia, serían las relaciones de trabajo vistas desde la perspectiva de la capacidad de producción. Esta conceptualización no quita ninguna especificidad conceptual ni introduce ningún confusionismo. Podemos decir que las fuerzas productivas forman un subconjunto de las relaciones de producción, puesto que el término relaciones de producción es equivalente a "relaciones económicas"; y las relaciones de producción (o económicas) pueden subdividirse en relaciones de *apropiación* y relaciones de *trabajo*.

Sin embargo, incluir a las fuerzas productivas dentro de las relaciones de producción evidentemente sí plantea un dilema a la hora de afrontar el problema de la primacía. Si las fuerzas productivas son parte de las relaciones de producción, ¿cómo es posible pensar la primacía de unas o de otras? Más específicamente, ¿cómo se puede sostener, como sostengo, la primacía de las relaciones de producción? Se trata de un problema real. Y debe ser abordado.

Pues bien, creo que el panorama se clarifica una vez que se entiende que la tesis de la primacía de las relaciones de producción puede tener tres significados diferentes:

A.   la prioridad imputada a la economía, es decir al conjunto de las relaciones de producción, sobre la ideología, la política, etc;

B.   la prioridad imputada a las relaciones de producción (reducidas a las relaciones de apropiación), sobre las fuerzas productivas (relaciones de trabajo);[232]

---

[232] Esta tesis puede ser entendida de dos maneras. Según la primera, la dinámica macrosocial se vería mucho más influida por las relaciones de apropiación que por las relaciones de trabajo. En este sentido se puede decir que Marx la convalida. Pero también se la puede entender en el sentido de que ciertas relaciones de apropiación explican o generan ciertas relaciones de trabajo o fuerzas productivas. En esta segunda manera es difícil adscribirla a Marx, quien ha oscilado entre textos en los que las relaciones de apropiación y las relaciones de trabajo conforman un proceso de retroacción sin primacía, otros en los que la primacía

C.   la explicación del *desarrollo* de las fuerzas productivas por
las particularidades de las relaciones de producción (entendidas
como la combinación de relaciones de apropiación y de trabajo),
y no como una tendencia universal, transhistórica, fundada en
la combinación de la racionalidad humana con la escasez.

En el primer sentido se considera primario al conjunto de relaciones de producción, con respecto a los restantes subsistemas
sociales. Este es el significado fundamental en el que se puede
decir que Marx sostenía la tesis de la primacía de las relaciones de
producción. En este sentido, sin embargo, la primacía no se ejerce
sobre las fuerzas productivas. El segundo sentido pretende detectar
un conjunto fundamental dentro de la totalidad de relaciones de
producción; en tanto que el tercero funda el desarrollo de las fuerzas productivas en las relaciones sociales de producción, en vez de
hacerlo en una tendencia universal independiente de las mismas.
Sólo en los dos últimos sentidos la primacía de las relaciones de
producción es primacía *sobre* las fuerzas productivas; pero en ambos
casos dicha primacía puede ser formulada con claridad.

Marx entendía que la estructura económica está conformada
por todo el conjunto de las relaciones de producción, esto es, por
la totalidad de las relaciones de apropiación y de trabajo (o fuerzas
productivas), y no solamente por las relaciones de apropiación. O
mejor dicho, consideraba al conjunto de todas las relaciones económicas el centro del desarrollo social, al que en algunas ocasiones
hizo referencia con la metáfora de la *estructura* (o base) sobre la
que se eleva la *superestructura*. Ello no obstante, también atribuía
una prioridad indiscutible a las relaciones de apropiación, motivo
por el cual consideraba que las sucesivas modificaciones sufridas
por los métodos de producción (vale decir, por las relaciones de

---

es imputada a las fuerzas productivas (o relaciones de trabajo), y algunos en los
que la primacía recae en las relaciones de apropiación.

trabajo y los medios de producción, que globalmente conforman las fuerzas productivas) bajo la hegemonía del capitalismo
—industria domiciliaria, manufactura con cooperación simple,
manufactura con división del trabajo, gran industria— no alteran
esencialmente las "leyes" generales emanadas de las relaciones
capitalistas de apropiación. Es precisamente por ello que estos
distintos sistemas productivos pueden ser considerados como
variantes de un mismo tipo de relaciones esenciales: las relaciones capitalistas (lo cual, desde luego, no significa que estas
particulares formas de producción carezcan de importancia o
de consecuencias).

Ahora bien, en la obra de Marx existe cierta ambigüedad para
conceptualizar lo económico. En algunas ocasiones lo económico
es sinónimo del ámbito de la producción y circulación en sentido
amplio; pero en otras se ve reducido a las relaciones de mercado.
Esta última alternativa se aprecia claramente cuando se refiere a
la coacción *extraeconómica* que impera en los modos de producción
pre-capitalistas. Allí la coacción es extraeconómica —dice Marx—
porque la fuerza de trabajo no ha sido transformada en una mercancía, y por consiguiente el intercambio mercantil no constituye
aún la base de las relaciones de producción. Tenía toda la razón el
joven Laclau cuando escribía:

> Resulta claro, pues, que Marx está usando dos conceptos dife-
> rentes de «lo económico». Y estas concepciones son diferentes
> en dos sentidos: en primer término, por cuanto pertenecen a dos
> niveles distintos de abstracción [...] La primera concepción de «lo
> económico» (= producción) pertenece a la teoría más general del
> materialismo histórico, en tanto define una de las condiciones de
> toda sociedad posible; la segunda concepción, por el contrario,
> se refiere sólo a las sociedades productoras de mercancías [...]
> Si bien estas dos concepciones de «lo económico» se encuentran

presentes en la obra de Marx, no veo la utilidad de continuar utilizando la misma expresión para designar a ambas. Sugiero, en consecuencia, que continuemos empleando el término «lo económico» para el segundo significado, mientras que para el primero usemos el término *producción*.[233]

Estas consideraciones deben ser aceptadas en lo sustancial. Aunque su propuesta terminológica puede introducir confusiones: por ejemplo puede dar a entender que el nivel determinante de una formación social es la *producción* con exclusión de la *circulación*. Yo propondría, por ende, emplear el término "lo económico" —o más llanamente "economía"— en su sentido más amplio, y utilizar la expresión «mercantil» para su versión restringida. De tal cuenta, habría que reemplazar la expresión "coacción extraeconómica", por la expresión "coacción extra-mercantil". ¿Qué dimensiones incluye la economía —o "lo económico"—? Creo que podemos sintetizarlo en dos puntos:

A.   la apropiación de los medios de producción, de la fuerza de trabajo y de los resultados de la producción;

B.   la organización de la producción y la distribución.

Estas dos grandes dimensiones constituyen la economía de una sociedad, el conjunto de sus relaciones de producción, como habitualmente las denominaron Marx y Engels, aunque a veces fueron más cuidadosos y las llamaron "relaciones de producción y circulación". ¿Y las fuerzas productivas? Las fuerzas productivas no son más que una de las maneras en que Marx denominaba a la organización de la producción y circulación.[234] Podríamos decir, pues, que las dos dimensiones de la economía son:

---

[233] Ernesto Laclau, "La especificidad de lo político", en su *Política e ideología en la teoría marxista. Capitalismo, fascismo, populismo*, México, Siglo XXI, 1986 (1978), pp. 82-83.

[234] Me doy cuenta que la inclusión de la organización de la circulación dentro de las fuerzas productivas puede parecer un despropósito. Sin embargo, Marx

A.   las relaciones de producción;

B.   las fuerzas productivas.

Distinción que tiene la ventaja de lo clásico. Sin embargo, habría que hacer al menos dos aclaraciones respecto a las interpretaciones habituales de estos términos:

Primera aclaración. Las relaciones de producción no se reducen exclusivamente a la producción, sino que incluyen a la circulación y distribución de bienes y servicios. Y en cuanto se refieren a la producción no lo hacen en el sentido de cómo se trabaja, sino en el sentido de cómo se apropian los sujetos de los medios de producción, de la fuerza de trabajo y de los resultados de la producción. Es por ello que he preferido denominarlas *relaciones de apropiación*.

Segunda aclaración. Las fuerzas productivas no son cosas aisladas, elementos atómicos. Las fuerzas productivas se tornan *reales* (y no meramente *potenciales*) por medio de relaciones definidas. Un martillo no es una fuerza productiva (real) hasta tanto no sea empleado por un operario.[235] Las fuerzas productivas, pues, tienen carácter relacional. Inclusive una dimensión importante de ellas —a la que Marx denominaba "fuerzas productivas del trabajo social"— es la resultante de las formas de organización, cooperación y división del trabajo. En la economía no hay relaciones (las relaciones de producción) y cosas (las fuerzas productivas). Estamos en un campo eminentemente relacional. Ello no significa, por supuesto, que no haya individuos y cosas. Desde luego, hay trabajadores, hay materias primas, hay instrumentos.

---

escribió que "el mejoramiento de los medios de transporte y comunicación cabe así mismo en la categoría de desarrollo de las fuerzas productivas en general". *Grundrisse*, vol. II, p. 11.

[235] Y siempre y cuando el operario lo emplee dentro de un proceso productivo relevante, y no, por caso, en una manifestación.

Pero tanto las relaciones de producción (o de apropiación, como prefiero) como las fuerzas productivas son relacionales: hasta ahora no se conoce a ningún trabajador que haya creado algo a partir de la nada. Por consiguiente, a las fuerzas productivas también podemos denominarlas *relaciones de trabajo*. O, mejor dicho, las fuerzas productivas son capacidades de las relaciones de trabajo, surgen de ellas.

5. El carácter primario de las relaciones de producción

Al llegar a este punto resulta imperioso evacuar otro posible equívoco. La estructura económica no constituye en modo alguno una esfera plena y nítidamente separada de los restantes componentes del todo social. En la concreta realidad las distintas relaciones y prácticas humanas conforman una masa heteróclita que sólo a los efectos analíticos puede ser desgajada o desmembrada. Las relaciones de producción, de hecho, pueden estar organizadas por *instituciones* que, además de cumplir con las funciones específicamente económicas –apropiación de los medios de producción, la fuerza de trabajo y los frutos de la producción, así como la organización de la producción y distribución– desempeñan otras funciones sociales. La distinción más o menos clara entre un ámbito económico dominado por la empresa privada, un ámbito político hegemonizado por el Estado y una esfera de la vida personal organizada en torno al hogar y la familia nuclear es en cierto modo una rareza histórica, que sólo existe en las modernas sociedades capitalistas. E incluso en estas sociedades la distinción no es completamente nítida: el Estado es un importante agente económico y no solamente un sujeto político; la política se concentra en el Estado, pero en modo alguno es reductible a él; las familias siguen siendo núcleos económicos. En otras sociedades la fusión de los diferentes subsistemas es más sólida. Las sociedades "primitivas", por ejemplo, están organizadas en torno a las relaciones de parentesco, pero estas relaciones no se ocupan solamente de la reproducción sexual. Cumplen también funciones económicas e incluso políticas. Son ellas las que asignan derechos sobre el territorio, sobre el ganado o sobre cualquier bien heredable; son los grupos de parientes (linajes, clanes, etc.) los que organizan la producción o la extracción de riquezas; y es por medio del matrimonio exogámico como normalmente se realizan o consolidan alianzas "políticas". La observación trivial de que en estas sociedades el parentesco es la institución más importante, y que no existe en ellas ni tan siquiera una noción de lo que es la "economía" (como esfera en sí misma), llevó a muchos antropólogos a afirmar que el análisis de estas sociedades desmentía los presupuestos de Marx. La respuesta no tardó en llegar y fue contundente. Maurice Godelier, un antropólogo marxista, observó que sus colegas confundían la primacía de las *funciones* con la primacía de las *instituciones*.[236] Observaban que en alguna sociedad la institución del parentesco era claramente la fundamental (tanto que en cierto modo era la única: entre los cazadores-recolectores y entre muchos agricultores "primitivos" toda la vida se estructuraba según las relaciones

---

[236] Maurice Godelier, *Lo ideal y lo material*, Madrid, Taurus, 1989 (1984), pp. 47 y siguientes. Una versión primitiva de esta tesis fue expuesta por Godelier en "Objet et métohodes de l`antropologie économique", *L`homme*, 1965, incluido en *Racionalidad e irracionalidad en economía*, México, Siglo XXI, 1967. Su argumentación deriva de la distinción establecida por Althusser entre lo *dominante* y lo *determinante* en "Sobre la dialéctica materialista" (1963) –incluido en *La revolución teórica de Marx*, México, Siglo XXI, 2004 (1965)– y aborda el mismo campo problemático que Badiou intentara aprehender al hablar de una *práctica determinante* (la práctica económica). Ver A. Badiou, "El (re)comienzo del materialismo dialéctico", en S. Karsz (comp.), *Lectura de Althusser*, Buenos Aires, Galerna, 1969.

de parentesco), y con ello creían haber refutado al marxismo.[237] Lo que no advertían es que las relaciones de parentesco ofician en esas sociedades *también* como relaciones de producción; y que es precisamente por cumplir *funciones económicas*, por organizar la producción o la extracción y asignar derechos sobre territorios, bienes, parcelas y ganado, que esas relaciones se presentan como fundamentales. La hipótesis de Godelier es que cuando esas instituciones dejan de cumplir importantes funciones económicas, su influencia e importancia social comienza a eclipsarse.[238] Veamos su argumentación un tanto más extensamente. En cualquier sociedad, afirma Godelier,

> el parentesco regula la filiación y la alianza matrimonial, sin embargo, el parentesco no predomina en todas. La religión, lo mismo que en todas partes, organiza las relaciones con lo sobrenatural y, sin embargo, no predomina en todas partes. Es posible, pues, lógico y legítimo, proponer la idea de que las funciones

---

[237] Godelier observa con total acierto que marxistas y no-marxistas parten en estas discusiones de "supuestos teóricos irreconciliables". Mientras los no-marxistas son empiristas para quienes "el orden visible de los hechos muestra por sí mismo su razón de ser y los hace inteligibles"; los marxistas, en cambio, "proceden de la manera contraria: la apariencia de los hechos no revela su esencia". *Lo ideal y lo material*, pp. 155-156. Las dificultades epistemológicas del empirismo son notorias; y si bien la distinción entre esencia y apariencia no está exenta de críticas filosóficas, creo que nadie podría dudar seriamente de la siguiente afirmación de Marx: "toda ciencia sería superflua si la forma de manifestación y la esencia de las cosas coincidiesen directamente". *El Capital*, Tomo III, Vol. 3, p. 1041.

[238] Es de hacer notar que la insistencia de Godelier en las *funciones* económicas no tiene ninguna vinculación necesaria con el funcionalismo como teoría social, ni con las explicaciones funcionales como modalidad explicativa. Si reemplazamos "funciones" por "prácticas" (como en cierto modo hiciera Badiou) nada se pierde y quizá algo se gane: evitar toda vinculación indirecta con el funcionalismo.

explícitas y universales del parentesco (que son las de ordenar socialmente la reproducción de la vida mediante la reglamentación del matrimonio y de la filiación) no bastan para dar lugar a su predominio allí donde se da. Lo mismo puede decirse de la política o la religión. Es menester algo *adicional*, una función que *no* esté presente en todos los casos de funcionamiento del parentesco, de la política o de la religión, pero que esté en *cada uno* de los casos donde estas relaciones sociales y las ideas de que forman parte dominan el funcionamiento de la sociedad.

Esta función nos es conocida: en cada uno de los casos, las relaciones dominantes funcionan al mismo tiempo como relaciones sociales de producción, estructura económica de la sociedad, marco de apropiación material de la naturaleza. Proponemos, pues, generalizar esta constatación en la siguiente hipótesis:

Para que una actividad social —y con ella las ideas y las instituciones que le corresponden y que la organizan— desempeñen un papel dominante en el funcionamiento y la evolución de una sociedad (luego en el pensamiento y en la acción de los individuos y los grupos que componen dicha sociedad), no basta con que asuma muchas funciones; es imprescindible que asuma directamente, además de su finalidad y sus funciones explícitas, la función de las relaciones de producción.[239]

Es importante insistir en esto porque la preeminencia del análisis de clase es un corolario derivado de la primacía atribuida a las relaciones de producción, y en consecuencia válido sólo para algunas sociedades. La primacía de las relaciones de producción, en cambio, posee un alcance más general, y puede sostenerse incluso en el caso de las sociedades de cazadores-recolectores o de agricultores y ganaderos "primitivos", aunque no exista allí división de

---

[239] Maurice Godelier, *Lo ideal y lo material*, Madrid, Taurus, 1989, pp. 176-177. Para un enfoque marxista alternativo, crítico de Godelier, consúltese C. Meillassoux, *Mujeres, graneros y capitales*, México, Siglo XXI, 1999 (1975).

clases. Hay sociedades en las que la estructura económica no adopta formas clasistas, y otras en las que las relaciones de clase conviven con relaciones no clasistas. El punto decisivo es que el marxismo considera primario el análisis de las relaciones de producción; la importancia concedida al análisis de las relaciones de clase deriva de aquel hecho más básico.

La injustificada confusión entre la primacía atribuida a las relaciones de producción con la insistencia en el análisis de clase, unida a la reducción de la lucha de clases a las situaciones de conflicto político abierto, ha conducido a numerosos autores a desechar lo que (equivocadamente) creen que son las premisas del materialismo histórico. A las habituales observaciones respecto de que en el mundo antiguo las personas no pensaban en términos de clase o no entablaban regularmente combates sociales en tanto que tales (ambas premisas demolidas de manera contundente por De Sainte Croix),[240] se ha sumado en las últimas décadas la pueril observación de que los partidos políticos no parecen constituirse según criterios clasistas. La decadencia en Europa occidental de los tradicionales partidos socialistas obreros (o su conversión a formas más o menos moderadas de neoliberalismo), ha llevado a muchos intelectuales a pensar que las clases sociales y la lucha económica había sido sobrevalorada. Obnubilados por un excepcional período histórico en el que en algunas regiones del globo se formaron partidos de identidad clasista, estos intelectuales creyeron ver en ese fenómeno más bien excepcional la confirmación de la primacía de la economía. Y desde luego, cuando las cosas dejaron de ser así, creyeron ver un rotundo mentís a los análisis marxistas.

---

[240] En las inolvidables páginas del capítulo II de *La lucha de clases en el mundo griego antiguo*, De Sainte Croix no sólo justifica la pertinencia del enfoque de Marx para explicar el desenvolvimiento histórico del mundo antiguo, sino que además demuestra que la sociología política de Aristóteles emplea análisis de clases para explicar las luchas políticas dentro de la polis.

Sin embargo, si se observa con perspectiva histórica la determinación de clase de las organizaciones políticas rara vez es inmediata y visible a simple vista, por una serie de circunstancias muy específicas. Cuando las clases explotadas carecen de derechos políticos la existencia de organizaciones políticas semejantes a los partidos modernos es virtualmente imposible: en tales casos los Estados tendrán un evidente carácter de clase, pero las disputas entre fracciones políticas, por ser disputas dentro de una misma clase, no adoptarán un lenguaje clasista. Por el contrario, cuando las clases explotadas poseen derechos políticos semejantes a los de las clases explotadoras el dominio de estas últimas (que son siempre una minoría) debe desarrollarse veladamente, tras bambalinas, en nombre del "interés general"; pero por ello mismo las manifestaciones clasistas rara vez serán abiertas o transparentes. No parece casual, pues, que el lenguaje y la identidad explícitamente clasistas hayan estado históricamente relacionados con las clases económicamente explotadas y políticamente subordinadas. Esto se explica por dos razones fundamentales. La primera es que, si pretenden modificar su situación de subordinación, entonces necesitan en una medida mayor que las clases dominantes del desarrollo de una identidad y auto afirmación explícitas, de la que muchas veces carecen. La segunda es que sólo las clases laboriosas pueden reivindicar (aunque no en todos los casos) ser la mayoría de la población. Las clases explotadas y subordinadas, si pretenden alterar su situación de explotación y subordinación, deberán mostrar lo que se oculta y autoafirmarse como grupos con intereses distintos a los de las clases dominantes. Se comprende, pues, que existan partidos de trabajadores, obreros o campesinos, mientras que, hasta donde yo sé, en ningún sitio ha existido jamás un partido autodenominado capitalista, terrateniente o de la burguesía financiera. Desde luego, el observador atento puede detectar la influencia subterránea de estos grupos en muchas organizaciones políticas, pero rara vez las fuerzas causales fundamentales, que suelen operar en las sombras, coinciden con la superficie de los fenómenos. Como alguna vez indicara Marx, si la esencia de las cosas coincidiera con su apariencia, la ciencia sería innecesaria.

Finalmente, ¿puede alguien dudar que es el desarrollo económico la principal fuente de organización y desorganización del mundo moderno? ¿Se puede discutir seriamente que la economía-mundo contemporánea es una economía-mundo capitalista orientada por la búsqueda de ganancias? ¿Es posible dudar sensatamente del carácter fundamentalmente económico de la llamada globalización? ¿No es acaso obvio que la crisis de los partidos obreros esta intrínsecamente relacionada con la desaparición de alternativas socialistas razonablemente viables? El mundo moderno es un mundo dominado por la economía y por el capital como nunca antes. Antiguas regiones, ámbitos y actividades que mantenían una total o cuando menos considerable autonomía, han sido incorporadas a su dominio o influencia: la naturaleza toda, los antiguos países comunistas, el arte y el mismo ocio se cuentan entre ellas. Pocas veces la influencia de las fuerzas económicas ha sido más decisiva y evidente.

VI. El materialismo histórico como "pluralismo asimétrico"

Este capítulo tiene como finalidad, como continuación del anterior, abordar una serie de problemas teóricos de especial relevancia para quien quiera defender la tesis de la primacía de las relaciones de producción. Para comenzar, me siento obligado a introducir uno que ha sido señalado y abordado por Gerald Cohen.[241] Marx define a las relaciones de producción en términos de la propiedad (o no propiedad) sobre las condiciones de producción. Pero la propiedad es una categoría jurídica, legal, ¿y no son las leyes parte de la superestructura? ¿Cómo es posible describir la estructura económica en términos legales sin destruir la distinción entre la estructura económica y las superestructuras jurídico-políticas? ¿Por qué adoptó Marx esta confusa terminología?

La propuesta de Cohen es reemplazar el uso de una terminología legal (cuyos términos serían los derechos y la propiedad), para hablar de *poderes*. La estructura económica, pues, es el poder o los poderes que los individuos o los grupos ejercen sobre las condiciones de la producción. Y son las necesidades emanadas de esta estructura de poderes lo que hace necesarias (y explica) la existencia de ciertas superestructuras. Esta solución es perfectamente legítima y coherente. Subsiste, empero, el interrogante de por qué Marx empleó una terminología legal para referirse a las relaciones de producción. La respuesta de Cohen es que, sencillamente, en su época no había ninguna alternativa atractiva. Creo que tiene ra-

---

[241] G. Cohen, *La teoría* ..., pp. 240-248 (217-225).

zón. Cuando en *Ensayo sobre la teoría marxista de la historia* adopté la terminología general de *relaciones de apropiación* lo hice, entre otras razones, porque esta palabra no tiene inmediatas connotaciones legales, permitiendo incluir en su seno tanto a la propiedad (legal) como a la posesión (legal o no).

1. Relaciones de producción: clase, género, etnia, Estado

En el capítulo anterior se señaló que las relaciones de producción no son solamente relaciones de clase. Muchas instituciones sociales que cumplen funciones políticas, militares o ideológicas pueden cumplir también funciones económicas. Y lo mismo a la inversa: una institución eminentemente económica (como una empresa) puede desempeñar importantes funciones políticas o ideológicas. No existe una clara separación institucional entre lo económico, lo político, lo ideológico, etc. La separación entre una estructura económica y una superestructura jurídico-política e ideológica es una distinción analítica; no una distinción entre instituciones diversas. Es un error común, por ejemplo, considerar al Estado como una institución exclusivamente superestructural. Ello ha entrañado profundas dificultades a la hora de analizar el problema de su autonomía: viéndoselo ya como absolutamente determinado por las relaciones de clase (y en consecuencia sustancialmente no-autónomo), ya independiente de las clases, como gozando de una autonomía carente de bases materiales. El Estado, sin embargo, está parcialmente integrado en la economía de una sociedad: ¿o no forman parte de la estructura económica el sistema de impuestos o las empresas estatales? Por consiguiente, un Estado será más o menos autónomo respecto de las clases sociales en la medida de que disponga (o no) de recursos materiales propios en cantidades suficientes y capacidad para actuar en la economía social. Su autonomía, por supuesto, podría ampliarse de acuerdo a las circunstancias internacionales y las coyunturas políticas; pero el fundamento primario de su autonomía es su base económica. Acuerdo plenamente con Pablo Sánchez León, cuando dice:

> El error del marxismo ha sido fundamentalmente empírico, al no incorporar la evidencia de los recursos del Estado a sus análisis, pero una vez corregida la reducción del sujeto Estado al objeto superestructura y asumida la parcial irreductibilidad de las luchas políticas a los conflictos de clase, emerge una base hermenéutica susceptible de tomar iniciativas para reformular el problema de la autonomía del Estado sin necesidad de enterrar ninguna categoría dura del materialismo histórico.[242]

Un problema semejante se ha planteado respecto de las relaciones de género. Muchas autoras y autores feministas han imputado a los análisis marxistas una cierta ceguera ante la particular situación de las mujeres, y han creído ver en ello la resultante necesaria de las deficiencias del análisis de clase antes que errores puntuales, empíricos, que pueden ser salvados. Es cierto que el análisis de clase es en buena medida "ciego" al género: su preocupación fundamental es el análisis de la producción y apropiación de plusproducto; no el estudio de las asimetrías entre mujeres y varones. Pero la insistencia en tales estudios, ¿supone necesariamente negar la primacía de las relaciones de producción? No lo creo. En un trabajo fundamental que lleva el sugestivo título de "Marxismo y feminismo: más allá del «matrimonio infeliz»", Iris Young ha escrito:

> Aceptando que la categoría de clase es ciega al género y, en consecuencia, es incapaz de poner al descubierto la situación de la mujer, a pesar de ello podemos mantenernos dentro del marco materialista, elevando la categoría de *división del trabajo*

---

[242] P. Sánchez León, "La lógica del Estado: autonomía política y naturaleza social", *Zona Abierta*, N° 61/62, 1992, pp. 60-61.

> a una posición tan fundamental, si no más fundamental, que la de clase. Esta categoría *puede* darnos los medios para analizar las relaciones sociales de la actividad laboral, diferenciándola por género.[243]

El planteo de Young me parece enteramente acertado y por completo compatible con la perspectiva marxiana. Su enfoque es claramente materialista, y la categoría de "división del trabajo por género", tal y como la concibe, es una subcategoría del concepto más general de "división del trabajo".

> Con el término «división del trabajo por género» propongo referirme a toda diferenciación del trabajo estructurada, según el género, dentro de una sociedad. Las tareas tradicionales de la mujer –procrear y criar niños, cuidar enfermos, limpiar, cocinar, etc.– caen dentro de la categoría de trabajo, tanto como la producción de objetos dentro de una fábrica. Emplear la categoría de la producción o trabajo para designar solamente la producción de objetos materiales con fines concretos dentro de una fábrica moderna ha sido una de las tragedias, innecesarias, de la teoría marxista. Los conceptos «relaciones de producción» o «relaciones sociales derivadas de la actividad laboral» deben significar las relaciones sociales involucradas en *cualquier* tarea o actividad que la sociedad define como necesaria.[244]

Young toma la categoría "división del trabajo" de Marx, quien empleaba esta expresión en diferentes sentidos: en ocasiones para referirse a la división de tareas en la manufactura, el taller o la fábrica capitalistas; en otras para distinguir grandes esferas como el

---

[243] I. Young, "Marxismo y feminismo: más allá del «matrimonio infeliz» (una crítica al sistema dual)", *El cielo por asalto*, N° 4, 1992, p. 45.

[244] I. Young, op. cit., pp. 46-47. Ver también F. Haug, "Hacia una teoría de las relaciones de género", en A. Boron, J. Amadeo y S. González (comp.), *La teoría marxista hoy: problemas y perspectivas*, Buenos Aires, Clacso, 2006.

trabajo manual y el intelectual, o el productivo y el improductivo; y también en relación a la división entre ramas industriales dentro de una sociedad. Pero creo que, a los efectos de sistematizar el contenido teórico del materialismo histórico, podemos decir que sea cual sea la división del trabajo se la puede pensar como formando parte de lo que he llamado *relaciones de trabajo*. La "división del trabajo por género", pues, debería ser analizada como un abanico de *relaciones de trabajo*; y no como parte de las *relaciones de apropiación*. Sin embargo, como veremos enseguida, algunos marxistas han planteado esta posibilidad.

En algunos pasajes de las obras de Marx y de Engels hay atisbos de conceder a las relaciones de género un importante lugar. La más nítida de estas manifestaciones la encontramos en una obra de Engels, *El origen de la familia, la propiedad privada y el Estado*, escrita en 1884, un año después de la muerte de Marx. Allí se puede leer:

> la monogamia no aparece de ninguna manera en la historia como un acuerdo entre el hombre y la mujer, y menos aún como la forma más elevada de matrimonio. Por el contrario, entra en escena bajo la forma del esclavizamiento de un sexo por el otro, como la proclamación de un conflicto entre los sexos, desconocido hasta entonces en la prehistoria. En un viejo manuscrito inédito,[245] redactado en 1846 por Marx y por mí, encuentro esta frase: "La primera división del trabajo es la que se hizo entre el hombre y la mujer para la procreación de hijos". Y hoy puedo añadir: el primer antagonismo de clase que apareció en la historia coincide con el desarrollo del antagonismo entre el hombre y la mujer en la monogamia; y la primera opresión de clase, con la del sexo femenino por el masculino.[246]

---

[245] Se refiere a *La ideología alemana*.
[246] F. Engels, *El origen de la familia, la propiedad privada y el Estado*, Buenos Aires, Cartago, 1988 (1884), p. 61.

Este pasaje abre tres interrogantes: a) ¿es reductible la problemática de género a su dimensión económica?; b) ¿queda plenamente cubierta la dimensión económica de la problemática de genero con el análisis, todo lo detallado que se requiera, de las relaciones de trabajo?; c) ¿es la división de sexos, en algunas sociedades al menos, una división de clase? Veamos.

El universo biológico-cultural de los sexos y sus relaciones no es nunca reductible (al menos totalmente) a una única dimensión, así sea la económica. Creo que hay que rechazar las visiones que pretenden explicar toda la situación de las mujeres en una sociedad por las funciones económicas que desempeñan. No es posible, sin caer en la simplificación más grosera, explicar todas las facetas de la problemática de género en una sociedad recurriendo únicamente a las circunstancias económicas. Las relaciones entre los sexos se ven múltiplemente determinadas por circunstancias históricas, coyunturas políticas, tradiciones culturales y batallas ideológicas. Pero sí creo que es la particular situación económica y el tipo de relaciones de producción que entablan entre sí las personas de diferente sexo lo que explica lo fundamental del carácter más o menos igualitario, o más o menos opresivo, de esas relaciones. Existen algunos trabajos antropológicos muy ilustrativos al respecto.

Anne Chapman, por ejemplo, ha explicado la llamativamente divergente situación social de las mujeres entre los selk'nam y sus vecinos yámanas, en la Tierra del Fuego, recurriendo a la peculiar situación respectiva de las mujeres en la producción. Las mujeres selk'nam, quienes se hallaban visiblemente sometidas a sus maridos, sólo desempeñaban tareas domésticas que no requerían ningún aprendizaje intensivo. No participaban de la caza del guanaco, principal fuente de alimentación de este pueblo, y que por sus características demandaba un largo entrenamiento. Esto hacía que una mujer selk'nam fuera incapaz de alimentarse a sí misma, dependiendo de una figura masculina (padre o esposo). Las únicas excepciones eran las curanderas, que podían garantizar su subsistencia con los "regalos" recibidos por sus servicios. Y es sintomático que las curanderas fuesen casi siempre solteras. Las mujeres yámanas, en cambio, gozaban de una autonomía sensiblemente mayor que sus vecinas, y su relación con los hombres era igualitaria. Chapman argumenta que esto se debía a que las yámanas desempeñaban una importantísima función extractiva: la pesca submarina, que no solamente aportaba una parte muy considerable de la dieta, sino que requería un trabajoso entrenamiento del que estaban excluidos los hombres. Una mujer yámana, por consiguiente, sí estaba en condiciones de sobrevivir por sus propios medios, sin necesidad de depender de ningún varón.[247]

Una argumentación de naturaleza semejante fue empleada por Eleanor Leakock para explicar la gran autonomía de que gozaban las mujeres entre los naskapi de las montañas de Canadá, todavía en 1953. Como reseñara Maurice Godelier, Eleanor Leacock,

> constató, ante todo, que, en el marco de la división del trabajo, cada sexo asumía sus tareas y adoptaba sus decisiones sin que el otro lo controlara. Por otra parte, más profundamente, en esta economía de caza-recolección no existía una verdadera separación entre economía doméstica y economía, de alguna manera, social. El trabajo de las mujeres no aparecía como una actividad privada, menor, doméstica. Las mujeres participaban activamente en las discusiones colectivas para decidir si se desplazaba el campamento, se hacía la guerra, se concertaba un matrimonio, etc. Se divorciaban con facilidad, y unas veces se llevaban a sus hijos consigo y otras no. Los niños no estaban solamente al cuidado de sus madres. Las mujeres de la banda se ocupaban de ellos, los hombres también, pero menos a menudo. La vida

---

[247] A. Chapman, *Los selk'nam: la vida de los onas*, Buenos Aires, Emecé, 1986 (1982), pp. 68-73.

social no se encontraba, por consiguiente, centrada en la familia nuclear, en la que la mujer se consagra a las faenas domésticas y al cuidado exclusivo de sus hijos. De manera general, reinaba en esta sociedad un deseo de igualdad entre los individuos, y todo individuo, hombre o mujer, que intentaba imponer a los demás su voluntad, era sometido a burlas públicas, a una crítica a menudo obscena, y ridiculizado. No había jefe, pero en las relaciones con otras bandas un hombre servía de portavoz: el mejor orador, el más tranquilo. Aunque a mi manera de ver este cuadro no prueba la ausencia de dominación masculina, sugiere una autonomía de las mujeres sin común medida con la que podemos observar en nuestra sociedad.[248]

En este caso es el carácter comunitario, público, social,[249] de las actividades femeninas, y la ausencia de control masculino, lo que otorgaba a las mujeres una gran autonomía que se manifestaba además en otras esferas (no económicas) de la vida. Estos ejemplos se podrían multiplicar. Incluso en las modernas sociedades capitalistas son evidentes los cambios en las relaciones entre sexos provocados por transformaciones en el mercado laboral como consecuencia de la incorporación masiva de las mujeres al empleo asalariado a partir de mediados del siglo XX. A los efectos de nuestra presente discusión, sin embargo, basta con formular la siguiente hipótesis: normalmente, la respectiva situación de las mujeres dentro de una

---

[248] M. Godelier, "Las relaciones hombre/mujer: el problema de la dominación masculina", *En Teoría*, N° 5, 1980, p. 9.

[249] Es muy importante insistir en que el carácter y las consecuencias de una misma actividad cambian según se desarrolle en un marco *privado* o *público*. Las actividades "domésticas" cuando son realizadas como un hecho privado dificultan, si no imposibilitan, la interacción social y la politización. Por el contrario, si se realizan como actividades públicas, facilitan la comunicación y pueden fácilmente convertirse en fuente de politización. Cuanto más "privadas" sean las actividades femeninas, tanto más fácil se torna la dominación masculina.

sociedad depende del tipo de relaciones de producción imperantes y de la división del trabajo entre los sexos.

Estimo que en la mayor parte de los casos la situación *económica* de la mujer puede ser estudiada y comprendida cabalmente recurriendo al análisis de las *relaciones de trabajo*; pero hay situaciones –históricamente más bien extrañas– en las que quizás la opresión de la mujer no tenga que ver tanto o solamente con la división del trabajo sino también con las mismísimas relaciones de *apropiación*. Geoffrey de Sainte Croix ha llamado la atención sobre la situación de la mujer en el mundo griego antiguo, a partir de lo cual ha formulando la hipótesis de que, al menos en algunas sociedades, las mujeres deben ser consideradas como una clase en el sentido técnico marxista:

> En muchas sociedades, las mujeres en general, o las casadas (quienes puede considerarse que monopolizan en principio la función reproductiva), poseen unos derechos, incluyendo ante todo los de propiedad, notablemente inferiores a los de los hombres; y esta inferioridad en sus derechos es una consecuencia directa de su función reproductiva, que les confiere un papel especial en el proceso productivo y hace que los hombres deseen dominarlas y *poseerlas* a ellas y a sus retoños. En dichas sociedades, según las premisas que he establecido, habremos de considerar, seguramente, a las mujeres, o a las esposas (según sea el caso), una clase distinta, en el sentido técnico marxista.[250]

Empleando la conceptualización que aquí he adoptado se debería decir que en algunas sociedades la situación de las mujeres no incluye meramente diferencias en lo que hace a las relaciones de trabajo, sino que afecta incluso a las relaciones de apropiación. Hemos visto, además, que son estas últimas relaciones las que fundan a las

---

[250] G. E. M. de Sainte Croix, *La lucha de clases en el mundo griego antiguo*, Barcelona, Crítica, 1988 (1981), p. 124.

clases sociales (cuando existen). El argumento de De Sainte Croix sería, pues, plausible en principio. Sin embargo no está exento de algunas inconsistencias. Perry Anderson ha criticado la propuesta con sólidos argumentos. Señala en primer término que De Sainte Croix asimila abusivamente la "reproducción" con la "producción". Reconoce que la reproducción es una función esencial para la vida humana, pero no por ello es producción en el sentido convencional del término, puesto que "no satisface necesidades vitales y ni por asomo podría decirse que genere un excedente; tampoco es reductible a un patrón de «productividad»".[251] Aunque el primer argumento parece insostenible (¡no satisface necesidades vitales!),[252] los dos siguientes son muy sólidos. Luego de estos señalamientos generales, Anderson analiza críticamente el ejemplo concreto propuesto por De Sainte Croix para considerar a las mujeres casadas como una clase social: el de las mujeres atenienses de clase alta. Dice Anderson:

> resulta ciertamente paradójico afirmar que las únicas mujeres que conformaban una clase aparte y explotada eran las que procedían de un contexto privilegiado, pues eran ellas precisamente las que disponían de servicio doméstico, realizado, generalmente, por esclavos, por no hablar de las restantes comodidades materiales que brindaban las mansiones de los ricos. ¿Qué excedente laboral podría extraerse de ellas, según los propios criterios de Ste. Croix? La discriminación social y cultural de que fueron objeto en Grecia era, desde luego, real y penosa, pero hablar de su «explotación económica» constituiría una falacia.[253]

[251] P. Anderson, "Geoffrey de Ste. Croix y el mundo antiguo", en *Campos de batalla*, Barcelona, Anagrama, 1998 (1992), p. 35. El artículo fue publicado originalmente en *History Workshop Journal*, Nº 16, 1983.

[252] La afirmación sólo es válida en el plano individual, pero no en el social. Es obvio que para un individuo la reproducción no es vital; pero sí lo es para la sociedad como un todo.

[253] P. Anderson, "Geoffrey de Ste. Croix y el mundo antiguo", p. 35.

Creo que la razón está de parte de Anderson. Lo cual no quita que, en el caso de las mujeres griegas, las diferencias con los hombres se sustentaran al menos parcialmente en diferencias en las relaciones de apropiación. Pero, como ya hemos visto, no todas las relaciones de apropiación entrañan relaciones de clase.

Este es el momento adecuado para realizar un planteo al que atribuyo gran importancia. Cuando se discuten cuestiones referidas a las clases sociales y a la situación de las mujeres o de cualquier grupo social oprimido, las dimensiones *explicativas* y *evaluativas* suelen confundirse. Por ello habría que despejar una habitual confusión. Son cosas diferentes la *importancia explicativa* atribuida a un fenómeno para entender el desenvolvimiento social, y la *percepción subjetiva* o la *valoración moral* que de él hacemos. Cuando los marxistas decimos que son las relaciones entre las clases las que más influyen en el desarrollo social a largo plazo, no estamos diciendo que las clases oprimidas sean más oprimidas que otros grupos sociales (como las mujeres o los inmigrantes); ni tampoco que el sufrimiento de éstos últimos sea menor. La muerte de un ser querido debe causar un dolor semejante en todas las circunstancias, pero la importancia histórica de una muerte será muy distinta si se produce en el marco de una insurrección popular, que si acontece en un accidente de tránsito. El esfuerzo de un hachero aficionado puede ser equivalente al de un profesional, pero el resultado seguramente será distinto. Del mismo modo, los sufrimientos de los distintos grupos sociales pueden ser semejantes, pero su influencia en el curso histórico quizás no lo sea.

Tengo que encarar ahora un problema un tanto difícil y en el que están en juego muchas cosas. Hemos visto que el conjunto de las actividades, funciones y/o poderes que denominamos relaciones de producción pueden ser desempeñados por instituciones que cumplen o ejercen, además, otras actividades, funciones y/o poderes.

De tal suerte, en algunas sociedades cuando menos, las relaciones de producción podrían estar organizadas total o parcialmente por instituciones no exclusivamente económicas en el sentido en que lo son los mercados, las haciendas, las fábricas o las empresas comerciales. Así pues, el Estado, el templo o el parentesco podrían constituir la base de las relaciones de producción. Una postura de este tipo es la que adoptó Perry Anderson en *El estado absolutista*. Cuestionando al "ecumenismo teórico" que veía en todo tiempo y lugar formaciones sociales asentadas en el modo de producción feudal —definido llanamente como "una combinación de grandes propiedades de tierra con pequeña producción campesina, en la que la clase explotadora extrae el excedente del productor inmediato por medio de formas consuetudinarias de coerción extraeconómica [...] y donde el intercambio de mercancías y la movilidad de la fuerza de trabajo están igualmente limitados"–, Anderson señalaba que este enfoque quita toda especificidad al desarrollo europeo occidental. Si ha habido feudalismo en todos lados, entonces no puede ser en él en donde se encuentre la clave de la singular dinámica europea que condujo a la conformación de un mundo capitalista. La especificidad del desarrollo de Europa debería buscarse en sus características "superestructurales" –antes que en las estructurales– y con ello el marxismo estaría abdicando de su postulado fundamental respecto a la primacía de la economía. Pero Anderson no cree que el materialismo histórico deba deponer sus armas:

> El capitalismo es el primer modo de producción de la historia en el que los medios por los que se extrae el excedente del productor directo son «puramente» económicos en su forma: el contrato de trabajo, el intercambio igual entre agentes libres que reproduce, cada hora y cada día, la desigualdad y la opresión. Todos los modos de producción anterior operaban a través de sanciones *extraeconómicas*: de parentesco, consuetudinarias, religiosas, le-

gales o políticas. En principio, por tanto, siempre es imposible interpretar estas sanciones como algo separado de las relaciones económicas. Las «superestructuras» del parentesco, la religión, el derecho o el Estado entran necesariamente en la estructura constitutiva del modo de producción de las formaciones sociales precapitalistas [...] En consecuencia, los modos precapitalistas no pueden definirse *excepto* por sus superestructuras políticas, legales e ideológicas, ya que son ellas las que determinan el tipo de coerción extraeconómica que los especifica.[254]

Este posicionamiento, empero, es vulnerable a la crítica. Comentando el argumento de Anderson, Cohen indica: "aquí la «superestructura» no se levanta sobre la base económica, sino que forma parte de ella". Encuentra que se trata de una solución "idealista" y poco pertinente.

> Cuando los críticos del materialismo histórico afirman que hay otras dimensiones fundamentales además del modo de producción, la respuesta no es incluir estas dimensiones en el modo de producción.

> El hecho de que el capitalismo no surgiera espontáneamente fuera de Europa es un problema serio para el materialismo histórico. Será resuelto, si lo es alguna vez, mediante una distinción más precisa entre las relaciones de producción propiamente dichas, junto con una mayor atención a las diferentes condiciones estrictamente materiales en las diferentes regiones.[255]

Perry Anderson aceptó, en un escrito posterior, la validez de la crítica de Cohen.[256] Pero aceptando esta crítica, ¿qué panorama se nos abre? ¿Cómo hacemos para pensar la especificidad de los

---

[254] P. Anderson, *El Estado absolutista*, México, Siglo XXI, 1990 (1974), pp. 413-414.

[255] G. Cohen, *La teoría...*, pp. 273-274.

[256] P. Anderson, *Teoría, política e historia. Un debate con E. P. Thompson*, México, Siglo XXI, 1985 (1980), p. 80.

modos pre-capitalistas de producción? Una primera posibilidad es abandonar la distinción entre estructura y superestructura. Eso es precisamente lo que ocurre si incluimos a la superestructura dentro de la estructura: ya no hay distinción entre las instancias. Esta opción, desde luego, socava una idea central del materialismo histórico: la primacía explicativa de la estructura económica. Si todo es lo mismo, si la realidad es una mezcolanza inseparable, entonces es imposible establecer determinaciones, causalidades o primacías de ninguna clase. La explicación se diluye (por efectivamente imposible) y la narración ocupa toda la escena. El materialismo histórico depone las armas, pero con él las deponen todas las concepciones de la historia con pretensiones de cientificidad.[257] Una segunda posibilidad es mantener la diferenciación, pero aceptando que, en la transición al mundo moderno, la estructura económica tuvo un papel secundario. Aquí se salva la cientificidad (¡se puede explicar la historia!), pero fenece una parte clave de la concepción marxista. ¿Son estas las únicas alternativas? Por supuesto que no. Cabe la posibilidad de definir con precisión las diferencias entre estructuras económicas sin apelar a elementos superestructurales, tal y como propone Cohen y acepta Anderson. Desgraciadamente, ninguno de los dos lo ha intentado. ¿Cómo sería posible, pues, establecer diferencias estructurales (económicas) entre sociedades que utilizan el trabajo de campesinos al servicio de grandes terrate-

---

[257] Quiero evitar eventuales confusiones. Lo que quiero decir *no* es que la distinción entre estructura y superestructura sea una distinción inherente a toda teoría científica. Lo que sugiero es que *algún* tipo de distinción es inherente a tales teorías. Lo científicamente pernicioso no es, pues, la eliminación de la distinción entre estructura y superestructura (puesto que se podrían formular distinciones más adecuadas), sino la eliminación de toda distinción. En este caso concreto el problema radica en que la distinción entre estructura y superestructura es eliminada sin que se propongan reemplazantes. Con ello se pierde precisión y se gana ambigüedad, con lo que la cientificidad se diluye.

nientes, sin pasar por alto sus diferencias, sin destruir la distinción entre estructura y superestructura, y sin colocar las diferencias en lo superestructural? Creo que el primer paso es la distinción establecida por Godelier entre *funciones* e *instituciones*. Cuando con evidente incorrección y ambigüedad semántica Anderson dice que "las «superestructuras» del parentesco, la religión, el derecho o el estado entran necesariamente en la estructura constitutiva del modo de producción"; lo que en realidad debería decir es que buena parte de las *funciones* económicas son desempeñadas por *instituciones* que desempeñan también otras funciones, entre ellas algunas "superestructurales".[258] El parentesco, por ejemplo, no es en modo alguno superestructural, aunque está claro que sus funciones no son sólo la producción y circulación de bienes, sino fundamentalmente la reproducción de la especie. En cuanto a la religión, el derecho y el Estado, hay que decir que el derecho es siempre superestructural: las que pueden ser estructurales (aunque no siempre) son las actividades que ese derecho legisla. Más complejo es el caso de la religión y del Estado. Está claro que ambas instituciones son simultáneamente estructurales y superestructurales. La doctrina religiosa y la legislación estatal forman parte de la superestructura; pero las propiedades, las rentas y los impuestos de una y otro deben incluirse dentro de la estructura económica.

Creo que es perfectamente razonable insistir en el carácter básico de las funciones económicas, aunque reconociendo que en muchos contextos estas funciones son desempeñadas por instituciones simultáneamente estructurales y superestrucutrales.

Antes de dar por concluida esta sección quiero abordar otra cuestión relacionada con lo que venimos discutiendo. En la obra

---

[258] Y cuando dice que "todos los modos de producción anteriores operaban a través de sanciones *extraeconómicas*", debería reemplazar este último término por *extramercantiles*.

de Marx la pareja *estructura / superestructura* está ligada al binomio *ser social / conciencia social*. El punto a dilucidar es si estamos ante sinónimos, o ante pares conceptuales diferentes. Mi impresión es que *no* se trata en modo alguno de sinónimos. Por *ser social* debemos entender todas las actividades y relaciones "materiales" que realizan las personas. Aquí entran la apropiación, la producción y la distribución económicas, ciertamente, pero también la reproducción sexual, la violencia física (tenga o no finalidades económicas), las actividades lúdicas, etc. Por *conciencia social*, en cambio, debemos entender todas las formas cognitivas, las representaciones ideológicas, los valores imperantes y las normas prescriptas entre grandes grupos sociales. La moral, la religión, las ideas políticas, la filosofía y la ciencia teórica forman parte, pues, de la conciencia social. Ahora bien, la estructura es en Marx *estructura económica*, por lo que es más restringida que el *ser social*, aunque forma parte de éste. El análisis de la superestructura, en cambio, presenta más dificultades. En los dos pasajes claves que ya he citado no resulta claro si Marx se refiere a lo mismo. En *El dieciocho brumario*, por superestructura parece entender lo mismo que por conciencia social: "sentimientos clara y distintamente formados, [...] ilusiones, [...] modos de pensamiento y [...] visiones de la vida". En el *Prefacio*, en cambio, la superestructura es ideológica, pero también jurídico-política. El aspecto jurídico podría no presentar demasiados problemas: se trata, ni más ni menos, que la sanción por escrito de las normas y valores imperantes. Pero no es claro cómo debe entenderse el aspecto político. Esta ambigüedad dio pábulo a una tradición perniciosa dentro del marxismo: la asimilación de las superestructuras con el Estado. Esta es una visión equivocada porque no todo lo superestructural forma parte del Estado, ni el Estado es exclusivamente superestructural, si por superestructura entendemos la dimensión "ideal" de la realidad social las empresas estatales o el sistema de impuestos forman parte de la estructura.

2. ¿Fuerzas productivas o lucha de clases?: una falsa disyuntiva

Muchos se resisten a desechar completamente la tesis de la primacía de las fuerzas productivas porque creen que, sin ella, el análisis marxista carecería de coordenadas objetivas y se vería obligado a otorgar a la lucha de clases una capacidad incondicionada para producir la historia. Este temor aflora en un texto de Eduardo Sartelli en el que el autor sostiene que los marxistas que se niegan a reconocer la primacía explicativa de las fuerzas productivas "lo que hacen en realidad es eliminar del marco de análisis social (y por lo tanto, de la explicación de cualquier tipo de fenómeno social) todo condicionamiento material objetivo. La lucha de clases, las reglas de producción, etcétera, aparecen actuando en el vacío material".[259]

En el escrito de Sartelli el temor a que la recusación definitiva de la teoría de la primacía de las fuerzas productivas dé lugar a una concepción voluntarista y subjetivista del desarrollo histórico tiene como base cierta confusión conceptual. Conviene, al respecto, citar un pasaje clave:

> Mientras en Marx pareciera detectarse una respuesta dual (donde *f[uerzas] p[roductivas]* y *lucha de clases* tienen un lugar diferenciado y jerárquicamente estructurado), en sucesivos desarrollos la teoría marxista tiende a dividirse entre los partidarios de, como mínimo, dos posibilidades que se excluyen mutuamente: o bien las *estructuras* (las "*circunstancias*") determinan las vicisitudes de la historia o bien las *relaciones sociales* ("*los hombres…*") ocupan el lugar fundamental. Las posiciones parecen irreductibles en torno a este punto: o el motor de la

---

[259] E. Sartelli, "Las fuerzas productivas como marco de necesidad y posibilidad. En torno a las tesis de Gerald Cohen y Robert Brenner", *Herramienta*, 11, primver. 1999-2000, p. 175.

> historia es el desarrollo de las *f[uerzas] p[roductivas]*, o la *lucha de clases* oficia de verdadero *primum mobile*.[260]

Sartelli establece una serie de binomios antinómicos o, lo que es lo mismo, de parejas conceptuales antagónicas. El primer binomio lo componen las *fuerzas productivas* y la *lucha de clases*; el segundo está integrado por las *estructuras* (equiparadas a las *circunstancias*) y las *relaciones sociales* (las cuales son presentadas como equivalentes a los *hombres*). En consecuencia tenemos las siguientes parejas antagónicas: fuerzas productivas / lucha de clases; estructuras / relaciones sociales; circunstancias / hombres. Pero como las estructuras son presentadas como sinónimo de las circunstancias (y lo mismo ocurre con las relaciones sociales y los hombres), y al mismo tiempo el antagonismo entre estos términos aparece como equivalente al antagonismo fuerzas productivas / lucha de clases, tenemos como resultado que

> fuerzas productivas = estructuras = circunstancias, y que lucha de clases = relaciones sociales = hombres.

Pues bien, es necesario formular las siguientes apreciaciones:

A.	equiparar las *estructuras* con las *circunstancias* no es del todo correcto, puesto que las estructuras denotan regularidades de larga duración, mientras que las circunstancias podrían implicar una situación más contingente o coyuntural. De todos modos, y si con el término "circunstancias" no se hace referencia a situaciones contingentes, la equiparación podría ser lícita. Pero esta es la única equivalencia que podría ser aceptada de todas las que realiza Sartelli; puesto que

B.	es arbitrario identificar a las *estructuras* con las *fuerzas productivas*. En todo caso, las fuerzas productivas forman parte de algunas estructuras (por ejemplo de la estructura económica),

---

[260] E. Sartelli, op. cit., p. 148. El subrayado es mío.

pero en modo alguno podemos reducir las estructuras (ni siquiera las estructuras económicas) a las fuerzas productivas, y

C.   así mismo, resulta arbitrario identificar las *relaciones sociales* con la *lucha de clases*, y a cualesquiera de ellas con los *hombres*.

Las relaciones sociales no son los hombres. A las relaciones las establecen los hombres, pero esto no significa que las relaciones sean los hombres (de la misma manera que son los hombres quienes constituyen las estructuras sociales, pero no podemos reducir éstas a aquéllos, como pretende el individualismo metodológico). Más aún, cuando Marx habla de *estructura económica* se refiere a las *relaciones de producción*, razón por la cual es totalmente incorrecto postular que las "estructuras" se oponen a las "relaciones sociales"; más bien es al contrario: las relaciones sociales forman la estructura (social). A esto habría que agregar, desde luego, que las relaciones de producción revisten incuestionablemente un carácter material (son relaciones objetivas). Finalmente, no hay que confundir a las *relaciones de producción* con la *lucha de clases*.[261] La segunda se basa en las primeras, pero no podemos confundirlas. Decir que cierto desarrollo social está determinado por las tendencias inherentes a las relaciones de producción, no es lo mismo que decir que está determinado por la lucha de clases. Por ejemplo, las dificultades del modo de producción esclavista cuando se agota o disminuye la provisión de mano de obra externa puede ser independiente de las alternativas de la lucha de clases. Igualmente, la tendencia del capitalismo a desarrollar las fuerzas productivas no es un resultado de la lucha de clases (por más que pueda verse influido por la

---

[261] "Lucha de clases" es en este contexto una noción ambigua, aunque me parece claro que en el escrito de Sartelli (como en el grueso de los análisis marxistas) se refiere cuando menos a cierto grado de organización colectiva y a algún tipo de organización o de demandas políticas.

misma, y aunque la introducción de nuevas tecnologías suponga su imposición a los trabajadores). Aquí conviene citar extensamente a Perry Anderson:

> Las crisis de los modos de producción no son idénticas a las confrontaciones entre las clases. Unas y otras pueden fundirse ocasionalmente. El comienzo de las grandes crisis económicas, tanto bajo el feudalismo como bajo el capitalismo, generalmente ha cogido desprevenidas a todas las clases sociales, al derivar de las profundidades estructurales que se hallan debajo del conflicto directo entre aquéllas. Por otro lado, la resolución de dichas crisis ha sido no pocas veces el resultado de prolongadas contiendas entre las clases. De hecho, las transformaciones revolucionarias —de un modo de producción a otro— son por lo general el terreno privilegiado de la lucha de clases. Aquí, sin embargo, también es esencial recordar la gran distancia existente entre los choques relativamente ciegos del pasado inmemorial y la conversión —desigual e imperfecta— de estos choques en contiendas conscientes que tienen lugar en los siglos XIX y XX.[262]

¿Qué conclusiones podemos extraer de estos desarrollos? En primer lugar queda claro que no hay que confundir a las *estructuras* con las *fuerzas productivas*. La estructura económica está conformada por el conjunto de relaciones de producción, relaciones que, al menos en cierto modo, incluyen a las fuerzas productivas. Por lo tanto, las fuerzas productivas forman parte de la estructura económica; pero es ilegítimo reducir ésta a aquéllas.

En segundo término debo señalar que las relaciones de producción son indiscutiblemente *materiales*, y, en consecuencia, postular la primacía de las relaciones de producción no supone ningún abandono de las coordenadas objetivas y materialistas que reclama el análisis marxista; lo cual desbarata la acusación de que negar

---

[262] P. Anderson, *Teoría, política e historia*, p. 61.

prioridad causal a las fuerzas productivas lleva ineludiblemente a concebir a la lucha de clases operando sobre un vacío material.

En tercer lugar hay que concluir que si los conceptos de *estructura* y *fuerzas productivas* no son equivalentes (no se refieren a lo mismo), es evidente que la relación estructura / sujeto no puede ser equiparada o reducida a la pareja fuerzas productivas / lucha de clases.

Por último, debo decir que aceptar la primacía de las relaciones de producción es un excelente punto de partida para escapar tanto al determinismo tecnológico (consustancial a la tesis de la primacía de las fuerzas productivas), como al voluntarismo subjetivista (inherente a toda teoría que otorgue a la lucha de clases una capacidad incondicionada para producir el desarrollo social).

Por confusa e inadecuada que sea la conceptualización con la que Sartelli afronta esta problemática, subsiste el hecho de que la idea que la orienta es una idea extendida. Se trata de la creencia en que si se rechaza la primacía de las fuerzas productivas, entonces, no hay manera de evitar una concepción en la que la lucha de clases actúa en una suerte de vacío, como *primum móvile*; el proceso de la historia, de tal suerte, sería casual, dependiendo fuertemente de los resultados contingentes de la lucha de clases. Robert Brenner, en su calidad de reputado marxista que concede escasa importancia al desarrollo de las fuerzas productivas, concentrando sus análisis en la estructura y la lucha de clases, suele ser objeto de crítica por parte de quienes entienden que son las fuerzas productivas y su desarrollo la clave del decurso histórico. En su crítica a Brenner, Guy Bois definió (acusatoriamente) la perspectiva del primero como "politicista". Sartelli comparte este juicio. ¿Pero puede ser tachada de "politicista" la teoría de Brenner sobre la transición al capitalismo?

En su merecidamente célebre artículo "Estructura de clases agraria y desarrollo industrial en la Europa preindustrial", Brenner había sometido a crítica las concepciones mercantilistas y demografistas del cambio económico. Su hipótesis fundamental es la siguiente:

> las «relaciones de propiedad» o de «extracción del excedente», una vez establecidas, tienden a imponer posibilidades y límites estrictos, verdaderos modelos de larga duración del desarrollo económico de una sociedad. Por otra parte, pretendo argumentar que las estructuras de clase tienen una gran propensión a la elasticidad a causa del impacto de las fuerzas económicas, puesto que por regla general no están determinadas, ni tampoco sufren alteración alguna, por cambios en los comportamientos demográficos y/o comerciales. Por consiguiente, puede deducirse que los cambios económicos de larga duración, y más especialmente el crecimiento económico, no pueden analizarse convenientemente en función del surgimiento de cualquier constelación definida de «factores relativamente escasos», a menos que las relaciones de clase hayan sido previamente especificadas; claro está, que los hechos opuestos pueden conducir al impacto de condiciones económicas aparentemente similares. En resumen, para comprender en su conjunto el desarrollo económico a largo plazo, el crecimiento y/o el atraso del período que vamos a estudiar, creemos necesario analizar el proceso relativamente autónomo que origina estructuras de clase concretas, en especial las relaciones de propiedad o de extracción del excedente, y de forma más precisa los conflictos de clase que se originan (o no) en el seno de dichas estructuras.[263]

---

[263] R. Brenner, "Estructura de clases agraria y desarrollo económico en la Europa preindustrial", en T. H. Aston y C. H. E. Philpin (eds.), *El debate Brenner*, Barcelona, Crítica, 1988, pp. 23-24. El artículo de Brenner fue publicado originalmente en *Past and Present*, N° 70, febrero de 1976.

En el argumento de Brenner la primacía es otorgada a la *estructura de clases*, vale decir, a las relaciones de producción. La *lucha* de clases, pues, no opera en un vacío, sino dentro de un marco estructural. Ahora bien, ¿son contingentes los resultados de esas luchas? Para que la etiqueta de "politicista" le sea justamente endilgada habría que probar que para Brenner los resultados de las luchas dependen primordialmente de factores políticos. Ejemplos típicos y extremos de "politicismo" pueden ser hallados en algunos análisis marxistas partidarios: por ejemplo, cuando se atribuye el resultado (incluso a largo plazo) de la lucha de clases a traiciones de los dirigentes, errores políticos o aciertos tácticos. No es esta, sin embargo, la concepción de Brenner. Es verdad que para él los resultados de las luchas entre señores y campesinos determinan las perspectivas de desarrollo o estancamiento económico, pero estos resultados no son estrictamente contingentes ni dependen primordialmente de factores políticos: dependen de la estructura de clases agraria y de las características de la comunidad campesina.

Sartelli no es el único que interpreta las afirmaciones de Brenner como si implicaran contingencia o supusieran que los resultados de las luchas de clases son sustancialmente accidentales. Se trata de una interpretación bastante habitual.[264] Pero es equivocada. Según Brenner, en distintos lugares de Europa la lucha de clases arrojó diferentes resultados, pero todos fueron consecuencia de procesos seculares, no de accidentes fortuitos. En "Estructura de clases agrarias y desarrollo económico en la Europa preindustrial" escribió:

---

[264] Herreros Vázquez, por ejemplo, se refiere a "la teoría de Brenner centrada en la lucha de clases y la generación de las relaciones de producción capitalistas como resultado accidental de los enfrentamientos entre señores y campesinos en Inglaterra en los siglos XIV-XVI". *Hacia una reconstrucción del materialismo histórico*, Madrid, Istmo, 2005, p. 77.

la estructura de clases servil o feudal ofreció modelos de desarrollo limitado, ocasionó crisis predecibles y sobre todo produjo el estallido del conflicto de clases latente. La duda surge cuando uno compara el carácter y los resultados de estos conflictos: diferentes según las regiones. Esto no significa que tales resultados fueran incongruentes, sino que es preciso vincularlos con modelos *históricamente específicos* del desarrollo de los conflictos de clases agrarias, así como con el grado de asimilación en las diferentes sociedades europeas: su nivel de solidaridad interna, su autoconciencia y organización y recursos políticos generales, especialmente su relación con las clases no agrarias [...] y con el Estado, especialmente si éste actuaba o no como un competidor de clase frente a los señores feudales en lo referente a la extracción del excedente campesino.[265]

En un artículo posterior fue aún más explícito, si cabe. Recapitulando sintéticamente su posición, afirmaba: "yo defendía la importancia de definir y analizar sistemáticamente los *procesos seculares divergentes de formación de clase*, específicos de varias regiones europeas en la época feudal".[266] No se trata pues, en el enfoque de Brenner, de atribuir a la lucha política una capacidad incondicionada, ni tampoco de concebir el proceso histórico como sustancialmente accidental. El acento está puesto en procesos seculares de formación de clases, vale decir, en las relaciones de producción.[267]

---

[265] R. Brenner, "Estructura de clases agrarias y desarrollo económico en la Europa preindustrial", en Aston y Philpin, *El debate Brenner*, Barcelona, Crítica, 1988, p. 52.

[266] R. Brenner, "Las raíces agrarias del capitalismo europeo", en Aston y Philpin, op.cit., p. 256.

[267] Que el enfoque de Brenner se centra en la estructura de las relaciones de producción, antes que en la lucha política de clases, es algo que se ve confirmado en sus dos últimos grandes trabajos: Merchants ans Revolution. Comercial Change, Political Conflict and Londons´s Overseas Traders, 1550-1653, Cambridge, Cambridge University Press, 1993 y "La economía de la turbulencia global. El desarrollo desigual y la larga fase descendente: las economías capitalistas avanzadas desde el boom al estancamiento, 1950-1998", Encuentro XXI, N° 14, 2008.

Creo que este es un buen momento para introducir una breve disquisición sobre cierta frase de Perry Anderson que necesariamente debe parecer disonante en una obra que, como esta, considero muy "andersoniana". Se trata del pasaje de "Renovaciones" en el que se afirma que:

> vivimos un tiempo [...] en el que la única fuerza revolucionaria capaz en este momento de perturbar [el] equilibrio [del capital] parece ser el progreso científico: las fuerzas productivas, tan detestadas por los marxistas convencidos de la primacía de las relaciones de producción cuando el movimiento socialista seguía aún con vida.[268]

En mi opinión, esta frase no implica lógicamente una reivindicación universal del desarrollo de las fuerzas productivas: es compatible con una explicación eminentemente contextual de su crecimiento en el capitalismo. Por otra parte, creo que su crítica apunta a las concepciones verdaderamente politicistas y voluntaristas (característicamente el maoísmo) que pretendían que la voluntad política podía modificar casi a su antojo las relaciones de producción. Entiendo que esas corrientes, aunque muchas veces hablaran en nombre de la primacía de las relaciones de producción, en verdad pensaban y actuaban en términos de la primacía de la lucha de clases; exactamente lo opuesto de Brenner, quien habla algo equívocamente de lucha de clases, cuando en realidad se enfoca inequívocamente en las relaciones de producción (ver próxima sección). Si mi interpretación es correcta, no veo ningún inconveniente en aceptar que, en la situación presente, el desarrollo tecnológico consustancial al capitalismo es una fuerza de inestabilidad social y política más poderosa que cualquier movimiento social o político actualmente existente. Pero esto no se debe a ninguna

---

[268] P. Anderson, "Renovaciones", *New Left* Review (Ed. en castellano), N° 2, 2000, p. 14.

tendencia universal del desarrollo productivo, sino a la específica configuración de las relaciones capitalistas y, del otro cabo, a la debilidad de los movimientos antisistémicos contemporáneos. Un fenómeno perfectamente compatible con la primacía de las relaciones de producción.

Una de las razones por las que se acostumbra recusar la tesis de que son las relaciones de producción la base de la comprensión del proceso histórico estriba en la insistencia en que las mismas no se establecen sobre la nada y, en consecuencia, en que es necesario responder a la pregunta: "¿qué explica a las relaciones de producción?". Lo que se les suele escapar a quienes pretenden que son las fuerzas productivas las que explican a las relaciones de producción es que también es lícito preguntarse: "¿qué explica, pues, a las fuerzas productivas?". Y ya vimos a qué conduce la respuesta a esta pregunta si reducimos la primacía explicativa a las meras condiciones de posibilidad: ni más ni menos que a un determinismo biológico o ambiental.

Desde luego que es necesario tener en cuenta las *condiciones* sobre las que un fenómeno es posible, pero tan necesario como eso es comprender que existen propiedades *emergentes*, vale decir, propiedades que aparecen con un sistema (por lo que no son reductibles a los componentes del mismo) y desaparecen o cambian con él. Así, por ejemplo, los sistemas sociales poseen propiedades que son irreductibles a los individuos que los componen, y mucho menos a las propiedades biológicas de los mismos (o a las condiciones del medio en que vive dicha sociedad). Resulta indiscutible que toda sociedad humana se desarrolla sobre un medio ecológico: pero no es la ecología la que explica el desarrollo social (aunque quizás en las primeras y más elementales sociedades los condicionantes ambientales poseyeran una importancia mayor).

No se trata, entonces, de remontarse, buscando la esquiva primacía, hasta la primera causa de las causas o hasta la última condición de posibilidad (de índole física). Aunque las ciencias sociales —al igual que las sociedades humanas que constituyen su objeto— poseen una base física y/o biológica, resultan no obstante *irreductibles* a las mismas. Pero eso no es todo. Que las cualidades o atributos sociales sean irreductibles a cualidades físicas o biológicas no implica necesariamente que las sociales posean una primacía explicativa. Podría ser que las cualidades físicas o biológicas determinasen a las cualidades sociales, aunque éstas no sean reductibles a aquellas; de la misma manera que las relaciones de producción limitan y presionan a las superestructuras políticas e ideológicas en una medida mayor a la que se ven limitadas y presionadas, pero en modo alguno podemos reducir tales superestructuras a las relaciones de producción (es decir, explicar todos y cada uno de los rasgos superestructurales por su fundamento económico). Pero Marx no creía solamente en que los fenómenos sociales son irreductibles a los fenómenos físicos y/o biológicos, a la hora de explicar hechos y procesos sociales también pensaba que las estructuras sociales poseen una abrumadora primacía sobre las estructuras biológicas.

Para el materialismo histórico las relaciones de producción constituyen el secreto de toda formación social, forman el subsistema que más influye y menos se ve influido por los otros subsistemas. ¿Pero qué explica a las relaciones de producción?, podría persistir en preguntar un crítico. Pues bien, las relaciones de producción imperantes en una sociedad en un tiempo determinado se explican principalmente por las relaciones de producción *precedentes*. La *historicidad* constituye, después de todo, uno de los rasgos esenciales del pensamiento de Marx.

3. Sobre la lucha y la conciencia de clase

Creo haber mostrado que la insistencia en la centralidad de las relaciones de producción es un antídoto contra las concepciones verdaderamente "politicistas" que ven en la lucha de clases el primer motor de la historia, como si tal lucha actuara en un vacío. Pero en este terreno es preciso despejar una habitual confusión semántica. Cuando los marxistas hablamos de clases y de lucha de clases no siempre nos referimos a lo mismo. Con respecto al concepto de clase las discusiones han sido interminables, facilitadas por el hecho de que Marx dejó apenas empezado el capítulo del Libro III de *El Capital* dedicado a aclarar el sentido de ese concepto. Las posiciones en este campo han dado lugar a dos concepciones principales: la de quienes consideran que las clases son un fenómeno objetivo, estando conformada cada clase por las personas que ocupan una posición semejante en las relaciones de producción (fundamentalmente en las de apropiación); y la de quienes consideran que un grupo social sólo es una clase cuando posee una identidad, una organización y una conciencia clasista. En cuanto a la lucha de clases, algunos la reducen a la lucha política con demandas públicas y organizaciones explícitamente "de clase", mientras que otros consideran un amplio espectro que va desde ínfimos actos de resistencia individual, hasta grandes movimientos políticos. La lucha de clases, desde esta última perspectiva, no es necesariamente, ni siempre, una lucha política.

El concepto de clase social es una forma de clasificación. Como tal, no es a priori ni más ni menos "objetivo" que cualquier otra clasificación. Lo mejor, pues, es analizar su utilidad y su pertinencia explicativa o predictiva. Creo que es perfectamente posible, y sumamente útil, definir a las clases en términos *objetivos*, esto es, por el lugar que las personas ocupan en el proceso de producción / apropiación. Pero creo, también, que la experiencia y el fenómeno clasista no se limita a esta dimensión económica fundante: incluye componentes culturales, ideológicos y políticos. La importancia que el marxismo atribuye a las clases es una consecuencia de la centralidad conferida a las relaciones de producción, y esta centralidad no depende de que los sujetos posean conciencia de clase ni mucho menos de que cada clase disponga en todo momento de intenciones de reorganizar la sociedad de acuerdo a sus intereses. Las relaciones de producción generan ciertas condiciones y tendencias que actúan sin necesidad de que los actores tengan conciencia clasista. Cuando el capitalista intenta bajar los precios o reducir los salarios de sus empleados está actuando, precisamente, como un capitalista: importa poco si cree o no que forma parte de una clase, si votó a un partido socialista en las elecciones o si está afiliado a una cámara empresarial.[269] Además, existe a este respecto una asimetría fundamental y bastante generalizada entre las clases dominantes y las dominadas: históricamente, y por razones muy comprensibles, las primeras han tenido un grado de conciencia de clase mucho mayor. Yo aceptaría, pues, la definición elaborada por De Sainte Croix:

> Utilizo el término *lucha de clases* para la relación fundamental existente entre las clases (y sus respectivos componentes individualmente considerados), que implica fundamentalmente explotación o resistencia a ella. No supone necesariamente una acción colectiva por parte de una clase como tal, y puede incluir o no una actividad en el plano político, si bien dicha actividad política resulta cada vez más probable a medida que se agudiza la tensión de lucha de clases. Se supone asimismo que una clase que explote a otra empleará formas de dominación política y opresión contra ella siempre que pueda...[270]

---

[269] Esto vale incluso para un empresario que tenga una política "amigable" para con sus empleados, y trate de evitar reducciones de salarios u otras medidas perjudiciales para los obreros. Su "amigabilidad" estará limitada por la tasa de ganancias: y no olvidemos que la ganancia es la razón de ser del capital; todo lo que hace es un medio para ese fin esencial. Claro que, como escribe Joel Kovel, "los individuos pueden apearse de esta rueda [...] hacer fortuna y retirarse a criar ponis de polo o repollos. Pero ellos cesan por eso de ser personificaciones del capital y de inmediato otros avanzan para representar su rol". J. Kovel, *El enemigo de la naturaleza*, Buenos Aires, Tesis 11, 2005 (2001), p. 59.

[270] G.. E. M. de Sainte Croix, *La lucha de clases en el mundo griego antiguo*, p. 61.

Esta definición supone una concepción amplia de la lucha de clases, entendiendo que las relaciones de explotación entrañan siempre alguna forma de "lucha", aunque la misma no sea colectiva, simétrica ni específicamente consciente. Por ende, la lucha de clases según la entiende De Sainte Croix —equívocos lingüísticos al margen— se asienta en la primacía de las relaciones de producción.

Postular la primacía de las relaciones de producción, e inclusive la centralidad del análisis de clase, no significa que se conceda ninguna importancia especial a la conciencia de clase a la hora de explicar un proceso histórico. Sin embargo, no hay que olvidar que, hasta ahora, la historia ha sido mucho más sufrida que "hecha" por los sujetos. El curso histórico ha carecido de control humano consciente, siendo habitualmente más inteligible para los historiadores que lo observan retrospectivamente que para sus participantes directos. Pero puesto que el objetivo del socialismo y del marxismo es en una medida considerable que el curso histórico pueda ser elegido y dirigido por los seres humanos, los elementos de conciencia cobran una gran importancia de cara al futuro. Aunque la conciencia social y la conciencia de clase no hayan desempeñado *hasta ahora* un papel fundamental, ello no significa que las cosas sigan siendo así (y mucho menos que *deban* seguir siéndolo). La realización de un auténtico proyecto socialista requiere de elevadas y acaso inéditas formas de conciencia. Cuáles son las condiciones materiales que posibilitarían el control social consciente del desarrollo histórico es algo que cabe explorar; y a la luz de las experiencias del siglo XX no estaría injustificada una nota de escepticismo. Pero la evolución social y ecológicamente suicida del capitalismo ha convertido a la planificación consciente del desarrollo prácticamente en un imperativo de supervivencia.

4. Monismo y pluralismo

Muchas veces se ha dicho que el materialismo histórico es una teoría "monista", entendiéndose por ello, de ordinario, que se trata de una teoría explicativa monocausal: la economía es la causa de todas las cosas. Estaríamos ante un monismo económico o economicismo. El economicismo es una forma de reduccionismo: todos los hechos sociales pueden ser reducidos (cuando menos a grandes rasgos) a causas económicas, aunque más no sea en "última instancia". Sin embargo, no creo que sean acertadas estas interpretaciones de los mejores trabajos de Marx: el autor de *El Capital* no era reduccionista.

Pero el problema no es refutar o criticar al economicismo; el problema consiste en proponer una concepción de la sociedad y de la historia capaz de competir ventajosamente con él. Porque sean cuales sean los defectos y falencias de las concepciones economicistas, resulta indiscutible que, cuando menos, dotan al investigador de un criterio orientador para decidir por dónde comenzar una investigación, y para discriminar lo relevante de lo irrelevante. Es cierto que los economicistas suelen concluir sus investigaciones donde quizás haya que comenzarlas, que sus criterios para discriminar la relevancia factual pueden ser equivocados o insuficientes, y que muchas veces no son conscientes de las dificultades de su teoría. Pero una mala teoría es mejor que la ausencia de teoría. Sin ninguna concepción teórica, huérfano de toda construcción hipotética, el investigador está condenado a sumergirse en un mar de datos, hechos y documentos a los que no sabe qué preguntar, es incapaz de jerarquizar, ni sabría cómo ordenar. Sin una base teórica sólo puede ser portador de los más sencillos prejuicios de su sociedad: un hombre que se guía en función del sentido común de su clase y de su tiempo. A lo sumo podrá ser un empirista descriptivo, o un anticuario recolector de documentos. No podrá explicar nada; porque *no hay explicación sin teoría*. Explicar supone establecer lazos causales, relaciones de determinación; y ello implica necesariamente cierta teoría de tales lazos o relaciones. Por ello el pluralismo absoluto es imposible. Si todas las esferas sociales poseyeran la misma importancia, si en cualquier sector de la sociedad se pueden iniciar cambios significativos sin que nos sea posible siquiera suponer en cuál de ellos es más probable que acontezcan, si cualquier hecho o fenómeno puede poseer "importancia histórica", entonces ¿por dónde empezamos?, ¿cómo diferenciamos un hecho histórico de aquel que no lo es?, ¿cómo establecemos las conexiones causales? El pluralismo no tiene respuesta, o su respuesta sólo puede ser el empirismo más crudo: ¡los hechos lo dirán! Pero los hechos no hablan por sí solos. Los hechos no dicen sí ni no. Son las distintas teorías las que entronizan o desacreditan a los hechos. Desde luego que no son las teorías las que crean la realidad: pero sin teoría no podemos comprender o explicar realidad alguna. Entre los hechos y la ideación hay un proceso de ida y vuelta. Ninguna explicación científica puede construirse meramente en forma teórica, sin alguna correspondencia con los datos empíricos; pero tampoco puede hacerse por medio de la simple enumeración de hechos, sin una teorización de su importancia y sus conexiones. De hecho todo el mundo posee, aunque sea implícitamente, ciertas nociones teóricas. La simple selección de hechos que está obligado a realizar el investigador más furibundamente empirista y rabiosamente anti-teórico está orientada por cierta concepción teórica. Nadie puede "contarlo todo"; y al elegir "qué" contar ya interviene la teoría, cierta noción de qué es lo importante.

Por lo tanto, cualquier historiador, sociólogo o científico social posee alguna concepción teóricamente rectora. Todas las personas, incluidos los científicos, poseen alguna idea de qué es lo "normal". Es probable que un científico insista en la relatividad de la "normalidad", que nos muestre que lo que es normal para nosotros resulta absolutamente anormal en otra sociedad. Pero sea como sea, no hay dudas de que cada sociedad posee su propia noción de "normalidad". Creo que no se me podrá acusar de realizar una generalización abusiva si afirmo que en el capitalismo lo normal es que los hijos de los obreros posean menos estudio que los hijos de los empresarios. Por supuesto que habrá excepciones: pero las excepciones serán precisamente eso, excepciones.

El economicismo, entendido como la asunción de que la economía explica por sí sola todos los procesos sociales, es decididamente errado. Pero economicismo no es lo mismo que "primacía de la economía". Una cosa es afirmar que la economía explica por sí misma a todo lo demás, o que cualquier fenómeno moral, ideológico, político o militar puede ser reducido, en primera o en última instancia, a necesidades, presiones o tendencias económicas. A esto denomino *economicismo*. Pero otra cosa muy distinta es presuponer que, *normalmente*, las tendencias provenientes de la estructura económica serán más poderosas que las que se originan en otros ámbitos sociales. A esto es a lo que denomino *tesis de la primacía de la economía*.

Tal vez no esté de más recurrir a una sencilla y espero que simpática analogía. En un equipo de fútbol cualquier jugador, incluido el arquero, puede convertir goles. Pero lo normal es que los que marcan los tantos sean los delanteros. Nadie puede tener la certeza de quién hará un gol en el próximo partido, pero sí es posible realizar estimaciones estadísticas. Es verdad que cualquier jugador puede convertir un gol, pero por eso no acusaríamos de dogmatismo a un director técnico que ordene marcar fuertemente a los delanteros rivales. Afirmaciones como: "… el cambio social (estructural) puede ser desencadenado por factores ambientales, biológicos, económicos, políticos o culturales, o por una combinación de éstos",[271] no son más que verdades insulsas que es más lo que despistan que lo que orientan. Si no fuera posible siquiera establecer tentativamente cuál de estos factores suele ser el de mayor importancia, ¿cómo podemos orientar una investigación?

---

[271] M. Bunge, *Las ciencias sociales en discusión*, Buenos Aires, Sudamericana, 1999, p. 299.

Quizás sea cierto que los cambios sociales estructurales pueden originarse en cualquier subsistema social, ¿pero no existen acaso subsistemas que han mostrado una persistente tendencia a provocar este tipo de cambios, y otros que sólo lo han hecho de manera excepcional? ¿Estamos imposibilitados para establecer prioridades o detectar regularidades? ¿Puede alguien pensar seriamente que los factores biológicos han tenido en la historia humana una importancia equivalente a los económicos?

Frenemos un poco la marcha… Ensañarse con las insuficiencias del relativismo absoluto no tiene mucho sentido: prácticamente nadie ha defendido explícitamente una posición semejante. El verdadero desafío planteado por el relativismo causal es el siguiente: quizá haya regularidades en la importancia mayor o menor que posee cada instancia, fuente de poder o subsistema social, pero esta importancia no es trans-histórica sino relativa a cada orden social. Este ha sido, de hecho, el tenor de muchas críticas, incluso de algunas de las primeras, formuladas contra el materialismo histórico. Marx, se decía, tiene razón en señalar el carácter decisivo de las clases sociales y de la economía, pero ello sólo es válido para el capitalismo (o para el capitalismo del siglo XIX); no para la antigüedad clásica o la Europa feudal (o el capitalismo del siglo XX). Es una crítica de peso. De hecho, vuelve contra Marx el mismo tipo de argumentos que él mismo empleara contra las teorías a-históricas de los economistas clásicos, que asumían que las leyes de funcionamiento del modo capitalista de producción eran válidas en cualquier contexto social. Marx señaló que las leyes del mercado carecían de pertinencia en sociedades que desconocían esa institución, y argumentó que cada formación social se rige por sus propias leyes, incluyendo sus leyes económicas; pero al mismo tiempo postuló que la "economía", la manera en que la gente se gana la vida, constituye la base fundamental para explicar, no exactamente todo lo demás, pero sí la importancia relativa que la política, la religión o la guerra poseen en cada sistema social. ¿Era incoherente en este terreno? No lo creo. Marx daba por sentado que todo desarrollo histórico posee elementos de cambio, pero también de continuidad. Hay reglas, pautas o tendencias que son únicamente válidas para un tipo preciso de sociedad (por ejemplo la capitalista), otras cuya validez atañe a un conjunto más vasto de sociedades (por ejemplo las agrícolas), y finalmente otras que rigen en todas las sociedades humanas. Marx creía que la primacía de la economía era una pauta de este tipo.

Creo que una manera más acorde de definir el tipo de explicaciones que desarrolló Marx es considerar que defendía un "pluralismo asimétrico" (o un pluralismo jerárquico). Esto significa que cada subsistema social (para usar la terminología de Bunge), cada fuente de poder (para decirlo con Mann o Gellner) o cada tipo de recurso (Giddens) posee cierta autonomía, ninguno puede ser completamente reducido a otro y todos interactúan mutuamente; pero —y este *pero* es sustancial— el grado de autonomía y la capacidad de influencia no es normalmente semejante: la presunción es que, habitualmente, la estructura económica de cualquier sociedad posee mayor influencia y mayor autonomía que las relaciones políticas, las condiciones biológicas y ambientales, las estructuras militares o las constituciones ideológicas.

La especificidad del materialismo histórico radica en postular la primacía de la estructura económica —de las relaciones de producción— por sobre los restantes subsistemas sociales. La primacía de las relaciones de producción no significa que cualquier fenómeno social pueda ser reducido a su fundamento económico; ni que las tendencias económicas se impongan aunque más no sea en el largo plazo; ni mucho menos que la política y la ideología carezcan de autonomía o de eficacia causal. Simplemente postula que, *normalmente*, la influencia de la economía sobre los restantes subsistemas será mayor que las presiones que el subsistema económico recibe de los subsistemas político o ideológico. Esta tesis orienta las investigaciones desde la perspectiva del materialismo histórico. Establece una jerarquía explicativa que permite al investigador orientarse en la masa de hechos y documentos. No supone que los procesos políticos (o el desarrollo ideológico) puedan ser explicados exclusivamente por la economía; pero sí postula que los fenómenos políticos e ideológicos no son inteligibles exclusivamente en sí mismos, puesto que reciben influencias de los otros subsistemas, entre los que se destaca el económico. Tampoco postula que necesariamente la clave explicativa de un proceso ideológico o político sea de base económica; en ocasiones la clave puede ser esencialmente endógena al subsistema en cuestión. Pero sí insiste en que los fenómenos económicos se explican normalmente de manera fundamental por la propia economía. Esto es: aunque el desarrollo autónomo de los subsistemas ideológico y político llegue a ser muy grande, su influencia sobre el subsistema económico es básicamente pequeña, cuanto menos más pequeña que la influencia inversa.

Sin embargo, deberíamos tener presente que Marx jamás empleó la expresión "materialismo histórico". Habló, sí, de su "concepción materialista de la historia". Concepción materialista; no concepción económica. Si insistió en el análisis de la economía fue porque la consideraba la realidad material fundamental. Pero el interés primero de Marx era deslindar su concepción de las concepciones idealistas imperantes en su tiempo. Esto es de gran importancia porque la realidad no se presenta en partes separadas del todo, sino bajo la forma de totalidades complejas. Las distinciones analíticas son sólo eso: distinciones analíticas. Pero en la realidad todo viene mezclado. Podemos diferenciar a lo económico de lo político, lo ideológico o lo militar, pero no existe ninguna institución y ninguna práctica humana que sea pura y exclusiva. Un hombre trabajando desempeña una función económica, pero en su labor intervienen ideas, por lo que su actividad es también ideológica en un sentido amplio. Su trabajo puede entrañar una coerción militar, y en tal caso estaría implicado en relaciones militares; y eventualmente podría formar parte de un proyecto colectivo, por lo que tendría carácter político. Un ejército es un organismo militar, pero todo ejército posee una ideología, al tiempo que persigue objetivos económicos o políticos. Hay muchas prácticas y muchas instituciones que no sólo poseen distintos caracteres, sino que ni tan siquiera es posible establecer cuál es el decisivo. Una empresa estatal, por ejemplo, es una institución tan económica como política. En este punto es en donde cobra importancia la distinción entre materialismo e idealismo. En la *melange* que constituye la realidad, los materialistas buscarán la clave del comportamiento humano y de la evolución social a largo plazo en las condiciones y en las necesidades materiales, mientras que los idealistas la buscarán en las ideas. Un enfoque materialista analizará una campaña militar siguiendo la logística militar así como los intereses económicos en juego. Un idealista se concentrará en las doctrinas militares enfrentadas y en las capacidades tácticas y estratégicas de los jefes. Aunque ambos analicen un fenómeno esencialmente militar, uno dirigirá su atención hacia la dimensión material, la cual ineludiblemente remite a lo económico: la producción y apropiación de recursos materiales. El otro, en cambio, insistirá en el valor de la táctica y la estrategia, lo que remite a la faz de las ideas. Desde luego: se trata de énfasis, no de posiciones de todo o nada. Como materialista insistiré en el carácter material —es decir logístico, lo que en última instancia es económico— de los ejércitos; pero es posible que en una situación de *paridad de fuerzas* la habilidad táctica de los jefes o la moral ideológica de las tropas se convierta en el factor decisivo.

La insistencia en la primacía de las relaciones de producción suele ser rechazada en nombre de la primacía de la política. Este enfoque intenta priorizar la dimensión consciente y creativa de los seres humanos: las cosas no suceden por necesidades económicas, sino por decisiones políticas. Sería absurdo negar el papel de la política. Pero hay que decir que sólo el más burdo de los reduccionismos puede intentar explicar y describir todos los desarrollos sociales, e inclusive todos los desarrollos económicos, invocando "leyes" económicas. Hay que recordar, en todo caso, que las leyes económicas de las que hablaba Marx son "leyes tendenciales", que ni excluyen contra-tendencias ni se imponen de manera unívoca: todo lo más son regularidades estadísticas.

Por otra parte, la primacía de la economía como "leyes" impuestas más allá y a pesar de la voluntad humana era para Marx la consecuencia de determinadas condiciones sociales y materiales. Conocimientos rudimentarios, escasez material, débil desarrollo de las capacidades productivas, desigualdades abismales, son otros tantos factores que propician que la historia adopte un desarrollo caótico, que a duras penas puede ser comprendido y casi en lo más mínimo dominado o direccionado conscientemente por los actores. Pero el avance cognitivo, el desarrollo de las fuerzas de producción, la reducción de la escasez y la atenuación de las desigualdades por medio de la eliminación de las diferencias de clase, todo ello debería facilitar que la historia sea cada vez más orientada de manera consciente y voluntaria por los seres humanos. La precariedad económica, el bajo desarrollo productivo, la miseria material y cognitiva, hacen de los hombres víctimas de la historia, más que sus hacedores. El mundo social se les presenta como una fuerza que les es ajena e incontrolable, antes que como el producto de sus acciones. Esta ha sido de ordinario la situación de los individuos y de las sociedades humanas. Pero no tiene por qué seguir siendo así en el futuro. Como escribiera Michel Vadée, "Marx sostiene […] únicamente que, hasta aquí, las relaciones sociales han sido impuestas más de lo que han sido elegidas".[272] Sin embargo, "la tesis de Marx es que, por medio de las revoluciones políticas y sociales, individuos y clases intervienen cada vez más consciente y voluntariamente en el curso de la historia, y llegan a orientarla en función de sus metas".[273]

5. Alternativas a las clases

Desde que fuera formulada, la concepción de Marx ha sido objeto de duros ataques y de sistemáticos intentos por refutarla y reemplazarla. Aun así, la inmensa mayoría de los autores reconoció la importancia de primer orden de la economía, en la que había insistido Marx. Las estrategias críticas, pues, no consistieron tanto en rechazar esta importancia, sino en limitarla y en buscar influencias sociales equiparables. El hecho curioso es que muchas de esas "influencias equiparables", esgrimidas con fuerza hace algunas décadas, parecen haberse eclipsado en los últimos treinta años. Algo de esto ha ocurrido con el concepto de "grupos de estatus". Categoría de inspiración weberiana, llegó a convertirse en los años sesenta en un garrote esgrimido por muchos sociólogos y algunos eminentes historiadores contra las orientaciones marxistas. Sir Moses Finley, por ejemplo, afirmó que aunque el análisis de clase fuera pertinente en el mundo capitalista, no lo era en la antigüedad, cuya organi-

---

[272] M. Vadée, *Marx penseur du posible*, París, Meridiens Klincksieck, 1992, p. 48. ("Marx soutient donc soulement que, jusqu'ici, les rapports sociaux se sont imposés plus qu'ils n'ont été choisis. D'outre part, il ne dit pas que les hommes ne furent pour rien dans l'histoire passée.").

[273] Ídem., p. 69. ("La thèse de Marx est que, par les révolutions politiques et sociales, individus el classes interviennent de plus en plus conscientemmnt et volontairement dans le cours de l'histoire, et parviennent à l'orienter en fonction de leurs buts.").

zación fundamental eran los grupos de estatus, y no las clases. Es interesante —y para los marxistas quizás regocijante— que ni los "órdenes" ni el "estatus" sean hoy un elemento clave reivindicado por ninguno de los grandes teóricos sociales. Es como si, una vez cumplida su función dentro de la lucha ideológica, esas categorías hubieran sucumbido a su propia esterilidad explicativa. El análisis detallado de las debilidades de la categoría de estatus en Weber y Finley es algo que escapa a las posibilidades del presente escrito. Al lector interesado no puedo más que remitirlo a la demoledora crítica teórica e histórica realizada por De Sainte Croix, algunas de cuyas objeciones fundamentales cito a continuación:

> Los «grupos de *status*» e incluso las «clases» de Weber no están necesariamente (como lo están las *clases* de Marx) en una *relación orgánica*, sino simplemente yuxtapuestas, por así decir, como los números de una fila. Una clase en el sentido de Marx [...] es esencialmente una relación, y los miembros de cualquier clase están necesariamente relacionados *en cuanto tales*, en diferentes grados, con los de otras clases. Los miembros de una clase de Weber o los de un grupo de *status, en cuanto tales*, por otro lado, no tienen por qué tener relación alguna con los miembros de cualquier otra clase o los de cualquier otro grupo de *status en cuanto tales*; e incluso cuando existe una relación [...] pocas veces implicará nada más que los esfuerzos de ciertos *individuos* por ascender en la escala social, rasgo tan obvio y general de la sociedad humana que rara vez nos ayudará a *entender* o *explicar* nada, como no sea de la manera más vulgar e inocua. No deseo en absoluto minimizar la importancia que se le pueda dar alguna vez a ciertos rasgos del *status en una situación estática* [...] Me gustaría insistir, sin embargo, en que, cuando nos enfrentamos a un *cambio social*, esos elementos y otros parecidos tienen a lo sumo una importancia negativa: puede que ayuden a dar cuenta

de la ausencia de dicho cambio, pero nunca podrán explicar por qué se realiza.[274]

Esto con respecto a Weber. Pero a la conceptualización de Finley le caben críticas semejantes. De Sainte Croix señala que, como admite el propio Finley, su concepto de estatus es "ineludiblemente vago", y posee un "componente psicológico considerable". En segundo lugar, lo que es mucho más importante, que se trata de una categoría puramente descriptiva, que no explica absolutamente nada y a la que de hecho el propio Finley no utiliza para explicar ningún proceso histórico, con la única excepción del caso de los ilotas espartanos, que De Sainte Croix cree especialmente desafortunado. Según Finley "los ilotas se rebelaban, mientras que los esclavos-mercancía no lo hacían en Grecia, precisamente porque los ilotas poseían (no carecían) ciertos derechos y privilegios, y pedían más. De Sainte Croix considera que esta afirmación es totalmente falsa. Según él (y confieso que concuerdo plenamente):

> Los ilotas [...] se rebelaban [...] con éxito, no porque tuvieran «derechos y privilegios» o porque «pidieran más», sino porque sólo ellos entre todos los «esclavos» griegos constituían un único pueblo unido, que otrora había sido la *polis* independiente de «los mesenios» [...], y que por eso podían emprender alguna *acción efectiva en común*, y porque querían ser una entidad *libre* e independiente [...] otra vez, mientras que los esclavos de los demás estados griegos eran [...] «una masa heterogénea y políglota, que muchas veces no podía comunicarse entre sí más que [...] en la lengua de sus amos, y que podía fugarse individualmente o en pequeñas tandas, sin lograr, empero, nunca revueltas a gran escala».[275]

---

[274] G. E. M. de Sainte Croix, *La lucha de clases en el mundo griego antiguo*, pp. 113-114.

[275] Ídem., p. 116.

No sabría yo decir si Giddens, Mann o Gellner estarían de acuerdo con esta crítica de De Sainte Croix a la utilidad de las categorías de orden y estatus; pero lo cierto es que las mismas no juegan ningún papel en sus macro-teorías. Orden y estatus, otrora categorías que rivalizaban en importancia con la (fundamentalmente marxiana) clase social, parecen haber desaparecido del horizonte conceptual de los grandes teóricos sociales de fines del siglo XX y comienzo del siglo XXI.

6. Primacía no reduccionista de las relaciones de producción

En el Capítulo I expuse los argumentos que, según Wright, han empleado marxistas para justificar la primacía del análisis de clase. Los argumentos eran tres, pero sólo uno de ellos, el argumento dinámico, permitiría convalidar la primacía del análisis clasista. El argumento dinámico sostiene que el desarrollo de las fuerzas productivas otorga a la historia una direccionalidad, y que ello establece una asimetría entre las relaciones que establecen los vínculos de los hombres con las fuerzas de producción (las relaciones de clase) y otros tipos de vínculos humanos, como los de género, etnia, etc. El desarrollo de las fuerzas productivas como clave del desenvolvimiento histórico y, por ende, como sustento de la importancia primera del análisis de clase, se hace fuerte debido a las falencias de los otros dos argumentos. El primero consiste en afirmar que las relaciones de clase son el factor de más "impacto existencial" en la subjetividad humana. Pero Wright lo descarta debido a que "es posible que la dominación racial o sexual configure de un modo más profundo las creencias de un grupo oprimido". Estoy de acuerdo con Wright: la primacía del análisis de clase no puede ser defendida basándola en el impacto existencial de la experiencia clasista. Pero mis razones divergen considerablemente de las suyas. Mientras que para Wright el fallo principal es de orden *empírico* (esto es, que en los hechos puede comprobarse un impacto existencial mayor por parte de otras relaciones), a mi juicio las objeciones principales a la concepción –llamémosle así– "existencialista" son de índole *teórica*: tienen que ver con los presupuestos teóricos del materialismo histórico marxista y con su objeto de indagación (que es mucho más el cambio social que la permanencia). Para el materialismo histórico existe una asimetría fundamental entre las creencias, los pensamientos y los objetivos manifiestos de los hombres, por un lado, y por el otro los procesos objetivos y las consecuencias no intencionales de su acción. Los revolucionarios franceses de 1789 creían estar estableciendo una sociedad sin clases, igualitaria; en realidad estaban sentando las bases de la explotación capitalista. La carga principal de la explicación histórica –al menos desde una perspectiva marxista– no se encuentra en las intenciones o las creencias de los agentes, sino en los resultados objetivos que sus acciones provocan y en las condiciones y relaciones sociales que condicionan, determinan o compelen tal accionar. Por lo tanto, la primacía de las relaciones de clase se asienta en la influencia que las relaciones económicas ejercen sobre el todo social, con independencia (o cuando menos con relativa independencia) de la conciencia que los hombres se formen de las mismas. Por ejemplo, el desarrollo incesante de las fuerzas productivas en el capitalismo –para el análisis marxista una consecuencia necesaria de las relaciones capitalistas de producción– tiene efectos que se hacen sentir, con independencia de las concepciones ideológicas de los agentes sociales o del mayor o menor impacto existencial que las relaciones de clase tengan sobre ellos, tanto en el burgués que vive obsesionado con los negocios y no deja de pensar en ellos como en el que dedica parte importante de su tiempo al ocio o practicar deportes, ambos compelidos a perfeccionar sus métodos de producción para no perecer en la competencia mercantil. Dicho todo esto, no puedo dejar de decir que el impacto existencial podría servir como un indicador —inseguro e indirecto— de la influencia social de las relaciones de producción.

Es harto discutible, por lo demás, que el impacto existencial de las opresiones sexual y étnica haya sido históricamente equiparable al de la opresión económica. Al respecto cabe destacar que Wright parece tener en mente el impacto en los *grupos oprimidos*[276] —los cuales, como es obvio, por lo general manifiestan un grado de conciencia de clase mucho menor que el observable en las clases *dominantes*— dentro de las sociedades *capitalistas contemporáneas*. Pero si dirigimos nuestra mirada a las clases dominantes se torna bastante dificultoso sostener que el impacto existencial de las experiencias clasistas sea equiparable o inferior al impacto de las relaciones étnicas o sexuales; impresión que se acrecienta si nos detenemos en las sociedades pre-capitalistas. Como el mismo Wright reconoce, la importancia de la conciencia sexual es exclusiva del capitalismo;[277] y si todas las civilizaciones conocieron formas de explotación económica, sólo algunas conocieron opresión étnica (que en muchos casos es indistinguible de la explotación económica bajo la forma de tributos que los conquistadores imponen a los conquistados). Históricamente, tanto el impacto existencial como la influencia

---

[276] "Es muy posible, por ejemplo, que la dominación racial configure de un modo más profundo las formas de conciencia de un grupo racial oprimido que la dominación de clase. Y al menos en algunas sociedades capitalistas avanzadas, se podría decir lo mismo de la dominación sexual". E. O. Wright, "La crítica de Giddens al marxismo", *Zona Abierta*, N° 31, 1984, p. 146.

[277] Cabe aclarar que esta afirmación sólo es válida en lo que hace a la condición sexual como fuente de derecho o demandas políticas explícitas. Como muy bien me señala Carlos Astarita, formas de conciencia sexual hay en todas las sociedades: en la antigüedad podía sublimarse por medio de cultos a la fertilidad, erotismo, etc.; y el cristianismo le dio gran importancia, para reprimirla.

causal de las relaciones de clase han sido muy superiores a los de las relaciones de raza o sexo.[278] Es por ello que en su monumental *Las fuentes del poder social* Michael Mann no incluye ni al poder sexual ni al poder étnico.

El segundo argumento es que las relaciones de clase "al estructurar el acceso a los recursos sociales […] determinan del modo más profundo los límites de la capacidad de acción de los diferentes grupos", incluyendo los no clasistas. Aunque este argumento es más fuerte que el anterior, sigue siendo vulnerable. Según Wright, aunque podría darse el caso de que la transformación de la estructura de clases forme parte del proceso de liberación de un grupo oprimido no clasista (una etnia, por ejemplo), lo mismo puede suceder a la inversa: la modificación de la conciencia racial o de género puede ser necesaria para la transformación de la estructura de clases. Por consiguiente, es arbitrario asignar prioridad a cualquiera de estas condiciones necesarias.

Lo que está en discusión en el escrito de Wright —esto debe ser anotado y subrayado— es qué determina el éxito de ciertas luchas centradas en el género o la etnia. No está en discusión el desenvolvimiento social global, ni la influencia de lo ideológico o lo político sobre lo estrictamente económico. Se trata de la eficacia causal de las clases sociales (y de la lucha de clases) para determinar o influir sobre otros ámbitos de la vida social. Ahora bien, la importancia concedida por Marx al análisis de clase es una consecuencia derivada de un posicionamiento más básico y general, que podemos describir como la *tesis de la primacía de la economía* o

---

[278] Es indiscutible, con todo, que las relaciones entre los sexos estimulan y han estimulado siempre la imaginación de los seres humanos sobre la tierra. La literatura y el arte son una muestra acabada de ello. Sin embargo, la mayor parte del impacto existencial de las relaciones sexuales tiene que ver con las relaciones privadas, más que con las públicas, y su impacto en la vida política y en la evolución económica ha sido escaso.

tesis de la primacía de las *relaciones de producción*. Y esta tesis sólo requiere, para su validación, que la influencia de las relaciones de producción sobre las relaciones inter-sexuales o inter-étnicas sea mayor que a la inversa. Para negar la primacía de la economía no basta con mostrar que ciertos desarrollos de las relaciones entre sexos o etnias se vean prioritariamente determinados por elementos políticos o ideológicos: es necesario mostrar que la política o la ideología influyen sobre las relaciones de producción en mayor medida de lo que se ven influidas por ellas; o bien que las relaciones entre etnias o sexos han tenido una influencia superior a la de las relaciones entre clases en el desarrollo histórico global. Por otra parte, hay que observar que no existe ninguna necesidad evidente o lógica que haga que la liberación racial deba marchar de la mano de la transformación de la estructura de clases, y viceversa. Para los socialistas, desde luego, la convergencia de estos dos procesos es un anhelo basado en consideraciones éticas (se debe luchar contra cualquier tipo de opresión) y políticas (la causa socialista se ve potencialmente favorecida si logra incorporar demandas específicas de los diferentes grupos oprimidos); pero nada garantiza que marchen necesariamente juntos. El argumento de que las luchas de las etnias oprimidas o de las mujeres requieren de la transformación de la estructura de clases para triunfar es sencillamente falso. El nexo entre socialismo y liberación sexual o racial no es algo necesario: depende de opciones políticas. La convergencia es posible, mas no inevitable; y el triunfo de cualquiera de estos movimientos puede ocurrir sin el triunfo de los otros (y aun a costa de ellos). Podría darse el caso de que el éxito de las feministas o de las minorías oprimidas dependa más de circunstancias políticas o ideológicas que económicas; pero esto no desafía a la tesis de la primacía de la economía. Para desafiar a esta tesis sería preciso mostrar que las relaciones ideológicas y políticas influyen en el desarrollo global (y no sólo en las luchas de las mujeres o las minorías) más que las relaciones de producción. Pero esto es harto improbable.

El último argumento analizado por Wright —el argumento dinámico— señala que la aparente simetría entre las relaciones de clase, sexo o raza se ve perturbada por las tendencias evolutivas de las relaciones de clase, orientadas por la dirección general que imprime el desarrollo de las fuerzas productivas. Esta línea argumental, sin embargo, se deshace en tanto y en cuanto constatamos que no se puede demostrar la existencia de una tendencia tranhistórica universal hacia el desarrollo de las fuerzas productivas.

¿Es posible defender la primacía del análisis de clase que, se supone, reivindica el marxismo? Creo que sí, pero sólo si lo entendemos como un subproducto de la primacía de las relaciones de producción. El materialismo histórico postula que es la producción y apropiación de bienes la práctica social que mayor influencia ejerce en el desarrollo histórico, y por consiguiente que son las relaciones sociales que la estructuran la matriz central de este proceso. El punto aquí es argumentar por qué la producción y apropiación de bienes se organiza principalmente bajo la forma de relaciones de clase. En principio hay que decir que durante la mayor parte de la historia no existieron relaciones de clase. Ellas sólo son posibles sobre la base de la producción y almacenamiento de excedentes. Por ello requieren cuando menos de una economía agrícola, y en general cerealera. Es en este punto en donde emergen y se desarrollan las relaciones clasistas. Las relaciones entre los géneros ofrecen una base muy limitada para la concentración de recursos en pocas manos: la explotación de una mitad de la especie humana por la otra mitad parece poca cosa en comparación con las relaciones de clase, que han permitido a una décima o vigésima parte de la población explotar al resto. ¿Y qué sucede con las relaciones étnicas? En la medida en que la opresión étnica estuviera limitada a cuestiones no económicas su influencia histórica ha tendido a ser limitada, por grande que haya sido su impacto existencial en los individuos que la padecían. Su importancia crece exponencialmente en la medida en que se concentra en la explotación económica, pero en tal caso ha tendido a superponerse o mixturarse con relaciones de clase. En cualquier caso, a lo largo de la historia la opresión y la explotación de un grupo étnico por otro ha sido algo habitual, recurrente. Pero el elemento que ha tenido históricamente un lugar decisivo no ha sido qué grupo étnico era el oprimido y cuál el opresor, sino las formas concretas bajo las cuales esto ocurría; formas que se hallan estrechamente vinculadas con las relaciones de producción. El punto decisivo es que el núcleo de la historia conocida lo constituye la producción y apropiación de bienes. Si los marxistas consideramos prioritario el análisis de clase, ello se debe a que en las sociedades civilizadas son estas relaciones las que estructuran las principales formas de producción y apropiación.

A modo de síntesis se pueden exponer las características más importantes del materialismo histórico, en los términos en que es entendido y defendido en esta obra, por medio de los siguientes postulados:

A.   El materialismo histórico es determinista y postula la existencia de jerarquías explicativas; pero no es reduccionista.

B.   Defiende la primacía explicativa de la economía (vale decir, de las relaciones de producción), pero no por ello es economicista.

C.   Sostiene que las estructuras sociales ejercen una influencia sobre los individuos mayor que la de éstos sobre aquellas (pero no por ello que la influencia de los individuos es nula).

D.   Postula que el ser social posee sobre la conciencia social una influencia mayor que a la inversa.

. . .

En el panorama intelectual contemporáneo el materialismo histórico debe dar respuesta a toda una batería de desafíos teóricos, políticos y filosóficos. Y debe hacerlo en circunstancias tales que obligan a discutir en varios frentes a la vez, y necesitando responder a objeciones no sólo disímiles, sino muchas veces contrapuestas. Si por un lado debe afrontar las rotundas objeciones formuladas en contra de las filosofías de la historia por su insostenible pretensión de conocer el "fin final" de la aventura humana; por el otro debe batallar con una novísima filosofía de la historia: la expuesta por Francis Fukuyama.[279] Si de una parte está obligado a dialogar y discutir con un conjunto de teorías que globalmente son tan materialistas e históricas como rivales del materialismo histórico de cuño marxista, de otra parte debe hacer frente a un conjunto de discursos que invalidan la legitimidad misma de ese tipo de "grandes relatos". Si de un costado debe polemizar con concepciones rivales de la estructura de clases; del otro está compelido a defender la importancia de las clases ante teorías que las niegan o minimizan. Lejos de ser casos límite, estas situaciones son más bien la norma. Cualquier intento contemporáneo de validar la pertinencia del materialismo histórico estará obligado a batallar en diferentes frentes, contra distintos adversarios, recurriendo a diversas armas. Pero es ineludible avanzar en esta dirección: refugiarse en un microcosmos autocentrado, rehuir el diálogo y la confrontación con otras perspectivas, es la garantía del declive intelectual.

Si los argumentos desplegados hasta aquí resultan convincentes, entonces la viabilidad teórica de un materialismo histórico sofisticado y no-reduccionista —ajeno a la vez al evolucionismo

---

[279] Ver F. Fukuyama, *El fin de la historia y el último hombre*, Buenos Aires, Planeta, 1992. El mejor análisis crítico de las tesis de Fukuyama desde una perspectiva marxista pertenece a Perry Anderson, *Los fines de la historia*, Barcelona, Anagrama, 1997 (1992).

del desarrollo productivo universal, tanto como al voluntarismo politicista de la primacía de la lucha de clases– habría sido afirmada. ¿Pero qué tiene para ofrecer a las restantes perspectivas intelectuales contemporáneas? ¿Está en condiciones de dialogar productivamente con ellas? ¿Es capaz de apropiarse críticamente de los logros y conquistas de otras tradiciones? Estos interrogantes –estos problemas– serán el objeto de un estudio especial, para el que este libro sirve apenas de introducción.

www.ingramcontent.com/pod-product-compliance
Lightning Source LLC
Chambersburg PA
CBHW081715250726
48657CB00010B/3014